Dr. Walter Hoffmann

Unsere geheime Welt im Schlaf

Wie Träume und Fantasien unser Leben bestimmen

GOLDEGG VERLAG

Bildrechte Autorenfoto: Dr. Walter Hoffmann
Bildrechte Umschlag: © GeorgePeters – istockphoto.com

Der Verlag und seine Autoren sind für Reaktionen, Hinweise oder Meinungen dankbar. Bitte wenden Sie sich diesbezüglich an verlag@goldegg-verlag.com.

Der Goldegg Verlag achtet bei seinen Büchern und Magazinen auf nachhaltiges Produzieren. Goldegg Bücher sind umweltfreundlich produziert und orientieren sich in Materialien, Herstellungsorten, Arbeitsbedingungen und Produktionsformen an den Bedürfnissen von Gesellschaft und Umwelt.

ISBN Print: 978-3-99060-031-3
ISBN E-Book: 978-3-99060-032-0

Friedrichstraße 191 • D-10117 Berlin
Telefon: +49 800 505 43 76-0

Goldegg Verlag GmbH, Österreich
Mommsengasse 4/2 • A-1040 Wien
Telefon: +43 1 505 43 76-0

E-Mail: office@goldegg-verlag.com
www.goldegg-verlag.com

Layout, Satz und Herstellung: Goldegg Verlag GmbH, Wien
Druck und Bindung: EuroPb, CZ

Inhaltsverzeichnis

Vorwort

Nicht nur der Mensch träumt. Fast alle Säugetiere, Vögel und sogar manche Reptilien träumen auch. Im Schlaf öffnet das Unbewusste seine Pforten und gewährt beim Träumen Zugang in ein rätselhaftes Schattenreich. Doch bereits beim Aufwachen legt sich der Schleier des Vergessens über das im Traum Erlebte. Träume sind nicht direkt erfahrbar, sie können bloß erinnert werden. Doch selbst die im Gedächtnis verbliebenen Traumreste erscheinen im Wachen unwirklich und fremd. Mit logischem Denken lassen sich Träume nicht verstehen. Sie bedienen sich einer archaischen Bildersprache, wie sie für das frühkindliche Denken typisch ist und psychische Mechanismen verschleiern den eigentlichen Inhalt des Traumes. Das ist auch der Grund dafür, warum ein realitätsgerechtes Verständnis der Träume bis zur Entdeckung des Unbewussten durch Freud nicht möglich war. Dieselben Mechanismen täuschen uns auch im Wachen über die tatsächlichen Motive unseres Denkens und Tuns hinweg, so dass das Bild, das wir letztlich von uns haben, alles andere als ein realitätsgerechtes ist. Seit jeher ruft die Notwendigkeit zur Realitätsanerkennung beim Menschen heftige Widerstände hervor. Wir sehen die Realität nicht nur so, wie sie ist, sondern immer auch so, wie wir sie sehen wollen. Die Realität ist eine Interpretation unseres Gehirns.

So gibt es nicht den geringsten Hinweis für ein Leben nach dem Tod. Dennoch sind die meisten Menschen von der Unsterblichkeit ihrer Seele überzeugt. Nichts deutet auf die Existenz eines persönlichen Gottes hin. Trotzdem glaubt die überwältigende Mehrheit an ein göttliches Wesen. Einen allmächtigen Schöpfer des Himmels und der Erde, der ihr Schicksal lenkt und am Ende der Tage kommen wird, »zu richten die Lebenden und die Toten«.

Menschen glauben an Götter, Teufel, Engel, Dämonen, Monster, Vampire, Zombies, gute Geister, böse Geister,

Hexen, Zauberer, Elfen, Zwerge und Nixen. Sie glauben an Himmel und Hölle, an die Macht der Sterne, die Kraft der Steine, an schwarze Magie, weiße Magie, an die Möglichkeit, in die Zukunft zu sehen, an das Übersinnliche, das Jüngste Gericht, die Auferstehung und die Wiedergeburt. Sie glauben an Schlankheitspillen, Mittel gegen Haarausfall, Entführungen durch UFOs und an das ewige Leben. Nur an ihre Begrenztheit glauben sie nicht.

Menschen halten sich für rationale Wesen, verhalten sich aber in höchstem Maße irrational. Niemand wird bestreiten, dass wir heute weltweit am Scheideweg stehen. Allein die Klimaerwärmung stellt eine gewaltige Bedrohung für uns alle dar. Politische und wirtschaftliche Krisen, Terrorismus, sowie die größer werdende Kluft zwischen Arm und Reich sorgen weltweit für Flüchtlingsströme und einen Crash der Kulturen und Religionen. Die Bewältigung der anstehenden Probleme würde einen kühlen Kopf und überlegtes Vorgehen verlangen, aber das Gegenteil ist der Fall.

Allen Anschein nach sind wir Menschen doch nicht so von der Vernunft bestimmt, wie wir uns selbst gerne weismachen wollen, sondern werden von Kräften aus einer verborgenen Welt in unserem Kopf gelenkt. Fernab der Realität dreht sich in dieser geheimen Welt alles um die Wunscherfüllung. Sie ist der Stoff, aus dem die Träume sind. Aber nicht nur. Ihre Macht geht noch viel weiter. Sie bestimmt auch weitgehend darüber, wie wir uns selbst und die Welt um uns herum wahrnehmen. Überrascht werden wir feststellen, dass unser Selbst- und Weltbezug alles andere als ein realitätsgerechter ist. Die Bedeutung, die wir unserem Denken und Tun geben, wird stärker vom Wunschdenken und irrationalen Emotionen beeinflusst, als wir uns eingestehen möchten.

Seit jeher empfindet sich der Mensch als das Ebenbild Gottes, den Mittelpunkt des Universums. Sonne, Mond und Sterne, alles dreht sich um ihn. Ungeachtet der wissenschaftlichen Erkenntnisse ist das geheime Weltbild des Menschen nach wie vor ein magisches. Unter der rationalen Oberfläche herrscht die Irrationalität. »Das kann doch nicht sein, dass das alles keinen Sinn hat.« Mit dieser Überlegung begründete eine junge Frau ihren Glauben an ein ewiges Leben im Paradies. Weil wir so wichtig sind, haben die Götter nichts Besseres im Sinn, als uns zu lieben und für unser Wohlergehen zu sorgen.

Seit jeher ist der Traum für die Götter das ideale Medium, um lenkend ins Leben der Menschen einzugreifen. Auch der biblische Gott offenbart sich auserwählten Menschen bevorzugt in Träumen. In den ersten Hochkulturen gehörte die Traumdeutung daher zum Metier der Propheten. Ihren Intuitionen folgend stellten schon die Autoren der Bibel einen Zusammenhang zwischen Träumen und Visionen her. In biblischen Zeiten waren Traumdeuter in Mesopotamien und Ägypten angesehene, einflussreiche Berater der Könige und Pharaonen. Wurde ihnen doch die Fähigkeit zugeschrieben, aus Träumen die Zukunft vorhersagen zu können. Das Traumverständnis als Ausdruck einer göttlichen Offenbarung (»Den Seinen gibt's der Herr im Schlaf«) oder Tummelplatz höllischer Kreaturen hatte bis ins Mittelalter Bestand, im Aberglauben, in den großen Weltreligionen und der Esoterik sogar bis heute. Noch immer halten alle Religionen in seltener Eintracht an der Existenz von Dämonen fest und führen sogar Päpste Exorzismen durch.

Subjektiv erscheint der Traum deswegen als Eingebung, weil wir im schlafenden Zustand nicht realisieren können, dass wir selbst im Traum Regie führen. Dieser Umstand kommt auch in der Redewendung »Mir hat geträumt« (statt »Ich habe geträumt«) zum Ausdruck.

In der Neuzeit wurde Träumen zwar zunehmend als individuelles Phänomen verstanden, an ihrer traditionellen Auslegung änderte die neue Sichtweise jedoch wenig. Im Laufe der Jahrhunderte verkam die Traumdeutung immer mehr zu einem unseriösen Handwerk in enger Nachbarschaft zum Kartenlegen, der Astrologie und Wahrsagerei. Erst mit Freud vollzog sich ein grundlegender Wandel im Verständnis der Träume. Er erkannte Träume als Manifestationen des Unbewussten und bezeichnete daher den Traum »als Königsweg zum Unbewussten«, die Pforte zu einer geheimen Welt, die sich im Schlaf aufschließt.

Ungeachtet der vielen am Markt kursierenden »Traumbücher« oder vielleicht gerade auch deswegen stehen die meisten ihren Träumen ratlos gegenüber. Das Traumverständnis des modernen Menschen unterscheidet sich nur unwesentlich von dem der alten Ägypter. Ähnlich wie beim Tarot, wo jede Karte eine bestimmte Bedeutung hat, hängt auch die Traumauslegung vom Symbolverständnis des jeweiligen Traumbuches ab. In einem wird Schnee z.B. als Ausdruck von Reinheit, Schönheit und Dahinschmelzen von Problemen verstanden, in einem anderen gilt er als Hinweis auf Sorgen und Qualen oder unerfüllte Wünsche. Welche Auslegung ist aber die richtige? Die Nähe dieser Art von Traumauslegung zu Esoterik und Aberglauben liegt auf der Hand. Symbole allein eignen sich nicht für eine seriöse Traumdeutung. Daher wird in diesem Buch ein anderer Zugang gewählt.

Ausgehend von der Traumdeutung im antiken Mesopotamien und Ägypten bis in die Gegenwart wird eine Vielzahl von Träumen analysiert, erklärt, wie sie zustande gekommen sind und welche tiefere Bedeutung ihnen innewohnt. Es wird gezeigt, in welcher Beziehung der Traum zum Animismus (Glaube, dass alle Dinge in der Welt beseelt sind) und magischen Denken des Kleinkindes steht und wie aus infantilen Wunschvorstellungen komplexe Fantasiegebilde wie Träume, Mythen, Märchen und Weltanschauungen entstehen.

In enger Nachbarschaft zu den Nachtträumen stehen die Tagträume, denen wir uns im freischwebenden Zustand gerne überlassen. Nicht anders als die Träume in der Nacht sind auch Tagträume halluzinierte Wunscherfüllungen. In ihnen kommen jene Wünsche zum Vorschein, die wir im Alltag vor anderen peinlichst verbergen. Ehrgeizige Fantasien von Größe und Macht werden genauso in die Betrachtung einbezogen wie die Sexualfantasien.

Die Analyse der Tag- und Nachtträume führt uns schrittweise und auf leicht verständliche Weise an die bis heute in ihrer Bedeutung unterschätzte geheime Welt des Unbewussten heran. Einer Parallelwelt, in der sich all jene Schemen tummeln, denen auf der Bühne des Bewusstseins der Auftritt verbot wurde. Seien Sie also nicht überrascht, wenn Sie feststellen, dass sich dieses Buch mit Phänomenen beschäftigt, die weit über das Thema Schlaf und Traum hinausgehen. Nach der Lektüre werden Sie erkennen, dass dieselben Mechanismen wie im Traum auch für unser Wachleben von Bedeutung sind.

Freud unterschied beim Denken zwischen dem Primärvorgang oder Primärprozess im Unbewussten und dem Sekundärprozess. Beim Primärvorgang geht es um das bildhafte, assoziative Denken des Kleinkindes im Traum, beim Sekundärprozess um Fähigkeiten des Erwachsenen im Wachzustand, logisch abstrakt zu denken. Im primärprozesshaften Denken des Urmenschen und des Kleinkindes wird zwischen Vorstellen und Tun, Wunsch und Wirklichkeit, Illusion und Realität noch nicht ausreichend unterschieden. Wir werden sehen, dass die frühkindliche Art zu denken nicht nur das Traumgeschehen am Tag und in der Nacht bestimmt, sondern auch die Realität im Wachzustand beeinflusst. In der Auseinandersetzung mit der geheimen Welt im Schlaf werden wir auch mysteriösen Phänomenen begegnen, Klarträumen, Wahrträumen und psychedelisch hervorgerufenen Wachträumen und Einsicht in die Entstehung psychischer Symptome gewinnen. Die These, dass Träume und Fantasien, halluzinierte Wunscherfüllungen sind, wird anhand einer Vielzahl von Traumanalysen auf verständliche Weise belegt.

Wir werden uns in kleinen, gut nachvollziehbaren Schritten einem realitätsgerechteren Traumverständnis annähern. Dieser Weg mag zwar ernüchternder sein, aber in jeder Hinsicht spannender als die herkömmliche Auslegung der Träume auf Symbolgrundlage. Was den Selbsterfahrungswert betrifft, bestimmt aufschlussreicher und zufriedenstellender.

Immerhin werden wesentliche Grundannahmen des menschlichen Selbstverständnisses infrage gestellt. Sind wir wirklich so selbstbestimmt, wie wir glauben? Wie steht es um unser Ichbewusstsein und wie verhält es sich mit dem freien Willen? Treffen wir alle Entscheidungen tatsächlich bewusst und vorsätzlich oder fallen sie unbewusst und wir rechtfertigen sie erst im Nachhinein? Existiert die Realität objektiv, so wie sie uns erscheint, oder ist sie, nicht anders als der Traum, nur eine Konstruktion unseres Gehirns, das Erlebtes interpretiert? Fragen, die uns herausfordern, dazu zwingen, unseres Selbst- und Weltbild zu hinterfragen oder in wesentlichen Punkten zu verändern.

Nach der Lektüre dieses Buches werden Sie in der Lage sein, die Ihnen vermittelte Technik der Traumdeutung auf Ihre eigenen Träume anzuwenden und die tiefere Bedeutung Ihrer Tag- und Nachträume zu verstehen. Sie werden erkennen, dass im Wachzustand dieselben Mechanismen für unser Bild der Realität verantwortlich sind wie im Traum. Dieses neue Verständnis eröffnet tiefe Einblicke in die unbewussten Bereiche des Seelenlebens und schafft so die Voraussetzung für eine erhöhte Selbstreflexionsfähigkeit und ein unverfälschteres Selbstverständnis.

Ich wünsche Ihnen viel Spaß beim Lesen und zahlreiche neue Erkenntnisse.

Walter Hoffmann

Versuch und Irrtum

Geschätzte vierzehn Milliarden Jahre dauerte der Bewusstwerdungsprozess des Universums vom Urknall an. So lange benötigte die Evolution auf unserem Planeten, um eine Lebensform hervorzubringen, die fähig war, sich selbst zu erkennen. Ein Lebewesen, das Fragen stellen, ja sogar sich selbst infrage stellen konnte: Warum gibt es mich, woher komme ich, wohin gehe ich – und vor allem, wer und wo bin ich? Fragen nach der eigenen Identität haben Menschen schon immer zum Nachdenken angeregt. Das Ergebnis des Nachdenkprozesses findet sich in den Religionen genauso wie in den Geistes- und Naturwissenschaften.

In seinem Streben, die Geheimnisse des Universums zu entschlüsseln, ist der Mensch weit gekommen. Er entwickelt immer anspruchsvollere mathematische Werkzeuge, baut Computer, Radioteleskope, Teilchenbeschleuniger, schickt Raumsonden ins All und hat sein Verständnis für Raum und Zeit, den Aufbau der Materie und die elementare Bedeutung der Evolution für Mikro- und Makrokosmos kontinuierlich vergrößert. Allein die Fragen nach dem menschlichen Bewusstsein, warum wir schlafen und im Traum wieder in den ursprünglichen, den unbewussten Zustand zurückkehren, warten immer noch auf eine Lösung.

Mit dem Menschen brachte die Evolution zum ersten Mal ein zur Selbstreflexion fähiges Lebewesen hervor. Alle anderen Lebewesen, Bakterien, Pflanzen, Weichtiere, wirbellose Tiere, Insekten, Fische, Reptilien, Vögel, Säugetiere, kommen ohne selbstreflektierendes Bewusstsein aus. Zum Überleben wäre die Ausbildung des Bewusstseins nicht notwendig gewesen. Allerdings gäbe es ohne Bewusstsein auch niemanden, der um die Existenz der Welt wüsste. Würde ein bewusstseinloses Universum, also ein Universum ohne »Beobachter«, von dem keiner weiß, überhaupt existieren, oder entsteht die »Realität« erst im Kopf des Betrachters?

Folgt man dem Evolutionsbiologen Simon Conway Morris von der Universität Cambridge, so ist das menschliche Bewusstsein nicht zufällig entstanden. In einem Interview[1] weist er auf die Konvergenz in der Evolution hin, die Entwicklung gleicher Merkmale bei verschiedenen Arten unabhängig von der Abstammung. So bestehen zum Beispiel zwischen dem Auge des Tintenfisches und dem menschlichen auffallende Übereinstimmungen. Morris folgert daraus, dass ein Universum wie das unsere zwangsläufig Bewusstsein bzw. intelligentes Leben hervorbringt und das nicht nur auf unserem Planeten, sondern vermutlich überall im Universum, wo Leben möglich ist.

Dazu braucht es keinen Schöpfer. Dass auch »blinde«, nicht zielgerichtete Evolution in der Lage ist, hochkomplexe biologische Strukturen als Grundlage für Bewusstsein hervorzubringen, wies Richard Lenski von der Michigan State University durch eine Computersimulation mit virtuellen Organismen in einer virtuellen Petrischale nach.[2] Bei den virtuellen Organismen handelte es sich um Computerprogramme. Diese konnten sich selbstständig vermehren und waren wie in der Natur Mutationen unterworfen. Durch Lösen vorgegebener mathematischer Aufgaben konnten sie ihren Fortpflanzungserfolg erhöhen. Um nicht nur einfache, sondern auch komplexe mathematische Funktionen zu lösen, bedurfte es in einem Fall lediglich 17 Mutationen. Der Weg zur Komplexität war allerdings kein direkter, sondern erfolgte vielmehr nach dem Versuchs-Irrtums-Lernen auf Umwegen und mündete mitunter auch in Sackgassen. Das

Ergebnis des Experimentes unterstrich einmal mehr die hervorragende Bedeutung zufälliger Mutationen für den evolutionären Erfolg und die Ausbildung komplexer Strukturen.

Da es sich bei der Evolution um ein so universelles Gesetz handelt, das womöglich nicht nur auf unserem Planeten, sondern überall im Kosmos gilt, sollten wir uns mit ihren Prinzipien vertraut zu machen. Die Grundregeln der Evolution wurden von Charles Darwin bereits im neunzehnten Jahrhundert entdeckt. Allerdings dauerte es lange, bis die darwinistische Evolutionstheorie als wissenschaftliche Theorie Anerkennung fand. Der Widerstand religiöser Kreise gegen die für sie desillusionierende Erkenntnis, dass alles Leben auf unserem Planeten nicht von einem göttlichen Schöpfer »designed« wurde, sondern das Ergebnis eines nicht zielgerichteten »blinden« Evolutionsprozesses ist, hält bis heute an. Dabei ist der darwinistische Evolutionsalgorithmus denkbar einfach. Er besteht aus drei Schritten: der natürlichen Selektion, der Variation und der Vererbung. Sämtliche Lebensformen auf unserem Planeten sind das Ergebnis des Zusammenspiels dieser drei Komponenten. Wie ein Organismus letztlich beschaffen ist, steht in der Bauanleitung für Proteine, die in den Genen – das sind Abschnitte der DNA – codiert ist. Die DNA ist eine Doppel-Helix, ein fadenartiges Makromolekül, das den genetischen Buchstaben-Code enthält. Die Gene werden beim Fortpflanzungsvorgang kopiert und sind potentiell unsterblich. Die natürliche Auslese sorgt dafür, dass sich erfolgreiche Gene verbreiten, während nicht erfolgreiche aussterben. Für alle, die sich unter dem darwinistischen Algorithmus nichts Konkretes vorstellen können, zur Veranschaulichung ein Beispiel aus dem Alltag: In einer Schulklasse wird den Kindern die Aufgabe gestellt, ein Gedicht korrekt von der Tafel ins Heft zu übertragen. Dem Vorgang des Abschreibens entspricht in der Evolution die Vererbung der Gene. Diese können auf zweierlei Weise kopiert werden. Bei einfachen Organismen wie den Bakterien durch Zellteilung, bei höher entwickelten Lebensformen durch geschlechtliche Vererbung. Bei der Zellteilung teilt sich die Zelle in eine Mutter- und eine Tochterzelle. Die DNA wird bei diesem Vorgang in der Zelle von kleinen, aus Protein bestehenden Kopiermaschinen abgeschrieben. Für die geschlechtliche Fortpflanzung wie beim Menschen sind besondere Zellen verantwortlich: bei der Frau die Eizelle und beim Mann die Samenzelle. Die Gene von Mutter und Vater werden bei der geschlechtlichen Vererbung im »Cross-over« neu gemischt. Die Verschmelzung von Ei- und Samenzelle bringt dann einen neuen Menschen hervor, der die Hälfte seiner Gene von der Mutter, die andere Hälfte vom Vater erhält. So wie die Kopiermaschinen in den Zellen werden auch die Kinder in der Schule beim Abschreiben Fehler machen. Sie werden Buchstaben auslassen oder hinzufügen, vielleicht auch Zeichenfolgen verdrehen oder Zeilen überspringen. Die »Kopierfehler«, welche Kindern beim Abschreiben unterlaufen, heißen bei Genen Mutationen. Sie erfolgen zufällig, sorgen für Variation und sind die eigentlichen Schöpfer des Neuen. Wenn nun bestimmt wird, dass nur jene Kinder, die den Text richtig von der Tafel abgeschrieben haben, in die nächste Klasse aufsteigen dürfen, kommt die Selektion ins Spiel. Viele Genmutationen fallen der natürlichen Selektion zum Opfer, weil sie für das betroffene Lebewesen einen Nachteil, zum Beispiel eine Behinderung, mit sich bringen. Manche erweisen sich jedoch als vorteilhaft und erhöhen die Erfolgschancen des Individuums bei der Vermehrung seiner Gene. Das wäre in unserem Beispiel dann der Fall, wenn die Mutation des ursprünglichen Textes – zum Beispiel durch eine originelle Wortverdrehung – zu einer entscheidenden Verbesserung seines Inhaltes führen würde. Der »mutierte« Text könnte z.B. witziger sein als der ursprüngliche und dadurch den Anreiz zum Weitererzählen erhöhen. Es würde nicht lange dauern, bis der neue den alten Text verdrängt hätte.

Oft wird unterstellt, dass Erfolg im darwinistischen Sinn bedeute, dass »der Stärkere den Schwächeren frisst«. Diese Primitivauslegung des Darwinismus haben sich auch die Nationalsozialisten im Dritten Reich zu Nutze gemacht, um so ihren Rassenwahn und ihre Verdrängungskriege pseudowissenschaftlich zu rechtfertigen. Ganz entgegen der mörderischen Herrenmenschenideologie der Nationalsozialisten, »alles Schwache gehört ausgerottet«, geht es im Darwinismus um »das Überleben der an die Umweltbedingungen am besten angepassten Individuen« (Survival of the fittest). Zu ihrer Zeit zählten die Dinosaurier zu den stärksten Geschöpfen, trotzdem sind sie ausgestorben. Mit der wissenschaftlichen Theorie des Darwinismus lassen sich die von den Nationalsozialisten begangenen Gräuel nicht rechtfertigen. In der Natur gibt es genügend Beispiele, wo Starke und Schwache zum gegenseitigen Vorteil miteinander kooperieren. Doch auch diese altruistischen Verhaltensweisen wie Brutpflege, Fürsorge, Opferbereitschaft sind als Ergebnis der natürlichen Auslese entstanden. Aus darwinistischer Sicht hängt der Erfolg eines Gens ausschließlich von seinem Fortpflanzungserfolg ab. Wenn altruistisches Verhalten den Replikationserfolg der ihm zugrundeliegenden Gene erhöht, wird es sich verbreiten.

Lange Zeit herrschte unter Biologen Uneinigkeit, ob es bei der Evolution auf den Erfolg der Gruppe oder des Individuums ankomme. Nobelpreisträger Konrad Lorenz hielt, wie viele andere auch, an der Theorie der Gruppenselektion fest, wie sie der Zoologe Wynne-Edwards formulierte. Verkürzt ausgedrückt besagt diese Theorie, dass die Erhaltung der eigenen Art wichtiger sei als das Überleben des Individuums. Nur das Prinzip von der Erhaltung der Art könne erklären, warum altruistisches Verhalten, z.B. die Brutpflege, von der Evolution selektiert wurde. Dass die Theorie der Gruppenselektion falsch ist, zeigt ein einfaches Gedankenexperiment. Nehmen wir an, auf einer Autobahn würde die

Höchstgeschwindigkeit für einen sehr befahrenen Streckenabschnitt aus Umweltschutzgründen auf 80 Stundenkilometer herabgesetzt. Gleichzeitig fehlten die finanziellen Mittel, um diese Teilstrecke zu überwachen. Altruistische Autofahrer würden sich der Umwelt zuliebe trotzdem an die Geschwindigkeitsbeschränkung halten und in Kauf nehmen, dass sie ihr Fahrziel etwas später erreichen. Wie lange aber dauerte es, bis der erste Egoist aus der Kolonne der 80 km/h fahrenden Altruisten ausbricht, um sie zu überholen? Seinem Beispiel folgten bald andere Egoisten, die sich mit ihrem rücksichtslosen Verhalten gegenüber den Verantwortungsbewussten einen Vorteil herausschlagen – eben, dass sie ihr Ziel früher erreichen. In Minuten gemessen wären die Egoisten den Altruisten bald haushoch überlegen. Es würde nicht lange dauern und die Altruisten, die sich weiterhin an die 80-km/h-Beschränkung halten, wären hoffnungslos in der Minderzahl. In einer Gruppe von Altruisten hätte doch jeder Egoist größere Chancen, seinen Vorteil auf Kosten der anderen zu vermehren. Zumindest so lange, bis die Egoisten als Folge ihres riskanteren Fahrverhaltens häufiger verunglücken und ihre Population auf »natürliche« Weise wieder selbst dezimieren.

Die Theorie der Gruppenselektion kann die Verbreitung der »Selbstbeschränker« in der Natur nicht erklären. Selbst wenn es in einer altruistischen Gruppe nur ganz wenige eigennützige Dissidenten gäbe, würden sie im Laufe den nächsten Generationen mehr Nachkommen hervorbringen als die selbstaufopfernden Altruisten. Von den meisten Evolutionsbiologen wird diese Theorie heute nicht mehr ernst genommen. Für die Ausbreitung altruistischer Verhaltensweisen muss es also eine andere Erklärung geben. Richard Dawkins, ein Vertreter des Genselektionismus, lässt keinen Zweifel aufkommen, worum es in der Evolution wirklich geht – auch wenn es sich dabei aus menschlicher Sicht um schwer verdauliche Kost handelt. »Ich werde zeigen, dass die fundamentale Einheit für die Selektion und damit für das Eigeninteresse nicht die Art, nicht die Gruppe und – streng genommen – nicht einmal das Individuum ist. Es ist das Gen«, so Dawkins, 1994. Wenn Selbstbeschränkung einen Selektionsvorteil bringt, wird sich das dafür verantwortliche Gen ausbreiten.

Gene sind nach Dawkins die Träger der Evolution, die eigentlichen Hauptdarsteller. In der Evolution geht es um die Genselektion. Nicht das Überleben der Gruppe oder des Individuums ist entscheidend, sondern das Überleben der Gene. Vererbt wird der genetische Code, es geht um das Programm, die Information und nicht um die Hardware. Die fantastische Vielfalt des Lebens beruht ausschließlich auf Information. Organismen sind aus Sicht der Evolutionsbiologie lediglich Überlebensvehikel der Gene. Erfolgreiche Gene bauen erfolgreiche Überlebensvehikel.

Der Umstand, dass die Evolution auf den Erhalt der Information abzielt, öffnet Tür und Tor für Spekulationen. Womöglich beruht nicht nur das Leben, sondern die gesamte materielle Welt auf Information? Zumindest nach der Auffassung des Quantenphysikers Hans Peter Dürr existiert »ein universeller Quantencode, in den die gesamte lebende und tote Materie eingebunden ist. Dieser Quantencode erstreckt sich seit dem Urknall über den gesamten Kosmos«.[3]

Unabhängig von der Möglichkeit eines universellen Quantencodes beruht zumindest das menschliche Ich-Bewusstsein auf der Information von Genen und es wurde nur deswegen von der Evolution ausgebildet, weil es den Genen, die diese bewusstseinsfähigen »Überlebensvehikeln« schufen, einen Selektionsvorteil brachte.

Was ist wirklich? Oder: Geheimnis DMT

Entgegen der Vorstellung, Gott hätte den Menschen nach seinem Ebenbild geschaffen, sitzen wir mit den Primaten auf demselben Ast der Evolution. Lediglich die größere Komplexität unseres Gehirns unterscheidet uns von ihnen. Diese hat sich im Laufe der Evolution als so großer Selektionsvorteil erwiesen, dass wir es tatsächlich geschafft haben, »uns die Erde untertan zu machen«. Allerdings mit dem zweifelhaften Ergebnis, dass sie heute am Rande des Abgrundes steht. Die vom Menschen verschuldete Zerstörung der Umwelt samt Klimawandel zeigt einmal mehr, dass die Stimme der Vernunft beim Menschen zu leise ist, um sich gegen die hemmungslose Gier seiner triebgesteuerten Natur durchzusetzen.

Unabhängig davon, wie wir unsere Fähigkeiten verwenden, zum Wohl der Welt oder zu ihrer Zerstörung, die Voraussetzungen dafür, der Gebrauch von Werkzeugen, der aufrechte Gang, der Spracherwerb, die Fähigkeit, die Konsequenzen des eigenen Tuns in der Vorstellung vorwegzunehmen, sie alle wurden im Laufe der Evolution selektioniert, weil sie den Fortpflanzungserfolg der menschlichen Gene erhöhten. Sobald das Gehirn einmal einen so hohen Komplexitätsgrad erreicht hatte, dass Bewusstsein entstehen konnte, war es vom Bewusstsein zum Ichbewusstsein nur noch ein kleiner Schritt. Ein Gehirn, das Objekte der äußeren Welt wahrnehmen und von den Vorgängen in der inneren unterscheiden konnte, war durchaus in der Lage, sich selbst und die Folgen seiner Aktivitäten zum Objekt seiner Beobachtung zu machen.

Obwohl der Sitz des Bewusstseins theoretisch überall sein könnte, lokalisieren ihn die meisten Menschen im Kopf hinter den Augen. Für Olaf Blanke vom Institut für kognitive Neurowissenschaften an der Eidgenössischen Technischen Hochschule in Lausanne (École Polytechnique Fédérale de Lausanne) ist das kein Zufall. Er macht dafür die dominierende Rolle des Sehsinns verantwortlich. Dadurch würden wir uns eher auf das verlassen, was wir »mit eigenen Augen sehen«, als auf das, was wir hören oder tasten. Nach Blanke ist das Ichbewusstsein bloß eine Konstruktion unseres Gehirns, die auf drei Säulen beruht: der Ich-Lokalisation (wir lokalisieren das Ich im Inneren unseres Körpers als räumliche Einheit), der Ich-Perspektive (die Welt wird aus dem Innern unseres Körpers wahrgenommen), der Selbstidentifikation (Ich und Körper sind ident und von der Außenwelt abgegrenzt).

Der Umstand, dass physiologische oder biochemische Veränderungen im Gehirn Auswirkungen auf den Bewusstseinszustand haben, stützt die Annahme, dass das Bewusstsein vom Gehirn hervorgebracht wird. Darüber hinaus belegen auch Nahtoderlebnisse, die »bewusstseinserweiternde« Wirkung psychedelischer Substanzen wie LSD oder DMT, degenerative Erkrankungen wie die Demenz, spirituelle Visionen oder Meditationserfahrungen, nicht zuletzt die Bewusstseinsveränderungen im Schlaf beim Träumen, die Wandelbarkeit unseres Bewusstseins. Bewusstseinsveränderungen treten auch bei psychischen Erkrankungen wie der Schizophrenie (Halluzinationen) und Körperidentitätsstörung auf (Gliedmaßen werden als nicht zum eigenen Ich gehörig empfunden). Das menschliche Bewusstsein ist also kein statisches Gebilde, sondern eine dynamische Konstruktion unseres Gehirns.

Mittlerweile hat Olaf Blanke sogar einen experimentellen Weg entdeckt, das Bewusstsein vom Gehirn nach »außen« zu verlegen. Auf der Suche nach dem Anfall hervorrufenden Zentrum im Gehirn einer Epileptikerin, löste er durch zufällige Reizung des »Gyrus angularis« (eine Hirnwindung der Großhirnrinde, wo Scheitel-, Schläfen- und Hinterhauptlappen zusammentreffen) bei seiner Patientin ein »Out of Body«-Erlebnis aus, wie es von Menschen in Todesnähe häufig berichtet wird. Jedes Mal, wenn er den Gyrus mit einer Elektrode stimulierte, hatte sie das Gefühl, ihren Körper zu verlassen und sich selbst drei Meter über ihrem Körper schwebend im Bett liegend wahrzunehmen.

Durch diese Zufallsentdeckung ermutigt, griff er auf ein altes Experiment des amerikanischen Psychologen George Malcolm Stratton (1865–1957) zurück, das dieser schon im Jahre 1899 durchgeführt hatte. Stratton entwarf eine Art Spiegelbrille, die es ihm ermöglichte, sein Spiegelbild drei Meter vor sich befindlich wahrzunehmen. Nach einigen Tagen lokalisierte Stratton sein Ichbewusstsein nicht mehr nur im eigenen Körper, sondern auch in seinem Spiegelbild vor ihm.

Blanke wiederholte das Experiment 2007 mit einer 3-D Brille »in die wir eine Videoaufzeichnung des Probanden projizierten, so dass dieser sich selbst zwei Meter vor sich von hinten sah. Dann berührten wir den Rücken unserer Versuchsperson mit einem Stock. Testpersonen, die dies durch ihre Brille zeitgleich beobachten konnten, bekamen das merkwürdige Gefühl, dass sie die Berührung nicht nur auf ihrem eigenen Rücken, sondern auch auf dem vor ihnen projizierten Körper spürten – als ob der virtuelle Körper ein Teil des eigenen Selbst geworden wäre. ... Diese und weitere ähnliche Experimente zeigen, wie wichtig eine adäquate Integration multisensorischer Körpersignale für das Ich-Bewusstsein ist. Außerdem wird hier deutlich, dass die normalerweise als sehr stabil erlebte subjektive Verortung des

Ichs innerhalb des Körpers eine aktive Leistung des Gehirns darstellt, die auch bei gesunden Probanden manipulierbar ist und somit systematisch untersucht werden kann.«[4]

Die bewusstseinsverändernde Wirkung psychoaktiver Substanzen ist schon seit Urzeiten bekannt. Die Eingeborenen im Amazonasgebiet nutzen zum Beispiel die psychedelische Wirkung von Ayahuasca (ein Trank aus der Ayahuasca-Liane und der Dimethyltryptamin enthaltenden Pflanze Chaliponga) seit jeher um Wachträume für rituelle Zwecke hervorzurufen. Im westlichen Kulturkreis gewannen die psychedelischen Substanzen erst seit den »Roaring Sixties« an Bedeutung. Zwar wurde die Wirkung von LSD (Lysergsäurediethylamid) von Albert Hofmann in einem Selbstversuch bereits 1943 entdeckt, allerdings sollte es noch 25 Jahre dauern, bis LSD auch außerhalb der Wissenschaft Bekanntheit erlangte.

Auf der Suche nach Bewusstseinserweiterung und neuen Existenzformen entdeckte die Jugend bald die bewusstseinsverändernden Qualitäten bis dahin nicht sehr verbreiteter Rauschmittel wie Marihuana und Opium. Nun war auch die Stunde für LSD gekommen. Unzählige junge Menschen machten sich damals auf einen »Trip« und staunten über die Erfahrungen, die ihnen diese halluzinogene Droge bescherte. Diese waren nicht immer nur positiver Natur. Manche Bewusstseinsreisen entpuppten sich als regelrechte Horrortrips. Trotz der Risiken, die der Konsum psychedelischer Mittel mit sich brachte, fanden diese Drogen rasch Verbreitung.

Seit der Jahrtausendwende erlebt die wissenschaftliche Forschung in diesem Bereich eine Renaissance. Neben LSD sind weitere Substanzen in den Mittelpunkt des wissenschaftlichen Interesses gerückt. Allen voran DMT, das »Bewusstseinsmolekül«. In einer aufsehenerregenden Studie hat Rick Strassman die Wirkung von Dimethyltryptamin (DMT) auf das menschliche Bewusstsein untersucht.[5]

Die Erfahrungen, die seine Versuchspersonen mit DMT machten, hören sich sensationell an. Unter dem Einfluss dieser Substanz wurde ihnen eine geheime Welt offenbar, mit der wir möglicherweise auch im Traum in Berührung kommen. Zumindest vermutet Strassman, dass körpereigenes DMT in der Nacht vermehrt ausgeschüttet wird und für das Traumerleben verantwortlich sein könnte.

Bei diesem Wirkstoff handelt es sich um ein halluzinogenes Tryptamin-Alkaloid, das sowohl bei Pflanzen und Tieren als auch beim Menschen vorkommt. Aus evolutionsbiologischer Sicht dürfte es kein Zufall sein, dass DMT in allen Organismen vorhanden ist. Es muss entweder sehr früh in der Entwicklung des Lebens entstanden sein oder einen evolutionären Vorteil haben, dass es selektioniert wurde. Für Leanna Standish[6] passt die Omnipräsenz von DMT »gut mit der Idee zusammen, das DMT die allgemeine molekulare Sprache ist, die Resonanzsprache zwischen allen lebendigen Kreaturen auf diesem Planeten und vielleicht auch auf anderen«.

DMT hat eine ähnliche chemische Struktur wie Melatonin, ein Hormon, das in der Zirbeldrüse, einem zapfenförmigen Organ im Zwischenhirn, aus Serotonin hergestellt wird. Melatonin reguliert den Tag-Nacht-Rhythmus und spielt bei der Fortpflanzung eine wichtige Rolle. Es sorgt dafür, dass wir bei Dunkelheit müde werden und im Schlaf die Körpertemperatur abnimmt. Licht hingegen blockiert die Produktion von Melatonin. Der Umstand, dass sich Melatonin und DMT chemisch nur durch eine CO_2-Verbindung unterscheiden, legt die Annahme nahe, dass die Zirbeldrüse auch für die Produktion von DMT verantwortlich ist. Eine erste Bestätigung erfuhr diese Hypothese durch Forschungsergebnisse der Cottonwood Research Fundation, deren Präsident Rick Strassman ist. Den Wissenschaftlern war es gelungen, DMT in der Zirbeldrüse von Ratten und Mäusen nachzuweisen. Die Ergebnisse wurden 2013 im Wissenschaftsjournal »Biomedical Chromatography«[7] veröffentlicht. Es gibt auch Überlegungen, dass DMT an der Entstehung von Träumen maßgeblich beteiligt ist.

Im Jahr 1884 fand Ahlborn heraus, dass die Zirbeldrüse bei Fischen, Amphibien, Reptilien und bei vielen Vögeln lichtempfindlich ist, Licht auf chemischen Weg in elektrische Signale umwandeln konnte. Während sie bei diesen Lebewesen noch direkt unter der Haut oder knapp unterhalb des Schädelknochens liegt, rückte sie beim Menschen im Laufe der Evolution in die Mitte des Gehirns und ist dort mit der Netzhaut des Auges verbunden.

Seit Ahlborns Entdeckung steht die Zirbeldrüse oder Epiphyse im Mittelpunkt von Mythen und Spekulationen. In spirituellen Kreisen gilt sie als das »dritte Auge« oder das »Auge des Horus«. »Horusauge« deswegen, weil die Hieroglyphe für den ägyptischen Lichtgott Horus Ähnlichkeiten mit der Zirbeldrüse und Teilen des Mittelhirns aufweist.

Wie DMT und 5-Methoxy-DMT haben auch andere psychedelisch wirksamen Substanzen Tryptamin als Grundstruktur und docken an denselben Rezeptoren wie Serotonin an. Im Gegensatz zu psychoaktiven Wirkstoffen wie Alkohol oder Opiate, bildet DMT interessanterweise keine Toleranz aus. Es kann geraucht, getrunken oder in die Vene injiziert werden. Die Wirkung dauert nur 15 bis 20 Minuten. In diesem kurzen Zeitraum kommt es jedoch zu unvergleichlichen Veränderungen des Bewusstseins, vor allem des visuellen Erlebens. Zu den häufigsten DMT-Erfahrungen zählen intensive Licht- und Farbempfindungen sowie die Wahrnehmung außergewöhnlicher geometrischer Muster und Ornamente. Aber einige Probanden hatten auch das Gefühl, ihr Bewusstsein würde sich vom Körper lösen. Manche tauchten in eine andere Wirklichkeit ein, trafen in fremden Welten auf unbekannte Wesen oder hatten mit einem Mal das Gefühl, »alles« zu verstehen. Entgegen der Befürchtung, DMT würde Konsumenten in ihrer Gesundheit gefährden, zeigte

DMT bei längerer Einnahme eine positive Wirkung auf die Persönlichkeit.

Strassman fasste die Erfahrungen seiner Versuchspersonen unter dem Einfluss von DMT in drei Kategorien zusammen, die persönliche, die transpersonale und die unsichtbare. »Die persönlichen DMT-Erfahrungen beschränken sich auf die geistigen und psychischen Prozesse der Freiwilligen selbst. DMT hilft dabei, Zugänge zum Bereich der persönlichen Psychologie und zur Beziehung zum Körper zu eröffnen. ... Sobald unsere Freiwilligen sich bei ihren Erlebnissen den Grenzbereich dieser Kategorie näherten, begannen Themen aus dem Bereich der Nahtoderfahrungen und Spiritualität aufzutauchen. Das Persönliche wandelte sich dann zum Transpersonalen.

Das charakteristische Kennzeichen der Kategorie des Unsichtbaren ist eine Begegnung mit scheinbar unabhängig von unserer Existenz bestehenden Wirklichkeiten. Wenn diese Existenzebenen bewohnt sind, führt der Kontakt unserer Versuchspersonen mit diesen ›Wesen‹ zur verwirrendsten und unerwartetsten Art von Erfahrung während der DMT-Sitzungen. ... Bei Freiwilligen besonders begehrt und als ausgesprochen wertvoll angesehen waren Sitzungen mit transpersonalen Erlebnissen. Dazu gehörten Nahtoderfahrungen und spirituelle oder mystische Erlebnisse.«

Der Umstand, dass DMT natürlich in der Zirbeldrüse vorkommt, könnte ein Indiz dafür sein, dass der Stoff nicht nur für die künstlich hervorgerufenen visuellen und akustischen Halluzinationen nach äußerer Zufuhr, sondern auch für die im Traum verantwortlich ist. Darüber hinaus stellt sich die Frage, ob die verborgene Welt, der wir unter dem Einfluss von Halluzinogenen, bei Meditationen, an der Grenze zum Tod oder im Traum begegnen, auch bei vollem Bewusstsein im Wachzustand existiert, ohne dass wir von ihrer Existenz Kenntnis haben? Handelt es sich dabei um eine wirkliche Erweiterung des Bewusstseins und werden wir unter bestimmten Voraussetzungen Beobachter verborgener Dimensionen, wie in spirituellen Kreisen vermutet wird, oder handelt es sich bei den Erfahrungen bloß um eine chemisch modifizierte Verarbeitung der im Gehirn einlangenden Reize aus unserer 3D-Welt? Was ist wirklich?

Aber was heißt schon wirklich? Genau genommen halten wir die 3D-Welt, in der wir leben, nur deswegen für die wirkliche, weil sie uns so selbstverständlich geläufig ist. Würden uns jemand unmittelbar nach der Geburt eine Brille aufsetzen, die zu einer verzerrten Wahrnehmung der Welt führte, wäre dieses Zerrbild für uns Realität. Es gibt daher keine »objektive« Realität, die Realität ist, nicht anders wie unser Bewusstsein, immer eine Konstruktion unseres Gehirns. Die psychedelische Realität ist keine andere als die Realität der 3D-Welt.

Aus Sicht der Quantenmechanik ist alles mit allem verbunden. Dabei stellt sich freilich die Frage, ob das auch für das menschliche Bewusstsein gilt. Gibt es so viele unterschiedliche Ichbewusstseins, wie es Menschen gibt, oder existiert lediglich ein Bewusstsein? Existiert die Welt unabhängig vom Beobachter und wird von allen gleich wahrgenommen? In diesem Fall wären die Bewusstseine der Beobachter voneinander und von der »objektiv vorhandenen« Welt getrennt. Aber wie wollen wir feststellen, was objektiv ist? Wie kann ich jemals wissen, ob Ihnen die Welt genauso erscheint wie mir? Sehen Sie die Farbe Grün womöglich so, wie ich die Farbe Rot und wir haben uns lediglich auf die gleiche Bezeichnung geeinigt?

Nach Schrödinger sind solche Fragen zwar geistreich, aber bergen gleichzeitig die Gefahr, einen in die Irre zu führen. Für ihn gibt es nur einen Ausweg »die Vereinigung aller Bewusstseins in eines. Die Vielheit ist bloßer Schein; in Wahrheit gibt es nur ein Bewusstsein. ... Die Gesamtzahl aller ›Bewusstheiten‹ ist immer bloß ›eins‹. Ich wage, den Geist unzerstörbar zu nennen, denn er hat sein eigenes und besonderes Zeitmaß; nämlich er ist jederzeit jetzt. Für ihn gibt es in Wahrheit weder früher noch später, sondern nur ein Jetzt, in das die Erinnerungen und die Erwartungen einbeschlossen sind.«[8]

Gleich wie Schrödinger sieht Dürr den Geist als einen elementaren Bestandteil der Welt an. »Die Wirklichkeit ist im Grunde keine Realität, keine dingliche Wirklichkeit. Was bleibt, ist – wie wir es nennen – Potenzialität. Es ist nicht die Realität selbst, sondern nur eine mögliche Fähigkeit, sich auf verschiedene Weise zu realisieren« sich in Materie zu verwandeln. ...

Wirklichkeit ist im Prinzip kreativ, hat keine Grenzen, ist offen, dynamisch, instabil, das unauftrennbare Ganze. Ich habe diese Wirklichkeit bereits als Geist charakterisiert. Die Grundlage der Welt ist nicht materiell, sondern geistig. Und die Materie ist gewissermaßen die Schlacke des Geistes, sie bildet sich hinterher, durch eine Art Gerinnungsprozess.«[9]

Ähnlich äußert sich der britische Kernphysiker und Molekularbiologe Jeremy Hayward von der Universität Cambridge in einem Interview mit der Zeitung »Die Welt«: »Manche durchaus noch der wissenschaftlichen Hauptströmung angehörende Wissenschaftler scheuen sich nicht mehr, offen zu sagen, dass das Bewusstsein neben Raum, Zeit, Materie und Energie eines der Grundelemente der Welt sein könnte.«

Womöglich irritiert Sie der Gedanke an ein einziges Bewusstsein angesichts einer Weltbevölkerung von knapp 7,5 Milliarden scheinbar unabhängig voneinander existierenden menschlichen Ichbewusstseins und Sie fragen sich, wie das gehen soll? Stellen Sie sich zunächst eine Lichtquelle vor, die zur Gänze von einem Schirm abgedeckt wird. Stellen Sie sich weiter vor, dass der Schirm lichtdurchlässige Stellen ausbildet. Manche sind lichtdurchlässiger, manche lassen weniger Licht durch. Betrachten Sie den Schirm nun von der Vorderseite, sehen sie unzählige unterschiedlich stark leuchtende Lichtpunkte. Aus der rückwärtigen Perspektive erkennen Sie aber, dass alle »individuellen« Lichtquellen eine sind.

Auf das Bewusstsein übertragen würde das bedeuten, dass das Gehirn mit zunehmender Komplexität »bewusstseinsdurchlässiger« wird und Bewusstsein bei vielen Lebensformen (mehr oder weniger stark ausgebildet) vorkommt. Nachdem wir uns in der dreidimensionalen Welt im Normalzustand lediglich von der »Vorderseite« wahrnehmen, erscheint uns das Bewusstsein als ein individuelles, streng abgegrenzt vom Bewusstsein anderer.

Allerdings lassen die Erfahrungen von Menschen in Ausnahmesituationen wie eben unter dem Einfluss von DMT, beim Meditieren oder in Todesnähe Zweifel an der uns vertrauten Sicht der Realität aufkommen. Zumindest deutet einiges darauf hin, dass die Realität mehr umfasst, als uns die Alltagserfahrung suggeriert und es sich bei den berichteten Erfahrungen um mehr handelt als um Fantasieprodukte unserer grauen Zellen. Vielmehr könnte das Gehirn auch ein signalverarbeitender Empfänger sein, dessen Empfangsspektrum sich unter bestimmten Bedingungen, sobald die Filter beseitigt sind (z.B. dem Einfluss psychedelischer Substanzen), erweitert und der dann für Informationen aus sonst unzugänglichen Bereichen erreichbar wird.

Nachdem DMT auch beim Träumen eine wichtige Rolle spielen dürfte (es könnte sogar die biochemische Grundlage für das Erleben im Traum sein), liegt die Frage nahe, ob dieser Stoff unser Gehirn nicht auch im Traum für Signale empfänglich macht, die sonst im Verborgenen blieben. Diese Frage ist vor allem (aber nicht nur) im Zusammenhang mit »telepathischen« Träumen von Interesse, auf die wir später noch zu sprechen kommen. Auffallend ist jedenfalls die starke Ähnlichkeit zwischen DMT-Erlebnissen und dem Erleben im Traum, wenngleich die Bilder im Traum verschwommener und der Realitätscharakter des Geschehens weniger prägnant ist als unter DMT.

Der amerikanische Psychologe Neal Goldsmith vermutet, dass das vom Körper produzierte DMT über das Träumen hinaus für die Realitätswahrnehmung im Allgemeinen bestimmend ist. Er bezeichnet DMT schlichtweg als »Realitätsmolekül«. »Es ist einleuchtend, dass etwas, was so fundamental mit der Art der Wahrnehmung unserer realen Welt zusammenhängt, überall in der Realität vorhanden ist«[10]. Tatsächlich hat DMT einen großen Einfluss darauf, wie wir die Welt wahrnehmen. Laut Andrew Newberg[11] würde ein zu hoher DMT-Spiegel die Welt traumhaft, sehr psychedelisch, ein zu niedriger sie langweilig, grau und flach erscheinen lassen. DMT würde in diesem Fall für die Anpassung unseres Bewusstseins an die Konditionen der 3D-Welt verantwortlich sein.

Gehen wir davon aus, dass die von uns wahrgenommene Realität tatsächlich in eine viel größere Wirklichkeit eingebettet ist und unser individuelles Bewusstsein nur eine Facette des allumfassenden uns im Normalzustand nicht zugänglichen Bewusstseins ist, läge der größte Teil dessen »was wirklich ist«, verborgen im Unbewussten. Im Schlaf beim Träumen, beim Meditieren, in Grenzsituationen oder unter dem Einfluss psychedelischer Substanzen erhalten wir Zugang zu jener verborgenen Wirklichkeit, in der die vertrauten Gesetze der 3D-Welt oft auf den Kopf gestellt scheinen.

Die Finsternis über der Urflut

Spätestens seit Freud wissen wir, dass unser Verhalten zum großen Teil von unbewussten Motiven gesteuert wird.

In der von uns wahrgenommenen Realität ist der Mensch ein »Überlebensvehikel« der Gene, die ihn »gebaut« haben. Ein zufällig entstandener Organismus, der sich hauptsächlich in seiner Fähigkeit zur Selbsterkenntnis von den anderen Überlebensvehikeln unterscheidet. Dieses Unterscheidungsmerkmal hat sich als Folge der wachsenden Komplexität des Gehirns schrittweise aus dem Unbewussten herausgebildet. Das selbstreflektierende Bewusstsein wie es uns heute selbstverständlich scheint, brachte die Evolution vermutlich erst vor rund 70.000 Jahren gemeinsam mit der Sprachfähigkeit hervor. Aus dieser Zeit stammen auch die ältesten Gräber in einer Höhle bei La Ferrassie in der Dordogne, deren Existenz nahelegt, dass der Mensch zu dieser Zeit schon den Tod antizipieren konnte. Die Fähigkeit, die Zukunft in Gedanken vorwegzunehmen, ist zumindest bis heute dem Menschen vorbehalten. Alle anderen Spezies leben nach wie vor in einem unbewussten oder vorbewussten Zustand. Auch in der persönlichen Entwicklung erfolgt die Differenzierung des Ichbewusstseins zeitgleich mit dem Spracherwerb Ende des zweiten Lebensjahres. Ein zweijähriges Kind steht damit geistig auf derselben Entwicklungsstufe wie ein Erwachsener vor 70.000 Jahren. Hand in Hand mit dem Fortschritt des Sprachvermögens bezieht sich das Kind zunehmend als »Ich« in die Kommunikation ein. Mit Abschluss des dritten Lebensjahres bildet es bereits eine eigenständige, von der Außenwelt abgegrenzte, Ich-Identität aus.

Die Parallele zwischen der stammesgeschichtlichen und der individuellen Entwicklung des Ich-Bewusstseins ist nicht zu übersehen. Dass der Mensch auf der körperlichen Ebene seine evolutionäre Vergangenheit im Zeitraffer durchläuft, ist leicht nachzuweisen. So unterscheidet sich der menschliche Fötus im Frühstadium nur unwesentlich von den Föten der anderen Spezies. Der Umstand, dass sich beim Embryo Kiemenbögen (aus denen sich dann später aber die Lungen entwickeln) und in der achten Schwangerschaftswoche vorübergehend Schwimmhäute ausbilden, erübrigt jeglichen Zweifel, dass wir in der embryonalen Entwicklung die Evolution im Schnelldurchlauf absolvieren.

Es ist naheliegend, dass auf der geistigen Ebene ebenfalls sämtliche Stufen der menschlichen Stammesgeschichte durchlaufen werden. Wir wissen nur wenig über den Bewusstseinszustand des Vormenschen, des Australopithecus, und der ersten Urmenschen beginnend beim Homo habilis bis hin zum Cro-Magnon-Mensch vor 40.000 Jahren. Auch darüber wie ein Embryo, ein Neugeborenes, ein Säugling, ein Kleinstkind die Welt erleben, können wir nur spekulieren, es vielleicht einfühlend intuitiv erahnen und aus unseren Wahrnehmungen Rückschlüsse ziehen. Vielleicht werden in naher Zukunft bildgebende Verfahren zu gesicherteren Erkenntnissen führen. Bislang jedoch haben unsere Aussagen über das Welterleben in der Frühzeit, beginnend im Mutterleib bis hin zu der Zeit, wo die eigene Erinnerung einsetzt, lediglich spekulativen Charakter. Auf Basis dieser unsicheren Ausgangslage konstruieren wir Modelle, wie es sein könnte, wissen aber nicht, wie gut diese Modelle die Realität des frühkindlichen Erlebens wirklich beschreiben.

Trotz des fiktiven Charakters eines solchen Unterfangens

möchte ich Sie gerne zu einer Zeitreise einladen, die beim Embryo im Mutterleib ihren Ausgang nimmt. Ich werde dabei ein Szenario entwickeln, das zeigt, wie sich die psychischen Instanzen aus der Urwelt des Unbewussten herausgebildet haben könnten. Das Licht durchbrach zwar die »Finsternis über der Urflut«, konnte sie aber nicht zur Gänze überwinden. In Abwandlung eines berühmten Brecht Zitats ist die eine Welt seither »im Dunkel, die andere ist im Licht. Und man sieht nur die im Lichte, die im Dunkeln sieht man nicht«.[12] Nur im Schlaf oder in psychischen Ausnahmezuständen begegnen wir der später vom Bewussten überlagerten, verborgenen Welt und ihren Gesetzmäßigkeiten, mit denen wir im Wachzustand wenig anzufangen wissen.

Mit der Befruchtung der Eizelle unterbrechen wir den Zustand des Nichtseins, bis zu dem Tag, an dem unsere Zeit gekommen ist und wir wieder in den ursprünglichen Zustand zurückkehren, zumindest in der von uns wahrgenommenen 3D-Welt. Davor befinden wir uns in einem Überlagerungszustand aus Abermillionen Möglichkeiten. So viele Spermien befinden sich nämlich im Ejakulat des Mannes und sind potentielle Befruchter (auch wenn viele davon fehlerhaft oder unbeweglich sind). Mit der Zeugung kollabiert die Wahrscheinlichkeit und unsere Existenz wird Realität. Erfolgte die Befruchtung jedoch durch eine andere Samenzelle, wäre rein körperlich an unserer statt jemand anderer entstanden. Nur körperlich, oder hätte dieser genetische Unterschied auch dazu geführt, dass unsere geistige Existenz im Zustand der Wahrscheinlichkeit verblieben wäre? In diesem Fall würde jede erfolgreiche Samenzelle ein anderes Ichbewusstsein hervorbringen. Oder verhält es sich mit dem Bewusstsein so wie mit der Sprache? Wir verfügen zwar über eine angeborene Sprachfähigkeit, aber welche Sprache wir letztlich sprechen, hängt von anderen Faktoren ab.

Ungeachtet der vorangegangenen Spekulationen wollen wir jetzt aber zu unserer Zeitreise zurückkehren. Sagen wir in die 26. Schwangerschaftswoche, in der das Embryo zum ersten Mal seine Augen öffnet. Die Nervenbahnen sind hinreichend mit der Großhirnrinde verbunden und der Fötus ist bereits in der Lage, Formen zu erkennen sowie hell und dunkel zu unterscheiden.

Der Schlaf-Wach-Zyklus bildet sich zwischen der 28. und 36. Woche aus. Wobei der Tiefschlaf der ursprüngliche ist und das Ungeborene erst gegen Ende der Schwangerschaft zu träumen beginnt. Übermäßiger Stress in der Schwangerschaft kann beim Embryo zu einer verfrühten Ausbildung des Traumschlafes und einem häufigeren Wechsel zwischen Tiefschlaf- und Traumphasen führen. Allem Anschein nach kommt dem Träumen bei der Stressverarbeitung und Realitätsbewältigung eine wichtige Bedeutung zu. Es gibt auch Hinweise dafür, dass vorzeitig entwickelter Traumschlaf als Folge von Stress im späteren Leben die Depressionsanfälligkeit erhöht. Bei normaler Entwicklung halten sich Tiefschlafphasen und Traumphasen zum Zeitpunkt der Geburt die Waage. Im Laufe des Erwachsenwerdens nimmt der Anteil der Traumphasen kontinuierlich ab und pendelt sich im Alter bei rund zwanzig Prozent ein.

Wir wissen zwar aufgrund der lebhaften Gehirntätigkeit, dass vorgeburtliche und frühkindliche Träume sehr intensiv sind, können aber über die Trauminhalte nur rätseln. Selbst wenn ein Ungeborenes zu dieser Zeit schon denken könnte (was natürlich nicht der Fall ist), wüsste es nicht, das außer ihm noch etwas existiert. In diesem frühen Stadium müsste es in seinem Erleben selbst noch alles sein, das Innen wäre vom Außen noch nicht getrennt. Wenn es stimmt, dass die Zirbeldrüse mit der Entwicklung des Traumschlafes vermehrt DMT ausschüttet, wie Strassman vermutet[13], müsste das pränatale Universum darüber hinaus ein psychedelisches sein. Eine Welt voll bizarrer Sensationen, ohne Grenzen und ohne Zeit. Womöglich der Urgrund jener Welt, der wir später im Schlaf begegnen.

Auf unserer virtuellen Reise erreichen wir nun den Zeitpunkt der Geburt. Psychologen wie Otto Rank[14] schreiben dem Geburtsakt eine traumatische Bedeutung zu. Aus evolutionärer Sicht handelt es sich dabei allerdings um eine sehr fragwürdige Hypothese. Würde tatsächlich jeder vom Geburtsakt ein Trauma davontragen, hätte die natürliche Selektion längst schon wirkungsvolle Schutzmechanismen hervorgebracht. Tatsächlich verfügt der Embryo zum Zeitpunkt der Geburt über einen ausreichenden Reizschutz. Darüber hinaus gibt es für psychische Störungen im Erwachsenenalter, wie die Angst vor engen Räumen, schlüssigere Erklärungen als die oberflächliche Parallele zum Geburtsakt.

Es stimmt aber, dass es mit der Geburt zu einem Paradigmenwechsel kommt und Reize aus der Außenwelt in die innere Welt des Säuglings einbrechen. Statt des vertrauten warmen Wassers ist er nun von Luft umgeben, er lernt zwischen warm und kalt, hell und dunkel zu unterscheiden. Auch klanglich tritt die Welt viel unmittelbarer an sein Gehör heran. Die Geräusche sind vielfältiger und variieren in der Lautstärke.

Zu welchem Schluss würde ein denkendes Neugeborenes unter diesen Umständen gelangen? Es ist alles, sein Universum hatte keinen Anfang, es war immer schon da. Aus seiner Perspektive könnte es nur eine Erklärung geben: Es ist der Ursprung von allem und es ist alles. Die Welt wird von ihm geboren, in ihn »hineingeboren« und nicht umgekehrt.

Diese Sichtweise wird sich jedoch bald ändern, denn in den nächsten Monaten beginnt die Welt des Säuglings allmählich aufzubrechen. In der Interaktion mit der Umwelt macht das Baby die Erfahrung, dass es selbst nicht alles ist. Es sind vor allem die kleinen Frustrationen, die diese Erkenntnis in ihm reifen lassen. Unlustvolle Spannungsgefühle, die es selbst nicht beseitigen kann. Die Brust, die nicht gleich kommt, ein Brennen in der Windel, ein Drücken im Bauch, Unlust, der es hilflos ausgesetzt ist.

Natürlich kann ein Neugeborenes noch nicht wissen, was ihm fehlt und was es braucht, um sich wohlzufühlen. Es empfindet lediglich den Unterschied zwischen Lust (angenehm, wohltuend) und Unlust (unangenehm, schmerzhaft). Erschwerend kommt hinzu, dass die frühsten Gefühlsempfindungen besonders intensiv sind und dem »Alles oder Nichts«-Prinzip gehorchen. Gefühlsabstufungen, wie wir sie aus dem Erwachsenenalter kennen, sind erst im Entstehen. In der Frühzeit wird das Kleinstkind von seinen Emotionen noch regelrecht überflutet. Sie entstehen ohne sein Zutun »aus dem Nichts« und es hat keine Möglichkeit, sie unter Kontrolle zu bekommen, geschweige denn, die Quelle der Unlust aus eigener Kraft zu beseitigen.

Panik erzeugende Gefühle wie Hunger, Schmerz, Verlassenheit wirken wie innere Verfolger, vor denen es kein Entrinnen gibt. Alpträume im späteren Leben, die Verfolgungsszenarien zum Inhalt haben, könnten unter anderem auch eine emotionale Reminiszenz aus der Frühzeit unserer Entwicklung sein. Da dem Gehirn in diesem frühen Stadium noch keine effizienteren Möglichkeiten der Verarbeitung zur Verfügung stehen, muss es die angstmachenden Affekte in der Umkehrung des Aschenputtel-Prinzips »Die schlechten ins Kröpfchen, die guten ins Töpfchen« abspalten und wie Fremdkörper isolieren. Zum ersten Mal spaltet sich die Welt des Kleistkindes in einen innere und äußere. Alles was gut ist, vertraut, wohlig, lustvoll bleibt »drinnen«, während das Unlustvolle, Bedrohliche nach außen projiziert wird. Auf der Basis dieser wohltuenden Empfindungen bildet sich allmählich ein lustvoller Ich-Kern aus.

Die Mutter-Kind-Beziehung ist zu dieser Zeit noch eine höchst einseitige. Der Säugling ist gierig, fordert, verschlingt, »verleibt sich die Welt ein«. Die Mutter (wer auch immer diese Rolle in der Realität übernimmt) gibt, stillt, sättigt, wird »verschlungen« und »einverleibt«. Darüber hinaus reguliert sie mit ihrer Zuwendung das Spannungsniveau des

Säuglings. Sie beruhigt, wenn die Spannung wächst, schützt und regt an, wenn er sich einsam fühlt oder sich langweilt. Die Ich-Stärke eines Menschen hängt entscheidend von den positiven Erfahrungen und der Fürsorge in diesem frühesten Lebensabschnitt ab. Doch auch bei der besten Bemutterung sind Entbehrungserlebnisse unvermeidlich. Das ist weiter nicht schlimm. Wenn diese nicht eine gewisse Dauer und Intensität überschreiten, sind sie für die Entwicklung des Kindes sogar unverzichtbar.

Die widersprüchlichen Erfahrungen, die ein Säugling im Zusammenhang mit der Versorgung zwangsläufig macht, der Wechsel von Hunger und Sättigung, Lust und Unlust, Spannung und Entspannung, Nähe und Verlassenheit, Wärme und Kälte, Licht und Dunkelheit, Angst und Geborgenheit rufen bei ihm, der weder sich selbst noch seine Außenwelt als etwas Zusammenhängendes, Einheitliches wahrnehmen kann, voneinander völlig unabhängige Gefühls- und Vorstellungskomplexe hervor, die sein Weltgefühl und seinen frühsten Bezug zur Welt bestimmen.

Da im ersten Lebensabschnitt Lust über die Reizung der Lippen und Mundschleimhäute im Zusammenhang mit der Nahrungsaufnahme durch Saugen, Schlucken, Lutschen und Beißen gewonnen wird, heißt diese Etappe in der kindlichen Entwicklung im Fachjargon »orale Phase«. »Nahrungshunger« und »Reizhungerhunger« – der Hunger nach Gefühlen, die Sehnsucht nach Hautkontakt, Wärme und Geborgenheit, die nur durch die Anwesenheit eines anderen Menschen gestillt werden können – fallen zu dieser Zeit noch zusammen. Unabhängig davon, ob der Säugling hungrig oder »gefühlshungrig« ist – er erlebt diesen Mangel in gleicher Weise als diffuse, unlustvolle Spannung.

Je befriedigender die erste Lebensphase verläuft, desto wahrscheinlicher ist die Ausbildung eines kompakten, lustvollen Ich-Kerns. Die Ausbildung eines stabilen Ich-Kernes ist die Voraussetzung dafür, dass ein Kind später fähig ist, negative Affekte zu integrieren. Nur wer zu Beginn des Lebens einmal ausreichend Lust erfahren hat, ist später in der Lage, Unlust zu ertragen oder mit Spannungen und Frustrationen fertig zu werden.

Zu den positiven Seiten des oralen, nicht frustrierten Charakters zählen unerschütterliches Vertrauen, Gelassenheit, Optimismus und Wissbegierde. Frühe Entwicklungsdefizite wirken sich im Erwachsenenalter auf das Sozialverhalten und die Beziehungsfähigkeit nachteilig aus. Verwahrlosung oder defizitäre Fürsorge begünstigt später die Entstehung von depressiven Stimmungszuständen, Persönlichkeitsstörungen und beeinträchtigen die spätere Beziehungsfähigkeit.

Oral frustrierte Menschen sind meist durch die Unfähigkeit zu warten, Rast- und Ruhelosigkeit, geringe Spannungs- und Frustrationstoleranz, sowie ein gieriges, drängendes Wesen, charakterisiert. Traumatisierungen in dieser Entwicklungsphase begünstigen darüber hinaus die Ausbildung einer selbstunsicheren, abhängigen Persönlichkeit. Betroffene leiden auch häufig unter einer stark ausgeprägten Neigung, sich abhängig zu machen und daraus resultierenden Trennungs- und Verlustängsten, wie sie im Traum einer sechsunddreißigjährigen Journalistin zum Vorschein kommen.

Die Träumerin stammt aus vollkommen desolaten Familienverhältnissen, der Vater drogenabhängig, die Mutter eine Borderlinepersönlichkeit. Von frühster Kindheit an war sie psychischer und körperlicher Gewalt ausgesetzt. Schon frühzeitig verlässt sie ihre Eltern und bindet sich an einen wesentlich älteren Mann, von dem sie bald danach schwanger wird. Noch während der Schwangerschaft stellt sich heraus, dass ihr Partner unter massiven Alkoholproblemen leidet und im Rausch zur Gewalttätigkeit neigt. Seine Sauf- und Gewaltexzesse veranlassen sie zwar immer wieder, über eine Trennung nachzudenken, aber es gelingt ihm jedes Mal, sie mit Versprechungen umzustimmen. Im Grunde kann sie sich ein

Leben ohne ihn gar nicht vorstellen und hat auch schwere Bedenken, durch ihr Weggehen die Familie zu zerstören. Als ihr Kind in den Kindergarten kommt und sie dort den Vater eines anderen Kindes kennenlernt, setzen bei ihr Panikattacken ein und sie entschließt sich zu einer Psychoanalyse.

Ungefähr ein halbes Jahr nach Beginn der Analyse träumte ihr, dass sie auf die wöchentliche Redaktionssitzung völlig vergessen hat. Weil sie schon spät dran ist, ruft sie ein Taxi. Während der Fahrt fällt ihr auf, dass sie kein Geld bei sich hat. Sie ersucht den Taxifahrer, sie aussteigen zu lassen, und bittet ihn zu warten, bis sie wieder zurückkäme. Sie wolle nur ihr Geld holen und dann die Fahrt fortsetzen. In großer Eile läuft sie zu ihrer Wohnung zurück.

Als sie die Haustür öffnet, befindet sie sich in einem hotelartigen Gebäude mit einer großen Vorhalle, die sich nach hinten ins Unübersichtliche verliert. Von überall gehen zahllose Gänge weg und Aufzüge, die nach unten und oben führen. Um schneller in ihre Wohnung zu gelangen, nimmt sie den nächsten Aufzug. Viele Ein- und Aussteigende verzögern die Abfahrt. Als sich die Kabine endlich in Bewegung setzt, merkt sie, dass sie nach unten, also in die falsche Richtung fährt. Die Knöpfe auf der Schalttafel sind ungeordnet und von unterschiedlicher Größe. So sehr sie sich auch bemüht, sie kann den Knopf zu ihrem Stockwerk nicht finden. Also steigt sie irgendwo aus und findet sich auf einer ihr unbekannten Straße wieder, in einer völlig fremden Gegend. Sie möchte ins Hotel zurück, doch findet sie den Eingang nicht mehr. Mit Schrecken wird ihr plötzlich bewusst, dass der Taxichauffeur noch immer auf seine Bezahlung wartet. In ihrer Verzweiflung fragt sie Passanten nach der Richtung, doch sie kann deren Antwort nicht verstehen.

Nun versucht sie es auf eigene Faust. Auf gut Glück geht sie in die Richtung, in der sie das Taxi vermutet. Dabei kommt sie aber immer mehr vom rechten Weg ab. Voll Panik sucht sie nach etwas Vertrautem in ihrer Umgebung und wird mit einer Leuchtreklame fündig. Mit diesen Ankern verhält es sich aber wie mit Irrlichtern. Je mehr sie sich anstrengt ihnen näherzukommen, umso ärger gerät sie ins Chaos. Hatte sie bislang noch einen Funken Hoffnung, dass sie zurückfindet, fehlt ihr nun jegliche Orientierung. Mitten in diesem Auflösungsprozess fühlt sie, wie sie sich immer mehr von dem entfernt, was ihr Sicherheit und Halt geben könnte. Mit einem durch und durch unheimlichen Gefühl, mutterseelenallein, von Gott und der Welt verlassen zu sein, schreckt sie hoch. Im selben Augenblick wird ihr bewusst, wo sie sich befindet, und ein Gefühl der Erleichterung überkommt sie. Die unheimliche Stimmung hält jedoch noch einige Stunden an.

In ihrer Erzählung finden sich Anknüpfungspunkte zu unterschiedlichen Traumquellen, auf die wir an dieser Stelle nicht eingehen werden. Im Augenblick konzentrieren wir uns bei der Analyse auf jene Bereiche, die für das damalige Lebensgefühl der Träumerin relevant waren. Ihre Verlorenheit in einer chaotischen Welt, in der sie sich nicht mehr zurechtfinden konnte. Im Traum steht das »nicht Können« oft für ein unbewusstes »nicht Wollen«. Sie will zwar ihr Ziel erreichen, schafft es aber nicht. Im Unbewussten war ihr zum Zeitpunkt des Traumes längst klar, dass sich ihr damaliger Lebensgefährte trotz gegenteiliger Beteuerungen nie ändern würde. Wollte sie ihrem Martyrium entkommen und mit jemand anderen einen Neubeginn versuchen, musste sie sich von ihm trennen. Ihr Trennungswunsch stieß jedoch auf heftigste innere Widerstände, die sich in Form von Ängsten bemerkbar machten. Je größere Ausmaße die Aggression gegen ihren Partner und die Sehnsucht nach dem anderen Mann annahm, umso panikartiger war die emotionale Reaktion. Ihr damaliger Konflikt spiegelt sich im Traum wider. Die Redaktionssitzung, von der sie sich »ungewollt« immer weiter entfernte, eignete sich deswegen so gut als Projektionsfläche für den Beziehungskonflikt, weil der damalige Chefredakteur dieselben Probleme wie ihr Lebensgefährte hatte und im Zuge eines cholerischen Anfalls sogar einmal ein Notebook nach ihr warf.

Ihr Bemühen, im Traum rechtzeitig zur Reaktionssitzung zu kommen, entsprach in der Realität ihrem bewussten Wunsch, die Beziehung um jeden Preis aufrechtzuhalten. Unbewusst lehnte sich aber alles gegen diese Vorstellung auf. Etwas in ihr wollte die Kerkermauern sprengen und endlich raus aus dem Beziehungsgefängnis. Der Traum löste den Konflikt auf bewährte Weise: Je mehr sie sich bemühte, ihr Ziel zu erreichen, umso weiter entfernte sie sich von ihm. So, als würde ein kleines Mädchen sagen, »Ich will eh, aber es geht ja nicht …«. Auf diese Weise kann sich der unbewusste Trennungswunsch durchsetzen, ohne dass sich die Träumerin deswegen schuldig fühlen muss. Doch welche Bedeutung hat das Gefühl der Unheimlichkeit am Ende des Traums, dass sie bis in den Tag hinein verfolgte?

In einem Essay beschäftigt sich Freud mit der Herkunft des Unheimlichen und stellt darin eine Verbindung zum Heimlichen her »… heimlich ist ein Wort, das seine Bedeutung nach einer Ambivalenz hin entwickelt, bis es endlich mit seinem Gegensatz unheimlich zusammenfällt. Unheimlich ist irgendwie eine Art von heimlich«.[15] Nach Freud kann einem nur das unheimlich werden, was einem gleichzeitig vertraut ist. Führen wir diese Überlegung fort, stoßen wir bald auf die Frage, was einem Kleinkind im Normalfall vertrauter sein könnte, als die Mutter, die in den meisten Fällen auch sein erstes Heim ist?

Was immer das Unheimliche hervorrufen mag, konflikthafte, eine Beziehung betreffende Zerstörungswünsche wie im Falle unserer Träumerin, ein dunkles Geheimnis, eine Schuld, die jemand auf sich geladen hat, übrig bleibt das schreckliche Gefühl, das »heimelige« gute Objekt, die heile Welt, die Unschuld, ein für alle Mal verloren zu haben. Das Dasein fortan fern vom Licht in kalter Finsternis fristen zu müssen.

Solche Verlustängste sind für die frühe Kindheit bezeichnend und sind umso stärker ausgeprägt, je widersprüchlicher die ersten Objektbeziehungen verlaufen. In der Interaktion mit der Mutter, der primären Bezugsperson, bilden sich die ersten Kommunikationsmuster, irreversible Strukturen, vergleichbar mit dem Fundament eines Hauses. Diese frühkindliche Prägung gibt weitgehend die Möglichkeiten und Grenzen der späteren Entwicklung vor. Aus verständlichen Gründen ist die Mutter-Kind-Beziehung in diesem frühen Lebensstadium noch einseitig ausgerichtet. Der Säugling ist bedürftig und verlangt. Die Aufgabe der Mutter ist es, diese Signale richtig zu verstehen und seine Bedürfnisse zu stillen. Die Regulation des inneren Gleichgewichtes eines Säuglings hängt somit fast zur Gänze vom Einfühlungsvermögen der Mutter ab, auf das Reizangebot des Kindes mit dem richtigen, spannungsmindernden Antwortmuster zu reagieren.

In der Interaktion mit der Mutter entwickeln sich die ersten Vorstellungen, ohne die es keine Wünsche gäbe. Wünsche sind ja nicht angeboren, sondern sie bilden sich erst schrittweise aus. Freud skizziert diesen Vorgang am Beispiel des hungrigen Säuglings so: »In der Form der großen Körperbedürfnisse tritt die Not des Lebens zuerst an ihn heran. Die durch das innere Bedürfnis gesetzte Erregung wird sich einen Abfluss in der Motilität suchen, die man als ›innere Veränderung‹ oder als ›Ausdruck der Gemütsbewegung‹ bezeichnen kann. Das hungrige Kind wird hilflos schreien oder zappeln. Die Situation bleibt aber unverändert, denn die vom inneren Bedürfnis ausgehende Erregung entspricht nicht einer momentan stoßenden, sondern einer kontinuierlich wirkenden Kraft. Eine Wendung kann erst eintreten, wenn auf irgendeinem Wege, beim Kind durch fremde Hilfeleistung, die Erfahrung eines Befriedigungserlebnisses gemacht wird, die den inneren Reiz aufhebt«.[16]

Wünsche sind stets das Produkt einer Verknüpfung einer von innen kommenden Trieb- oder Bedürfnisspannung mit einem von außen herbeigeführten Befriedigungsvorgang. Früher oder später wird der Säugling das Saugen an der Brust fantasieren oder das Gesicht der Mutter, sobald sich bei ihm der Hunger rührt. Auch später entstehende Wünsche entsprechen immer demselben Muster der Verkettung einer im Körperlichen wurzelnden Bedürfnisspannung mit einem realen Befriedigungsakt.

Der Verlauf der ersten Lebensphase ist für die Welt der inneren Bilder und ihre emotionale Färbung maßgeblich. Die ersten »imaginierten« Bilder entstehen noch in der Symbiose mit der Mutter. Sie sind fantasievolle Abbildungen der nährenden, Geborgenheit spendenden, anwesenden Mutter, oder umgekehrt, der abwesenden, sich verweigernden, »bösen« Mutter, die in unserem Gehirn gespeichert werden. Diese beiden Gefühlszustände können als Vorbild für die Himmel-Hölle-Dualität gewertet werden. Der gesättigte Zustand absoluter Bedürfnis- und Spannungslosigkeit wäre die Metapher für das Paradies. Die ungestillte Begierde und Einsamkeit im Hunger das Urbild für die ewige Verdammnis.

Übermäßige Entbehrungen, Vernachlässigung, Verwahrlosung, häufiger Wechsel der primären Bezugsperson, Lieblosigkeit, seelische und körperliche Gewalt fördern die destruktiven Affekte beim Baby und die spätere Ambivalenz sich selbst und der Umwelt gegenüber. Nachdem das Gehirn in der Frühzeit seiner Entwicklung noch über keine reifen Bewältigungsmechanismen verfügt, spaltet es die Affekte und die mit ihnen assoziierten Bilder und Objektanteile ab und isoliert sie, um die Beziehung zum guten Objekt zu erhalten. Durch die Isolierung bleiben die abgespaltenen Inhalte von der übrigen Persönlichkeitsentwicklung ausgenommen und behalten ihre unreife Natur bei.

Die Welt der inneren Bilder steht in ständiger Wechselwirkung mit der realen Außenwelt. Wie Sie die Vorgänge in der äußeren Welt deuten, hängt nicht zuletzt von den schon existierenden Bildern Ihrer inneren Welt ab. Einer Welt, die gerade im Werden ist und die später, wenn das Realitätsprinzip die Herrschaft übernommen hat, nur mehr im Verborgenen existiert. Die dem bewussten Zugriff verschlossen bleibt und nur noch im Schlaf, in Trancezuständen oder unter dem Einfluss von bewusstseinserweiternden Mitteln ihre Pforten öffnet. Eine psychedelisch anmutende Welt, die weder Zeit noch Raum kennt, in der alles mit allem zusammenhängt, die grenzenlos ist, ohne Logik und Sprache auskommt und ausschließlich aus Licht, Farben, Formen, Bildern, Tönen, Gefühlen besteht, die assoziativ miteinander verbunden sind.

Eben weil diese archaische Welt mit der Ausbildung des Bewusstseins schon früh ins Off gedrängt wird, war sie nie einer Realitätskontrolle unterworfen und kann im Verborgenen weiter im Urzustand verweilen. Diese Welt mitsamt ihren Gesetzmäßigkeiten ist der Urgrund des Unbewussten. Im Laufe der Sozialisierung werden auch all jene Triebregungen in die Unterwelt verbannt, die aufgrund ihrer asozialen Ausrichtung mit den kulturellen Anforderungen einer Gesellschaft unvereinbar sind. Als Freud vor mehr als hundert Jahren seine psychoanalytische Triebtheorie veröffentlichte und die Bedeutung der frühkindlichen Sexualität für den Erwachsenen aufzeigte, sind die Menschen dagegen Sturm gelaufen. Wie recht Freud hatte, zeigen die Inhalte des Internets.

Durch die Anonymität und gleichzeitig fehlende Zensur kommt im Internet all das zum Vorschein, was Menschen im Alltag üblicherweise vor sich selbst und vor anderen peinlichst verbergen. Es ist kein Zufall, dass die Themen, die das »World Wide Web« beherrschen, jenen Inhalten entsprechen, die Freud dem Unbewussten zuschreibt. Sex rangiert im Internet an oberster Stelle. Immerhin finden sich im Netz mehr als drei Milliarden Sexseiten. Gott bringt es hingegen nicht einmal auf zwei Milliarden. Annähernd genauso viele Extremsexseiten gibt es, bei denen Praktiken im Mittelpunkt stehen, die auf einer Fixierung der weithin geleugneten frühkindlichen Sexualität beruhen (die vom erwachsenen Geschlechtsverkehr noch sehr weit entfernt ist). Alle Perversionen im Erwachsenenalter, Sadomasochismus, Fetischismus, Exhibitionismus, um nur einige zu nennen, beruhen auf frühkindlichen Fixierungen.

Welchen Grund sollte es für die rasante Verbreitung von extremen pornografischen Inhalten im Internet geben, wenn nicht den, dass Menschen durch Hardcore-Sexualität erregt werden. Ganz im Sinne der Theorie der natürlichen Auslese von Charles Darwin: Internetseiten mit hoher Resonanz verbreiten sich und werden oft imitiert, selten besuchte sterben aus. Auch wenn wir es nur ungern wahrhaben: Ein Streifzug durch die Sexseiten des Internets ist immer auch ein Streifzug durch das menschliche Unbewusste und damit durch jene geheime Welt, der wir auch im Schlaf begegnen. Im Internet wird sichtbar, was in den Abgründen der menschlichen Seele schlummert. Mittlerweile bilden sich im Netz bereits dieselben Strukturen, wie in der menschlichen Psyche. Man muss nur das Darknet mit dem Unbewussten gleichsetzen und die zensierenden Kräfte als Vorstufe des Über-Ich. Das Über-Ich[17] wird in der Psychoanalyse als Träger des Gewissens, der Selbstbeobachtung und der Idealvorstellungen gedacht.

Je tabuisierter eine Triebregung ist, umso stärker ist die gegen sie mobilisierte Abwehr. Die bewusst wahrgenommene Angst ist nur das Signal einer biologisch verankerten Alarmanlage. Wann immer sie schrillt, ist Gefahr in Verzug. Angst ohne reale Bedrohung deutet auf einen psychischen Konflikt zwischen einer Triebregung und dem Über-Ich hin. Ängste entstehen nie ohne Grund. So wie Träume transportieren sie eine Botschaft. Eine Botschaft, die uns mit einer Wahrheit konfrontiert, die wir gerne vor uns selbst verleugnen, weil sie eine Entscheidung fordert, die wir nicht treffen wollen.

Um die eigentliche Bedeutung zu verschleiern, wird die vorhandene, aber nicht sichtbare Verursachung von Ängsten und Träumen im Bewusstsein durch einen erkennbaren Inhalt ersetzt. Wen beim Überqueren einer Brücke Panik befällt, fürchtet doch nicht ernsthaft, dass die Brücke einstürzt. Die Brücke ist lediglich ein Symbol, das auf einen verborgenen psychischen Zusammenhang hinweist. So waren die Panikattacken unserer Journalistin eine Reaktion auf ihren unterdrückten Wunsch, die Trennung von ihrem langjährigen Partner zu riskieren und ihr Glück in einer ungewissen Zukunft zu suchen.

Im Unbewussten berührt ihr aktueller Konflikt »Verlass ich ihn oder setze ich die Beziehung fort« einen viel früheren und existentiell bedrohlicheren: »Liebe ich meine Mama oder hasse ich sie und will, dass sie für immer weg ist …«. Dieser ungelöste frühkindliche Ambivalenzkonflikt zog sich wie ein roter Faden durch ihr Leben.

Genauso, wie für die meisten von uns das Darknet ein unbekannter Kontinent ist, haben nur die wenigsten von der geheimen Welt in unserem Gehirn eine Vorstellung. Nur im Traum oder im Zusammenhang mit psychischen Symptomen kommen wir mit ihr direkt in Berührung. Meist allerdings, ohne die tiefere Bedeutung dieser Phänomene zu verstehen. Das Unbewusste existiert in unserer Selbstwahrnehmung nicht. Auf die Frage »Wer bin ich« finden die meisten schnell eine Antwort. Ich bin »die Summe meiner Erinnerungen, Gedanken, Gefühle, Wahrnehmungen, alles, was mir über mich bewusst ist«. Dieses Verständnis entspricht unserer Alltagserfahrung. Wir sind das, was uns über uns bewusst ist. Aber mit dieser Einschätzung liegen wir falsch. Wir sind weit mehr, als uns bewusst ist. Trotzdem klammern wir uns nur an das Bewusstsein.

Wenn wir uns nach Unsterblichkeit sehnen, denken wir genau genommen nicht an das ewige Leben, sondern an ein Bewusstsein, das nie erlöscht. Ein Leben ohne Bewusstsein hätte für uns keinen Wert. Analog zum Schöpfungsmythos (Genesis 1) ist das Bewusstsein das »Licht«, welches die

»Finsternis über der Urflut« des Unbewussten durchbricht. Nicht ohne Grund hat sich im Sprachgebrauch für den Tod die Metapher vom »Erlöschen des Lichtes« ausgebildet. Ungeachtet seiner herausragenden Bedeutung für den Menschen ist das Bewusste lediglich der sichtbare Teil des Eisberges in der Urflut des Unbewussten.

Der weitaus größere Bereich unserer Existenz ist unbewusst. Abgesehen von den unzähligen physiologischen Abläufen in unserem Körper, die sich unserem Bewusstsein entziehen, ist auch unsere Erinnerung alles andere als lückenlos. Wenn wir zurückdenken, scheint unserer Lebensgeschichte zwar eine vollständige in sich geschlossene autobiografische Wiedergabe all dessen zu sein, was wir erlebt haben. Bei genauerer Betrachtung erkennen wir allerdings, wie fragmentarisch diese Autobiografie ist. Was wissen wir noch aus unserer Kindheit, was blieb von der Jugendzeit? Erinnern wir uns noch daran, was wir am gleichen Tag wie heute vor vier, fünf, sechs, zehn Jahren gemacht haben? Das meiste von dem, was wir in der Vergangenheit einmal bewusst erlebt haben, ist heute unbewusst.

Ein Drittel unserer Lebenszeit verbringen wir überhaupt ohne Bewusstsein oder in einem veränderten Bewusstseinszustand. Jedes Mal, wenn wir im Schlaf in der »Finsternis über der Urflut« versinken, kehren wir in den Ozean des Unbewussten zurück. In eine geheime Welt, in der Zeit, Raum, Rationalität ihre Bedeutung verlieren. Unser Selbst beinhaltet wesentlich mehr, als uns bewusst ist. Dass wir trotz der vielen Lücken in unserer Erinnerung das Gefühl haben, über uns vollständig Bescheid zu wissen, verdanken wir einer Fertigkeit unseres Gehirns, die im Vergleich zur gesamten Lebenszeit wenigen erinnerbaren Bruchstücke zu einer »vollständigen« Geschichte zusammenzufassen. Diese Fähigkeiten des menschlichen Gehirns, in seinen Wahrnehmungen Strukturen zu erkennen, bevorzugt solche, die in sich geschlossen wirken, wird in der Gestaltpsychologie das

»Gesetz der guten Gestalt« oder »Prägnanzgesetz«, bzw. das »Gesetz der geschlossenen Gestalt« bezeichnet. Das in der heutigen »SMS-Kommunikation« häufig gebrauchte Smiley »:)« funktioniert nur, weil unser Gehirn in der Kombination Doppelpunkt und Klammer sofort ein lachendes Gesicht erkennt. Wie wir sehen können, wendet unser Gehirn dieselbe Technik an, um Erinnerungslücken zu schließen. Das gilt auch für den Traum, bei dem unser Gehirn unterschiedlichste, durchaus auch nicht zusammengehörige Puzzleteile zu einer vermeintlich sinnvollen Geschichte zusammenfügt.

Lange Zeit war das Unbewusste bloß eine Metapher für all das, was dem menschlichen Bewusstsein nicht zugänglich ist. Es blieb Freud vorbehalten, unser Verständnis vom Unbewussten von Grund auf zu verändern. Zu zeigen, dass es sich dabei nicht um einen statischen Behälter, sondern um ein hoch dynamisches System handelt. Eine aktive, wenngleich auch unbemerkte Welt, die im Verborgenen unser Verhalten viel stärker beeinflusst, als wir es für möglich halten. Die Verhältnisse sind nicht so, wie uns der »gesunde Hausverstand« suggeriert und der freie Wille ist bei Weitem nicht so frei, wie wir glauben.

Mit der Entdeckung des dynamischen Unbewussten, der Relativierung des freien Willens und der Erkenntnis, dass erwachsenes Verhalten weitgehend von kindlichen Wünschen und Emotionen gesteuert wird, revolutionierte Sigmund Freud vor mehr als hundert Jahren das vorherrschende Menschenbild. Der Widerstand gegen die psychoanalytische Theorie ist bis heute ungebrochen. Die narzisstische Kränkung, die Freud der Menschheit nicht einmal fünfzig Jahre nach der Veröffentlichung von Darwins Evolutionstheorie zugefügt hatte, war groß. Kein psychologisches Verfahren hat den Menschen bislang stärker verunsichert als die Psychoanalyse. Ihre ernüchternden Erkenntnisse lassen keinen Raum für infantiles Wunschdenken. Die uneingeschränkte Willensfreiheit entlarvte sie als Illusion. Hatte Darwin den

Menschen mit dem Affen auf denselben Ast der Evolution gesetzt, war er nach Freud nicht einmal mehr Herr im eigenen Haus.

Nach wie vor ist das psychoanalytische Menschenbild so weit vom subjektiven Empfinden entfernt, dass die meisten es emotional nicht nachvollziehen können. Die unbewussten Kräfte, die den Menschen steuern, sind weder direkt erlebbar noch zugänglich. Sie lassen sich lediglich aus Fehlleistungen, Träumen, Tagträumen und neurotischen Symptomen erschließen oder mithilfe der psychoanalytischen Technik bewusstmachen.

Als Reaktion auf die radikalen, desillusionierenden Erkenntnisse der Psychoanalyse kam es ausgehend von den Vereinigten Staaten in der zweiten Hälfte des vorigen Jahrhunderts zu einer psychologischen Gegenreformation. Überall in der westlichen Gesellschaft blüht seither das Geschäft mit der Seele. Gurus, Therapeuten, Trainer, Coaches, Berater, Familienaufsteller, Kartenleger und Wahrsager, sie alle fühlen sich berufen, Menschen das Heil zu bringen. Um zu geringe Nachfrage brauchen sie sich nicht sorgen. So unseriös können die Heilsversprechen gar nicht sein, dass zahlungswillige Interessenten ausblieben.

Während sich die Psychoanalyse von religiösen und magischen Weltbildern sehr deutlich abgrenzt, bestehen zwischen den neuen Psychotherapien, Religion und Esoterik nur mehr unscharfe Grenzen. Heute legen Psychotherapeuten genauso Karten und erstellen Horoskope, wie Astrologen, Kartenleger und Wahrsager sich in psychologischer Beratung üben.

Viele Psychotherapeuten, Lebensberater und Coaches geben zu wissen vor, wie Menschen im Privat- und Berufsleben glücklich und erfolgreich werden. Nur bei sich selbst scheitern sie oft mit ihrem Wissen. Gleichgültig, ob Berater und Coaches mit führenden Persönlichkeiten aus Politik und Wirtschaft für teures Geld Pfadfinderspiele spielen oder sie mit psychologischen Plattheiten füttern, immer stellt sich die Frage, warum intelligente Menschen solche Peinlichkeiten mit sich geschehen lassen und darüber hinaus noch oft genug damit in der Öffentlichkeit vorgeführt werden. Welche »psychologischen« Schlüsse lassen sich aus dümmlichen Psychospielchen ziehen, z.B. aus dem Wissen, welches Tier ein Bundespräsidentschaftskandidat sein möchte?

Wie weit psychologische Richtungen die das Unbewusste ignorieren und stattdessen auf Rationalität und Willensstärke setzen, von der Realität entfernt sind, belegen mittlerweile die Ergebnisse der neurophysiologischen Gehirnforschung. Sie bestätigen weitgehend Freuds Vorstellungen vom Unbewussten und ihre Ergebnisse führen in Wissenschaft und Gesellschaft allmählich zu einem Paradigmenwechsel.

1982 entfernte der portugiesische Neurowissenschaftler António Rosa Damásio bei einem Patienten einen Tumor im Frontalhirnbereich. Nach erfolgreicher Operation machte er eine erstaunliche Entdeckung. Der Patient konnte keine Entscheidungen mehr treffen, obwohl sein Verstand noch einwandfrei funktionierte. Weitere Untersuchungen ergaben, dass der Mann nicht nur entscheidungsunfähig war, sondern auch keinerlei Emotionen mehr hatte. Damásio folgerte daraus, dass es neben dem Verstand ein zweites unbewusst arbeitendes Entscheidungssystem geben müsse, das auf Gefühlen beruhte. Diese unerwartete Erkenntnis widersprach der gängigen Ansicht, dass Menschen rational entscheiden und Gefühle den Entscheidungsprozess nur stören würden. Sie bestätigte aber die psychoanalytische These, dass menschliches Verhalten maßgeblich von unbewussten Kräften beeinflusst wird. Ungeachtet der psychoanalytischen Erkenntnisse und des neurowissenschaftlichen Fortschritts stellt die Theorie der rationalen Entscheidung den menschlichen Entscheidungsprozess nach wie vor auf ein rationales Fundament. Tatsächlich aber werden menschliches Denken und Handeln von irrationalen, emotionalen Triebkräften maßgeblich beeinflusst. Oft genug stehen die Ziele dieser unbewussten Impulse in krassem Gegensatz zu den rationalen Positionen des Verstandes, was zwangsläufig zu psychischen Konflikten führt.

Silvester ist ein guter Zeitpunkt für Vorsätze. Die meisten Menschen meinen es mit ihren Veränderungsabsichten ernst. Trotzdem sind die meisten Silvestervorsätze nach ein paar Tagen wieder »Schnee von gestern«. Jedes Mal im Frühjahr werden in den Hochglanzmagazinen neue Diäten angepriesen. Abmagerungswillige gibt es genug. Aber wie erfolgreich sind deren Bemühungen, ein paar Kilos abzuspecken? Warum rauchen so viele Menschen, obwohl sie wissen, dass Rauchen krankmacht? Was bringt eine Verhaltenstherapie, die Menschen mit Prüfungsangst dazu anhält, sich auf dem Weg zur Prüfung vorzusagen: »Ich brauche keine Angst zu haben, ich habe genug gelernt?«[18] Fürchten sich Kinder im Dunklen weniger, wenn sie hören, dass ihre Furcht unberechtigt ist, weil es keine Gespenster gibt?

Es liegt nicht daran, dass Menschen nicht wissen, was sie tun sollten. Das Problem ist, dass sie es in den meisten Fällen nicht können. »Du musst es nur wollen …«, ist ein entbehrlicher Rat. Es scheitert nicht am guten Willen, sondern an der Umsetzung. »Der Geist ist willig, aber das Fleisch ist schwach«, weiß schon die Bibel (Matthäus 26,41). Wissenschaftlich wird der Frage nach der menschlichen Willensfreiheit erst seit der zweiten Hälfte des vorigen Jahrhunderts nachgegangen.

In einem Experiment des Physiologen Libet im Jahr 1964[19] wurde den Versuchspersonen aufgetragen, zu einem beliebigen Zeitpunkt ihre Hand zu bewegen und, mithilfe einer speziellen Uhr, den Zeitpunkt festzuhalten, zu dem sie den Entschluss für die Bewegung fassten. Diese Zeitangaben wurden dann mit ihrer Hirnaktivität im Elektroenzephalogramm (EEG) verglichen. Erstaunlicherweise setzte die Gehirnaktivität, die die Handbewegung einleitete, im Durchschnitt 350 Millisekunden vor der Aktivität ein, die für den bewussten Handlungsentschluss ausschlaggebend war. Libet schloss aus dem Ergebnis, dass die Entscheidung für die Handbewegung unbewusst erfolgte, und daher keine bewusste Willensentscheidung sein konnte. Da durch die Resultate von Libets Versuchsreihen die Willensfreiheit und damit die Verantwortlichkeit des Menschen infrage gestellt wurde, lösten sie eine heftige Diskussion aus, die bis heute anhält. Libet selbst wies darauf hin, dass die kontrollierenden Instanzen im Gehirn eine Art Veto-Funktion ausüben und die Ausführung einer Handlung bis etwa 50 Millisekunden vor der Muskelaktivierung blockieren könnten.

In einer Versuchsanordnung des deutsch-britischen Hirnforschers Haynes[20] sollten 14 Testpersonen frei entscheiden, ob sie einen Knopf mit der linken Hand oder einen zweiten Knopf mit der rechten Hand drücken wollten. Zeitliche Vorgaben gab es keine. Mithilfe des Kernspintomographen wurde gleichzeitig gemessen, wie sich der Sauerstoffverbrauch über die einzelnen Gehirnareale verbreitete. Aktive Areale benötigen mehr Sauerstoff. Aufgrund der Aktivitätsmuster im Gehirn wurden Rückschlüsse auf das spätere Verhalten gezogen. Mindestens sieben Sekunden vor der bewussten Entscheidung konnte Haynes mit signifikanter Wahrscheinlichkeit vorhersagen, mit welcher Hand der Proband den Knopf drücken würde. Haynes schloss daraus, dass »die unbewusste Entscheidung im Gehirn vorbereitet und dann eine Zeit lang dort vor sich hinschlummern würde, bevor sie den Weg ins Bewusstsein findet«. Haynes Forschungsergebnisse legen nahe, dass Entscheidungen im Unbewussten getroffen werden, noch bevor es zur bewussten Willensentscheidung kommt. Die Annahme, dass das menschliche Verhalten uneingeschränkt dem freien Willen unterliegt, war so nicht mehr aufrechtzuhalten. Weitere Experimente sollten Klarheit verschaffen.

Eines davon war das des US-amerikanischen Psychologen John A. Bargh[21] (1996, 2008, 2012): Versuchspersonen sollten eine Sprachaufgabe lösen, mit der vermeintlich ihr Sprachtalent getestet werden sollte. Sie sollten aus vorgegebenen Wörtern Sätze bilden. Bei der Versuchsgruppe waren die Wörter mit dem Alter assoziiert (»grau«, »Falte«, »Glatze«, »vergesslich«, »Florida«). Der Vergleichsgruppe wurden neutrale Worte vorgegeben. Nach Beendigung der Aufgabe sollten sie in einen anderen Raum gehen. Gemessen wurden ihre Gehzeiten. Die Wegzeiten in der Versuchsgruppe waren signifikant länger als die der Kontrollgruppe mit den neutralen Worten. Das Ergebnis dieses Experiments wurde als Florida-Effekt bekannt. Um sicherzugehen, wurde es von Bargh in einer etwas abgewandelten Versuchsanordnung wiederholt.

Dieses Mal wurden die Teilnehmer in drei Gruppen aufgeteilt. Die erste Gruppe sollte aus Höflichkeitswörtern Sätze bilden, die zweite aus Unhöflichkeitswörtern und die dritte aus neutralen Wörtern. Nach erfolgter Satzbildung sollten sich die Testpersonen an die Gruppenleiter wenden. Diese taten aber so, als wären sie in ein Gespräch vertieft und nahmen von den Probanden keinerlei Notiz. Gemessen wurde, wie viele Versuchspersonen das Gespräch der Forscher innerhalb von zehn Minuten unterbrachen. Tatsächlich konnte auch hier wieder ein unbewusster Einfluss festgestellt werden. Zwei Drittel der Teilnehmer, die zuvor unhöfliche Ausdrücke gelesen hatten, unterbrachen das Gespräch der Versuchsleiter. In der Gruppe mit den höflichen Wörtern waren es hingegen nur 16 Prozent. Die neutrale Gruppe lag, wie zu erwarten, mit 38 Prozent dazwischen. Die Hypothese, dass unser Verhalten ohne Einbeziehung des Unbewussten vom freien Willen gelenkt wird, muss aufgrund der Studienergebnisse verworfen werden.

Eine Zufallsentdeckung des Neurologen Itzhak Fried stellt die Macht des freien Willens noch stärker infrage. Im Jahr 1998 soll an der Universitätsklinik in Los Angeles eine junge Frau von ihm operiert werden. Sie leidet an einer sehr schweren Form von Epilepsie. Nachdem die medikamentöse Behandlung wirkungslos geblieben ist, soll nun eine Operation Abhilfe schaffen.

Um sich ein Bild über die Gehirnaktivitäten zu verschaffen, setzen Fried und sein Team mehrere Elektroden im Gehirn der Patientin ein. »Die Elektroden liegen auch auf dem linken Stirnhirn des Mädchens. Für viele Forscher ist das die höchste Region in der Entscheidungshierarchie des Nervensystems: Hier plant der Mensch sein Handeln, hier liegen das motorische Sprachzentrum und ein großer Teil des sprachlich gebundenen Gedächtnisses.

Als Zentrum im Zentrum gilt das so genannte supplementär-motorische Areal im Stirnhirn (SMA). Es liegt nicht direkt hinter der Stirn, sondern etwas weiter oben zwischen Stirn und Scheitel. Hier scheint das Bewusstsein die Initiative zu ergreifen: Will sich ein Mensch bewegen, laut äußern oder in die Zukunft denken, wird als Erstes dieses kleine Areal aktiv. Außerdem ist die Hirnregion an der Steuerung der Gesichtsmuskulatur beteiligt. Mit sanften Strömen aktivieren die Forscher um Fried diese Region, während die Patientin – ohne Schmerzen zu empfinden – wach ist. Irgendetwas scheint der jungen Patientin plötzlich zu gefallen: Sie fängt an zu lächeln. Die Forscher zeigen ihr das Bild eines Pferdes und erhöhen die Spannung. Das Mädchen bricht in lautes Lachen aus. ›Was ist los?‹, fragen die Ärzte. ›Das Pferd ist wirklich urkomisch‹, antwortet das Mädchen.

Die Forscher reduzieren den Strom und lassen sich das Bild zurückgeben. Dann erhöhen sie erneut die Spannung. Das Mädchen bricht in schallendes Gelächter aus: ›Ihr seid schon komische Kerle, wie ihr da so rumsteht!‹«[22]

Die Zufallsentdeckung von Fried unterstreicht einmal mehr, dass das Bewusstsein unser Verhalten nicht bestimmt, sondern erst im Nachhinein rechtfertigt. Die bewussten Motive maskieren lediglich die unbewussten und verschleiern die wahren Beweggründe des menschlichen Handelns.

Daher liegt der bewussten Handlungsebene immer eine unbewusste Bedeutungsebene zugrunde. Kein menschliches Verhalten, keine zwischenmenschliche Interaktion ist frei von unbewussten Anteilen. Die Entscheidungen fallen in einer Welt, die unserem Bewusstsein entzogen ist. Die vernunftgesteuerten Anteile im Gehirn können lediglich ein Veto einlegen und Ausführungen blockieren. Die geheime Welt des Unbewussten erschloss sich Freud im Zuge seiner psychoanalytischen Forschung zu einer Zeit, als die Menschen noch nicht bereit waren, sich der neuen Sicht des Menschen anzuschließen. Erst unter dem Einfluss der neurowissenschaftlichen Ergebnisse ändert sich das Verständnis für unbewusste Vorgänge allmählich. Doch selbst dann, wenn Menschen bereit sind, unbewusste Verhaltensmotive anzuerkennen, handelt es sich dabei meist nur um ein kognitives Verständnis. Emotional können nur die wenigsten nachvollziehen, was in den hintersten Winkeln der geheimen Welt in ihrem Kopf tatsächlich vor sich geht.

Der Traum vor unserer Zeit

Wir wissen nicht, welche Bedeutung Träume in der Urzeit hatten. Fossilien, Höhlenmalereien, Gräber, erzählen zwar viel über das frühere Leben der Menschen, was sie gegessen haben und woran sie gestorben sind. Aber sie sagen rein gar nichts über deren Traumverständnis aus. Beobachtungen an höher entwickelten Säugetieren, Hunden und Katzen, lassen darauf schließen, dass diese häufig von Jagd- und Verfolgungsszenen oder Kampfsituationen träumen. Auf YouTube findet sich zum Beispiel ein Video von einem offensichtlich träumenden Hund.[23] Im Traum bewegt er seine Läufe zuerst langsam, dann immer schneller, so als würde er rennen. Noch im Schlaf springt er gegen eine Wand, und erwacht erst durch den Aufprall. Danach wirkt er ziemlich verdutzt. Man gewinnt den Eindruck, als hätte er der Traumhandlung Realitätscharakter beigemessen, und würde nach dem Erwachen nicht recht verstehen, was da vor sich geht.

Es liegt nahe, dass Urmenschen ähnliche Träume hatten. Vermutlich waren es emotional aufgeladene Szenen aus ihrem Alltagsleben, die sie im Traum verarbeiteten. Genauso wenig wie der Hund werden die ersten Menschen zwischen der Realität im Traum und im Wachen unterschieden haben. Im Gegensatz zum Hund und allen anderen Lebewesen hat die Evolution den Menschen durch die Ausbildung eines Ichbewusstseins in die Lage versetzt, sein Schicksal gedanklich vorwegzunehmen. Menschen konnten sich über die Vorkommnisse in der Welt Gedanken machen und ihnen eine bestimmte Bedeutung zuschreiben. Diese Fähigkeit muss sich auch auf ihr Traumverständnis ausgewirkt haben. Bis dahin war es aber ein langer Weg.

Damit Bewusstsein überhaupt möglich wurde, musste sich das Gehirn in seiner Entwicklung vom »Reflexapparat« des Tieres abgehoben haben. Während das Tier auf Reize hauptsächlich mit angeborenen Verhaltensmustern reagiert, vergrößerte sich die Reaktionspalette beim Menschen, nachdem das angeborene Reiz-Reaktions-Schema im Laufe der Evolution einmal aufgebrochen war. Erst der Wegfall der festen Verknüpfung von Reiz und Reaktion eröffnete Raum für kognitive Überlegungen, eine wesentliche Voraussetzung für die Entstehung menschliche Kultur.

Eine weitere war die Fähigkeit, zwischen innen und außen, früher und später, lebendig und tot zu unterscheiden. Es muss auch in der Lage gewesen sein, sich selbst zum Objekt seiner Beobachtung zu machen. Indem es einen Teil seiner Innenwelt wie ein Objekt der Außenwelt behandelte und in seiner Wahrnehmung zwischen innerer und äußerer Welt hin- und herpendelte, schuf es die Grundlagen für die Introspektion und die Ausbildung des Ichbewusstseins.

Die Erkenntnis, dass alle beobachtbaren Ereignisse in ihrer Abfolge der Richtung eines Zeitpfeiles folgten, dass die Ursache stets der Wirkung voranging und nie umgekehrt, läutete das Zeitalter des kausalen Denkens ein. Jedes Ereignis hatte eine Geschichte. Nichts passierte ohne Grund. Nichts war umkehrbar. Niemals wurden aus welken Blättern frische, grüne. Nie wurden Menschen jünger. Stets wies der Zeitpfeil von der Geburt in Richtung Tod.

Aus der Verhaltensforschung wissen wir, dass die Entwicklung von Menschenkindern und Schimpansenjungen bis zum Ende des zweiten Lebensjahres sehr ähnlich verläuft. Danach erst erfolgt die Weichenstellung. Das Kind bildet abrufbare Erinnerungsspuren aus, es erkennt sich selbst im Spiegel und beginnt über sich und die Welt nachzudenken.

Diese Entwicklung hat auch stammesgeschichtlich stattgefunden. Als der Mensch sich seiner selbst bewusst wurde, zwischen Ich und Nicht-Ich, gestern, jetzt und morgen, Ursache und Wirkung unterscheiden konnte, müssen zirkuläre Phänomene wie der Tages- und Nacht-Rhythmus, das Einschlafen, Träumen und Erwachen, die Nahrungsaufnahme und Ausscheidung, später natürlich auch die existenziellen Fragen der Geburt und des Todes in das Zentrum seines Interesses gerückt sein.

Unbestritten gehören die Vorstellungen und Handlungen, die dem Tod den Stachel ziehen, zu den ältesten, verbreitetsten und damit auch erfolgreichsten Memen in der Geschichte der kulturellen Evolution. Das »Gottes-Mem«, das Mem von einem »Leben nach dem Tod« oder das »Jenseits-Mem« haben ihre Anziehungskraft auf das menschliche Gehirn bis heute nicht eingebüßt.

Damit der Tod für den Menschen aber überhaupt zu einem persönlichen Problem werden konnte, muss sein Gehirn bereits in der Lage gewesen sein, zukünftige Ereignisse zu antizipieren, und Erfahrungen aus der Vergangenheit auf die Zukunft zu übertragen. Vielleicht erinnerte ihn das Fell eines erlegten Bären an den Tötungsakt und die vorangegangene Jagd. Möglicherweise wunderte er sich auch über die Veränderung, die damals mit dem Bären vor sich ging, als dieser sich gerade noch brüllend aufrichtete, um im selben Atemzug, von mehreren Speeren durchbohrt, zusammenzubrechen und mit weit aufgerissenem Maul offenen Auges regungslos am Boden liegen zu bleiben. Irgendetwas war in diesem Augenblick mit dem Bären geschehen – nur was?

Eine ähnliche Frage muss sich dem Menschen angesichts eines Todesfalles in seiner Gruppe, zum Beispiel als Folge einer Krankheit oder eines Unfalls, gestellt haben. Noch dazu, wo am Körper des Toten bald unheimliche Veränderungen vor sich gingen. Nicht nur, dass sein Gesichtsausdruck plötzlich fremd wirkte, verfärbte sich auch seine Haut und nach einigen Stunden wurden auf dem fahlen Körper sogar seltsame Flecken sichtbar. Nach spätestens zwei bis drei Tage verströmte der Verstorbene einen unerträglichen Gestank. Noch furchteinflößender muss der in fortgeschrittener Verwesung befindliche Leichnam eines nahen Angehörigen auf den Urmenschen gewirkt haben.

Es kommt nicht von ungefähr, dass der tote menschliche Körper in Gestalt wandelnder Skelette, halb verwester Leichen, Zombies, Mumien oder blutsaugender Vampire auch heute noch so furchterregend wirkt. Wie sonst ließe sich das häufige Vorkommen dieser Schreckgestalten im cineastischen Bereich oder in den Gruselkabinetten, Geisterbahnen und Spukschlössern der Vergnügungsparks erklären? Vermutlich waren in der Frühzeit der menschlichen Entwicklung weniger »religiöse« Überlegungen als Motiv für die Bestattung ausschlaggebend als die Furcht vor der »dämonischen« Leiche sowie der Verwesungsgestank, den sie verbreitete.

Erst recht, wenn eine Gruppe gezwungen war, sich für einen längeren Zeitraum in unmittelbarer Umgebung des verwesenden Körpers aufzuhalten. Von dem Literaturwissenschaftler und Ethnologen Campbell erfahren wir, dass die ältesten von Menschenhand ausgehobenen Gräber in Le Moustier und La Chapelle-aux-Saints (Frankreich) oder Kebara (Israel) in die Zeit des Neandertalers fallen. Die Begrabungsstätten erlaubten jedoch keine gesicherte Aussage darüber, ob das Todesproblem bereits ins Bewusstsein des Neandertalers gedrungen war. Genauso gut, wie sich die Gräberfunde als Hinweis auf frühe Bestattungsrituale deuten ließen, könnte es sich dabei um gewöhnliche Müllgruben gehandelt haben, in denen damals neben Tierkadavern auch menschliche Leichen entsorgt wurden. Seiner Meinung nach sprechen der Skelettfund in Le Moustier, ein etwa 16-jähriger Junge in schlafender Pose, den Kopf auf den rechten Unterarm gestützt oder die Ost-West-Ausrichtung der Gräber in La Chapelle-aux-Saints – vielleicht ein Hinweis auf eine frühe Sonnensymbolik – eher für eine bewusste Auseinandersetzung mit dem Tod.

Im Grunde ist es nicht so wichtig, ab welchem Zeitpunkt sich der Mensch zum ersten Mal gedanklich mit seiner Vergänglichkeit beschäftigte. Entscheidend ist allein die Tatsache, dass er die Bedeutung des Todes antizipierte. Von nun an genügte die bloße Vorstellung des eigenen Todes, um Angst auszulösen. Natürlich war die Verarbeitung dieser angstmachenden Erkenntnis für die weitere Entwicklung des Menschen von größter Bedeutung. Eine mögliche Deutung des Todeserlebens findet sich ebenfalls bei Campbell. »Das Geheimnis des Todes war also erlebt und verarbeitet worden, und zwar bei den auf der Jagd getöteten Tieren ebenso wie beim Menschen. Und die Antwort, die man dafür fand, hat seit jener Zeit allen Trostsuchenden Trost gespendet und lautet: Nichts stirbt, Tod und Geburt sind nur ein Hinübergehen und Wiederkehren wie durch einen Schleier«.[24] Diese archaische Deutung von Tod und Geburt als sichtbarem Zeichen eines zirkulären Wandlungsprozesses ist das Ergebnis der ersten »wissenschaftlichen« Gehversuche des Menschen.

Er erkannte, dass jedem Tag die Nacht und jeder Nacht der Tag folgte, Sonne und Mond, warme und kalte Jahreszeiten einander abwechselten. Dass die Natur im Frühjahr aufblühte und im Herbst erstarb. Er spürte, wie Hunger und Sättigung, Ausscheidung, sexuelles Begehren und Befriedigung einen immerwährenden rhythmisch an- und abschwellenden Kreislauf bildeten, den er nicht zu verstehen und erst recht nicht zu beeinflussen vermochte. Aus der Beobachtung der Natur lernte er, dass der Höhlenbär, mit dem er gelegentlich sogar die Behausung teilte, zu Beginn der kalten Jahreszeit in einen todesähnlichen Schlaf fiel, aus dem er erst wieder erwachte, wenn die wärmere Jahreszeit anbrach. Wohin der Mensch auch blickte, bot sich ihm das Bild eines in sich geschlossenen Kreislaufes der Natur. Verwundert musste er auch feststellen, dass der Schlaf – dem stets das Erwachen folgte – den Zugang zu einer geheimnisvollen Welt, dem Traum, eröffnete und die muss ihn vor ein großes Rätsel gestellt haben.

Die Irritation von Tieren,[25] die in der Traumphase aus dem Schlaf hochschrecken, zeigt, dass deren Gehirn noch nicht in der Lage ist, zwischen der Realität im Traum und im Wachzustand zu unterscheiden. Nicht anders dürfte es dem Urmenschen ergangen sein. Die Parallelwelt im Traum konnte ihnen gar nicht anders als real existierender Ort erschienen sein. Die beiden Welten ähnelten einander in mancher Hinsicht sogar. Wie im Wachen waren Träumende als Beobachter oder Handelnde in das Geschehen eingebunden. Sie fühlten, dachten und handelten wie immer, befanden sich an denselben Orten wie im Wachzustand, trafen vertraute Gesichter, tauschten sich mit ihnen aus, wälzten Probleme und suchten Lösungen.

»Das Rätsel des Traumes zum Beispiel wird zunächst in keiner Weise als etwas Seelisches aufgefasst: Er ist dem Träumenden äußerlich, wenn auch anderen unsichtbar. Und die Erinnerung an den Traum wird mit anderen Erinnerungen durcheinandergebracht, so dass sich die zwei Welten mischen. Ein kleiner Junge von fünf Jahren und neun Monaten wurde gefragt: ›Ist der Traum im Kopf?‹ und er antwortet: ›Ich bin im Traum: Er ist nicht in meinem Kopf. Wenn man träumt, weiß man nicht, dass man im Bett ist. Man weiß, dass man geht. Man ist im Traum.‹ Selbst im Alter von sieben oder acht, wenn man erkennen kann, dass Träume im Kopf entstehen und nicht von außen kommen, werden sie immer noch als irgendwie äußerlich aufgefasst.«[26]

Menschen in der Urzeit werden ihren Träumen nicht weniger ratlos gegenübergestanden sein, wie Kinder heute. Ihre Träume waren wirklich, obwohl sie schliefen. Dennoch war die Wirklichkeit im Traum eine andere. Es haftete ihr etwas Schattenhaftes an. Vertraute Menschen sahen anders aus, verhielten sich bisweilen seltsam und setzten Taten, die für sie völlig ungewöhnlich waren. In dieser anderen Welt befanden sich auch auf fremde Wesen, die Angst einflößten oder umgekehrt Schutz und Sicherheit vermittelten. Gefühle waren oft viel intensiver. Im Traum passierten auch Dinge, die im Wachen unvorstellbar gewesen wären. Menschen verfügten über außergewöhnliche Fähigkeiten, konnten rasend schnell laufen, weite Sprünge machen oder sogar fliegen.

Am rätselhaftesten aber musste die Begegnung mit Menschen und Tieren gewesen sein, die bereits tot waren. Ja, dass der Träumer sogar selbst zu Tode kommen konnte, um sich nach dem Erwachen wieder bester Gesundheit zu erfreuen. Wenn der Traum für die Menschen in der Urzeit, wie ich vermute, Realitätscharakter hatte, war die Begegnungen mit Verstorbenen der Beweis dafür, dass das Leben nach dem Tod weiterging. Das Traumreich war zugleich das Reich der Toten. Im Verständnis des Urmenschen musste die Welt, die er im Traum betrat, eine Schnittstelle zwischen Diesseits und Jenseits sein. Ein mysteriöser Ort, an dem die Lebenden den Toten begegneten und sich die Götter offenbarten. In der sich darüber hinaus noch viele andere fremdartige Wesen tummelten, denen er im Wachen noch nie begegnet war. Merkwürdig war nur, dass diese Welt verschwand, sobald er erwachte. Was lag näher als die Vorstellung, dass die Seele im Schlaf den Körper verließ, in die mysteriöse Schattenwelt eintauchte, um dann beim Erwachen wieder an ihren angestammten Platz zurückkehrte.

Kein Wunder also, dass der Traum Jahrtausende lang als Schnittstelle zwischen dem Diesseits und dem Jenseits verstanden wurde. Was lag näher, als die Ereignisse im Traum mit den Vorgängen im Wachen zu verknüpfen? Die älteste schriftlich festgehaltene Traumdeutung findet sich, in Stein gemeißelt, im Gilgamesch-Epos. Ea, Gott des Süßwasserozeans, schenkte Gilgamesch die Träume, damit der die Wünsche und Absichten der Götter erkennen konnte.

Um die Sprache der Götter in die Sprache der Menschen zu übersetzen, bedurfte es einer besonderen Begabung. Nur wer zum Propheten berufen war, konnte Träume richtig auslegen. In den frühen Hochkulturen des alten Orients hatten Propheten, Astrologen, Traumdeuter eine ähnliche Funktion wie Regierungsberater heute. Sie waren sehr einflussreich und wurden vor wichtigen Entscheidungen regelmäßig von den antiken Herrschern konsultiert. Ihre Traumauslegungen beruhten auf einfachen Analogien zwischen den Traumbildern und Vorkommnissen in der realen Welt. Im Laufe der Zeit entwickelten sich aus diesen Analogien regelrechte Symbolsysteme, die in Traumbüchern festgehalten wurden. Das älteste Traumbuch stammt aus Ägypten. Doch auch heute finden sich im einschlägigen Buchhandel und im Internet genügend Traumbücher, deren Symbolik auf dem Traumverständnis der frühen Hochkulturen beruht. Mit ihnen werden wir uns auf den nächsten Seiten näher beschäftigen.

Das Niemandsland zwischen Himmel und Erde

Schon vor rund 4000 Jahren verfassten die Ägypter Bücher über Traumsymbole und ihre Auslegung, die über die Bedeutung der Träume Auskunft gaben. Die ägyptische Tradition der Traumdeutung hat sich in der Esoterik und im Aberglauben bis heute gehalten. Am Büchermarkt und im Internet finden sich unzählige Traumbücher, passender eigentlich Traumwörterbücher, die sich am ägyptischen Vorbild orientieren. Jeder Begriff in der Traumsprache wird in die Begrifflichkeit der Alltagssprache übersetzt und erhält dadurch für alle Menschen dieselbe Bedeutung.

Das älteste bekannt gewordene Traumbuch, vermutlich das einzig verbliebene Exemplar seiner Art, ist ein in Theben gefundener ägyptischer Papyrus (2000–1790 v. Chr.), mit zweihundert erklärten Traumsymbolen. Darin werden die Träume dem Wirken der Gottheiten Horus und Seth zugeschrieben. Horus, der Himmels- und Lichtgott ist für die guten Träume verantwortlich. Seth, eine sehr zwielichtige Gottheit, der im ewigen Kampf mit Horus steht, für die bösen. Anhand bestimmter Merkmale werden die Träume nach Horus oder Seth unterschieden. Sethische Träume sind durch rötliche Farben charakterisiert. Vermutlich steht die Farbe Rot für Blut, Erregung, Aggression. Dementsprechend wurden brutale, grausame, angstmachende Träume, Alpträume negativ ausgelegt und Seth zugeordnet. Positiv gedeutet wurden die Horus-Träume, weil ihnen ein guter Geist innewohnt. Diese Aufspaltung in gute und böse Träume ist der Beginn einer Differenzierung, die später die griechischen Traumdeuter weiterentwickelt haben.

Für die Ägypter war der Traum eine Begegnungsstätte mit den Göttern. Von der Botschaft des Traumes erhofften sie sich Ratschläge, Warnungen, Heilung, Erfolg in der Liebe oder auch andere angenehme Erlebnisse. Aus denselben Motiven gehen Menschen heute noch zu Wahrsagern, Kartenlegern oder lassen sich Horoskope erstellen. Doch was nützen die besten göttlichen Eingebungen im Traum, wenn der Mensch die Sprache der Götter nicht versteht? Dafür gab es Dolmetsche, die vorgaben, die verklausulierte Sprache der Götter zu verstehen. Für die Mehrheit der Ägypter genügten die Übersetzungen, die Traumdeuter für die geläufigsten Träume in Traumbüchern zusammengestellt hatten. Wie in einem Wörterbuch wurden die aufgelisteten Trauminhalte mit einer bestimmten Bedeutung und einer nachfolgenden Bewertung versehen. Damit Sie sich ein Bild von der ägyptischen Traumdeutung machen können, hier einige Beispiele:

Ein Mann sieht sich selbst im Traum und Gott schwebt über ihm (gut), es besagt ein großes bevorstehendes Mahl.

Ein Mann schreibt auf Papyrus (schlecht), denn Gott rechnet gerade seine Missetaten zusammen.

Wer in einem sonnigen Garten sitzt (gut), wird Freude haben.

Wer helles Brot zu essen bekommt (gut), dessen Antlitz wird sich erhellen.

Wer seinen eigenen Urin trinkt (gut), wird von den Gütern seines Sohnes leben.

Wenn eine Frau eine Katze gebiert (gut), wird sie viele Kinder haben.

Wenn eine Frau einen Esel gebiert (schlecht), wird sie ein dummes Kind gebären.

Wer aus dem Fenster schaut (gut), dessen Ruf wird von Gott gehört.

Wer Wein trinkt (gut), wird in Rechtschaffenheit leben.

Wer den Mond scheinen sieht (gut), dem wird Gott verzeihen.

Wer einen (Vogel) Strauß sieht (schlecht), den wird Kummer befallen.

Wer Blut trinkt (schlecht), hat Kampf zu erwarten.[27]

Ohne tiefere Kenntnis der ägyptischen Kultur sind die Interpretationen der oben angeführten Traumsequenzen für uns nicht mehr nachvollziehbar. Bei vielen Beispielen ist jedoch eine assoziative Entsprechung zwischen Traumbild und Deutung auszumachen (»Wenn eine Frau einen Esel gebiert, wird sie ein dummes Kind gebären«), die darauf hindeutet, dass die ägyptische Deutungslogik zu einem guten Teil auf dem Analogiendenken beruht.

Im alten Ägypten galt der Schlaf als Schnittstelle zwischen Leben und Tod. Dementsprechend wurden Träume als eine Art Zwischenwelt zwischen Diesseits und Jenseits betrachtet. Dem Totenreich wurde ein real existierender Ort, das Westufer des Nils zugeordnet. Dort, wo die grüne Oase endete, begann mit der Wüste ein Gebiet, das der Mensch nicht mehr kontrollieren konnte. Ein geheimnisvolles Reich, dem er ausgeliefert war, sobald er es betreten hatte. Über das, was sich hinter dem in der Gluthitze flimmernden Horizont ins Unendliche verlor, ließ sich nur mutmaßen. Weil das, was sich nach Dafürhalten der Menschen damals in der unbekannten Einöde verbarg, Angst hervorrief, wurden dem Wüstengott Seth, dem Herrscher des Totenreiches die angstmachenden, bedrohlichen Träume zugeordnet.

Die Duat, das ägyptische Jenseits, war zweigeteilt in die unterirdische und die himmlische Duat. Beide liefen am Horizont zusammen. In der unterirdischen Duat, vergleichbar mit dem griechischen Hades oder dem christlichen Fegefeuer, war der Tote nicht nur Gefahren ausgesetzt, sondern musste sich auch dem Totengericht stellen. Die Duat war ein dunkler, wenig einladender Ort. Ihre Durchquerung konnte sich aber niemand ersparen. Der Prozess des Todes mit all seinen Qualen musste durchlaufen werden, um am Ende der Reise ins ewige Leben zu treten.

Für die Ägypter war der Tod eine Art Fortsetzung des Schlafes. Wie aus jedem Schlaf konnte man auch aus dem Todesschlaf erweckt werden. Diese Auferstehung von den Toten bedeutete aber nicht, dass der Verstorbene wieder seinen gewohnten Platz im Diesseits einnehmen konnte. Bis zu seiner Erweckung durchstreifte er als »ungerechtfertigter (nicht gerichteter) Totengeist« das dunkle Totenreich, die unterirdische Duat. Nachdem die Götter über ihn gerichtet hatten, folgte die Erweckung und der Tote wurde er zu einem »verklärten Ahnengeist«, der sich nun zwischen Unterwelt, Diesseits und der Götterwelt frei bewegen konnte.

Um den Aufenthalt der Verstorbenen in der Duat möglichst kurz zu halten, war es wichtig, sie mit einem angemessenen Totenkult rasch von ihrem Dasein als »ungerechtfertigter Totengeist« zu erlösen. Nicht zuletzt auch im Interesse der Hinterbliebenen. Denn nicht anders als die Menschen heute, wurden auch die alten Ägypter von Alpträumen gequält. Dafür machten sie die Totengeister verantwortlich, denen der Zugang in die himmlische Duat noch verwehrt war. Die in den Träumen umgehenden Totengeister brachten die Träumenden nicht nur um ihren erholsamen Schlaf, sondern verfolgten sie im schlimmsten Fall sogar bis in den Tag hinein, was für den Träumer unter Umständen schlimme Konsequenzen haben konnte. Um den Totengeistern den Übergang ins himmlische Jenseits zu erleichtern, schönten die Hinterbliebenen in Grabmalereien und Grabschriften den Lebenswandel der toten Seele, um deren Chancen vor dem Göttergericht zu erhöhen. Die Toten sollten ja möglichst bald ins Jenseits eingehen und am besten für immer dortbleiben, damit sie im Traum nicht mehr ihr Unwesen treiben konnten.

Weil sich die Menschen im Traum einer unkontrollierbaren Bedrohung ausgesetzt fühlten, suchten sie nach Mittel und Wegen, um sich vor der dunklen Seite der Duat zu schützen. Über die Inhalte der gefürchteten Alpträume wissen wir wenig. Nach dem Motto »Rufe es nicht herbei« durfte darüber genauso wenig gesprochen werden wie über den Tod. Bei dieser Tabuisierung handelt es sich um keine Verdrängung im psychoanalytischen Sinn, sondern vielmehr um einen magischen Akt, mit dem die Bedrohung für immer aus dem Gedächtnis gelöscht werden sollte. Woran ich mich nicht mehr erinnere, das ist auch nicht und hat es nie gegeben. Das Aussprechen und insbesondere das Aufschreiben von Alpträumen hingegen hatte den gegenteiligen Effekt und rief das Unheil erst herbei.

Um Schutz vor Alpträumen zu erhalten, wandten sich die Menschen darüber hinaus auch an beliebte Volksgottheiten wie Bes oder Taweret. In den meisten Häusern fanden sich Hausaltäre zu Ehren dieser Gottheiten, deren Aufgabe es war, Dämonen und böse Geister von Haus und Familie fernzuhalten. Für nächtlichen Schutz sorgten auch Statuetten von Krokodilen, Löwen, Nilpferden, Panthern. Sogar Seth höchst persönlich konnte in Tierform vertreten sein.

Die Traumdeutung war im alten Ägypten eine Kunst, die speziell ausgebildeten Priestern vorbehalten war. Vergleichbar mit einem Universitätsstudium wurden ausgewählte Priester viele Jahre lang in einem Lebenshaus in der Auslegung der Träume geschult. Beim Lebenshaus handelt es sich um ein kulturelles, intellektuelles Zentrum im Inneren des Tempelbezirks. Am Ende der Ausbildung sollten die Priester in der Lage sein, die Sprache der Träume zu verstehen, neues Wissen zu schaffen und bestehendes zu erhalten.

Briefe der Götter

Zwischen Euphrat und Tigris, im heutigen Staatsgebiet des Irak, entstand im Süden in Mesopotamien die erste Hochkultur. Anders als in Ägypten war die Traumdeutung im Zwischenstromland keine eigene Disziplin, sondern Teil eines komplexen Weissagungssystems. Die Sumerer maßen den Vorkommnissen auf der Welt wahrsagerische Bedeutung bei. Der Konstellation des Sternenhimmels genauso wie den Träumen in der Nacht oder außergewöhnlichen Ereignissen. Als Erfinder der Keilschrift (anfänglich eine Bilderschrift) deuteten die Sumerer die Bildfolgen im Traum als schriftliche Mitteilung der Götter, mit denen sich diese an die Menschen wandten.

Sie glaubten, dass die Welt von überirdischen Mächten zu deren eigenem Vorteil geschaffen wurde. Die unsterblichen Götter ähnelten zwar in ihrer Gestalt dem Menschen, waren den Sterblichen jedoch an Intelligenz und Machtfülle weit überlegen. Im Gegensatz zu allen irdischen Kreaturen standen sie außerhalb der Zeit und wussten nicht nur über die Vergangenheit und Gegenwart, sondern ebenso über die Zukunft Bescheid. Auch wenn der Mensch die Absichten der Götter nicht durchschauen konnte, waren sie für sein Schicksal bestimmend. Wenn sich die Götter nicht öffentlich an den Menschen wandten oder Zeichen schickten,[28] die bestimmte Ereignisse ankündigten, stand es ihnen auch frei, Auserwählten im Traum Einblick in ihre Vorhaben zu gewähren.

»Einen solchen Glauben an göttliche Traumoffenbarungen gibt es im antiken Mesopotamien schon von alters her. Das früheste Beispiel findet sich auf der bekannten ›Geierstele‹ um 2450 v. Chr., deren Verfasser (der im Kampf gegen Umma befindliche König von Lagaš, E-ana-tum I.) erzählt, wie ihm der Gott Ningirsu im Schlaf erschienen ist, um ihm in folgenden Worten Gewissheit über den Ausgang des Krieges zu verschaffen: »Nicht einmal Kiš unterstützt Umma! Der Gott Utu ergreift Partei für Dich! ...‹«[29]

Doch nicht immer wandten sich die Götter direkt an einen Machthaber. Von ihnen inspirierte Träume schickten sie bevorzugt einfachen Untertanen. Diese durften sich mit ihrem Traum jedoch nicht direkt an den Herrscher wenden, sondern mussten den Instanzenweg einhalten. Sie berichteten den Traum einem hierarchisch Höherstehenden und erst dieser setzte den König davon in Kenntnis. Da die Trauminhalte mehrdeutig oder unverständlich sein konnten, brauchte es in vielen Fällen der Traumauslegung kundige Experten. Obwohl die von den Göttern inspirierten Träume großen Einfluss auf die königlichen Entscheidungen hatten, wurde die Glaubwürdigkeit der Träumer keiner besonders sorgfältigen Überprüfung unterzogen. Der Manipulation war damit Tür und Tor geöffnet. Wer vom Herrscher eine für sich oder seine »Lobby« günstige Entscheidung brauchte, musste nur einen entsprechenden Traum präsentieren.

In der mesopotamischen Kultur wurden Träume als normale Fortsetzung des Lebens im Schlaf, als ein nächtliches Phänomen betrachtet. Träume am Tag fanden keine Erwähnung. Die gebräuchliche Redewendung »einen Traum sehen« verdeutlicht, dass Träume als eine Eingebung verstanden wurden. Jeder Traum war zuallererst eine »Vision«, eine Art nächtliches Schauspiel, dem der Träumer als Zuschauer beiwohnte. Der Traum war lediglich ein Hauch, ohne materielle Substanz und unterschied sich darin von den Objekten der realen Welt im Wachzustand. Aber auch von Visionen oder übernatürlichen Erscheinungen am Tag, von denen die Beobachter wussten, dass sie »echt« waren. Der Traum führte zu neuen Erfahrungen, da er jeglicher Logik entbehrte und die menschlichen Möglichkeiten um ein Vielfaches erweiterte. Nur im Traum war es möglich, sich wie ein Vogel in die Lüfte zu erheben und die Welt von oben aus zu betrachten.

Waren direkte göttliche Botschaften in Träumen eher den Königen oder wichtigen Persönlichkeiten vorbehalten, gab es auch eine Traumdeutung für die alltäglichen Träume des einfachen Menschen. Wie alle Träume wurden diese als schriftliches Bulletin der Götter verstanden, deren Zeichencode allerdings nur Spezialisten entschlüsseln konnten. Die Träume wurden eingehend auf Bildzeichen hin analysiert und entsprechend der Bedeutung der jeweiligen Piktogramme ausgelegt. Besonderes Augenmerk wurde auf Umrissformen gelegt. So stand etwa das Schamdreieck für Frau, die Ähre für Getreide, eine Gebirgssilhouette für Land, Ausland. Dass die Sumerer bei der Traumdeutung wie überhaupt bei der Weissagung so großen Wert auf Bildzeichen legten, steht in einem engen Zusammenhang mit der Erfindung der Schrift, die zu dieser Zeit stattgefunden hat.

Wie in der ägyptischen Methodik der Traumdeutung verwenden die Sumerer ebenfalls gerne Analogienbildungen für die Entschlüsselung ihrer Träume. Vermutlich gab es auch in Mesopotamien ein »Traumdeutungshandbuch«, das laufend um weitere Auslegungen ergänzt wurde. Diese gesammelten Traumsituationen wurden anhand ihres Themas katalogisiert. Als Thema galt die Traumsequenz, die sich als »Bildzeichen« (Piktogramm) deuten ließ und den Kern der Traumbotschaft transportierte. Der Traum von einer Berglandschaft konnte auf diese Weise mit »Ausland« übersetzt werden.

Der Trauminhalt wird nie mit dem Alltagsleben des Träumenden in Verbindung gebracht. Ebenso wenig werden die dadurch ausgelösten Empfindungen, Gefühle, Assoziationen des Träumenden erwähnt. Von Interesse war nur das zentrale Thema der Traumszene in abstrahierter Form, die Botschaft der Götter. Auf diese Weise wurde der Traum in eine Bilderschrift übersetzt und die Bedeutung der Bilder ermöglichte die Auslegung des Traums. Hier noch einige Beispiele wie Traumszenen ausgelegt wurden.

Wenn ein Mensch träumt, dass er … gegessen hat:

… Hundefleisch … = Angriff; nicht erfüllter Wunsch

… Dachsfleisch (»Mörtelhund«) … = Angriff

… Gazellenfleisch … = Hautausschlag

… Büffelfleisch … = sein Leben währt länger

… Fuchsfleisch … = Hautausschlag; für den Kranken ist das ein gutes Zeichen

… Affenfleisch … = er wird Erfolg haben

… das Fleisch irgendeines weithin bekannten Tieres … = Glück

… das Fleisch irgendeines weithin unbekannten Tieres … = Unglück

… Menschenfleisch … = er wird großen Reichtum ernten

… das Fleisch eines Verstorbenen … = jemand wird ihm all seinen Besitz nehmen

Ohne »Deutungsgrammatik« lässt sich über die Auslegung der mesopotamischen Traumdeutung nur spekulieren. Immerhin muss es sich beim Fleischessen um ein in der damaligen Zeit verbreitetes Traumbild gehandelt haben, sonst wäre es wohl kaum in einem Traumbuch aufgenommen worden. Da der mesopotamischen Traumauslegung eine deduktive Deutungslogik zugrunde liegt, ist es naheliegend, dass die Sumerer im Essen vom Fleisch ein Zeichen der Götter, eine allgemeingültige Regel erkannt haben, die sie dann in abgewandelter Form auf alle Tiere (und auch den Menschen) übertrugen, völlig unabhängig davon, ob die im realen Leben tatsächlich verzehrt wurden oder nicht.

Zum Schluss noch ein Traum aus dem Gilgamesch-Epos, eine der ältesten schriftlich überlieferten Dichtungen und die

Traumdeutung durch Gilgameschs Mutter. In diesem Traum erfährt Gilgamesch von der Ankunft Enkidus, dem er mit Eifersucht begegnet, bevor er mit ihm Freundschaft schließt.

»Es erhob sich da Gilgamesch, um den Traum zu lösen, indem er zu seiner Mutter sagt:

›O, meine Mutter, der Traum, den ich sah im Verlaufe dieser Nacht:

Da erschienen mir Sterne des Himmels.

Wie Brocken des Anum fallen sie immer wieder auf mich hernieder.

Ich hob einen an, doch er war zu stark über mir.

Ich brachte ihn immer wieder zum Wanken, doch gelingt's mir nicht, ihn zu entfernen.

Uruk, das Land, steht da (gebeugt) über ihn.

Über ihm ist das Land versammelt.

Es drängt sich die Menge um ihn herum.

Die jungen Männer kommen um seinetwillen zuhauf.

So, als sei er ein kleiner Säugling, küssen sie ihm die Füße.

Ich liebte ihn wie eine Gattin und liebkoste ihn.

Ich hob ihn hoch und warf ihn dann dir zu Füßen.

Du aber wirst ihn mit mir auf eine Stufe stellen!‹

Die Mutter Gilgameschs ist klug, sie ist weise,

über alles weiß sie Bescheid. Sie sagt zu ihrem Sohn, Wildkuh-Ninsunna ist klug, sie ist weise, über alles weiß sie Bescheid.

Sie sagt zu Gilgamesch:

›Es erschienen dir Sterne des Himmels.

Wie ein Brocken des Anum fiel er auf dich hernieder.

Du hobst ihn an, doch er war zu stark über dir.

Du brachtest ihn immer wieder zum Wanken,

doch gelingt's dir nicht, ihn zu entfernen.‹«[30]

Ein Fenster in die Zukunft

Im Buddhismus werden Träume als Aktivitäten des Geistes gewertet, die all unseren Ideen zugrunde liegen. Im Schlaf werden der Reihe nach fünf Stufen unterschieden, die Schläfrigkeit, der leichte Schlaf, der tiefe Schlaf, wiederum der leichte Schlaf und am Ende das Erwachen. In den zwei Phasen des leichten Schlafes, im Buddhismus der Schlaf des Affen, finden die Träume statt. Ihnen wird eine prophezeiende Bedeutung zugeschrieben, wobei zwischen bedeutungsvollen und bedeutungslosen Träumen unterschieden wird. Träume helfen dem Menschen dabei, die illusorische Seite der Realität zu verstehen. Als solche werden die Emotionen gewertet, die uns antreiben, auf eine bestimmte Weise zu handeln. Der Traum selbst ist keine Illusion, vielmehr das, was uns von ihr befreit. In den Träumen kommt die Verflochtenheit von Gefühlen wie Angst und Verlangen zum Ausdruck. Besonders bei Alpträumen zeigt sich wie sehr unser Bewusstsein mit den innersten Gefühlen und Vorstellungen verbunden ist.

Wie in allen anderen Kulturen nahmen Traumdeuter auch im Buddhismus eine wichtige Rolle ein. Im alten Tibet waren vor allem Frauen mit der Deutung von Träumen befasst. Sie wurden gerne zu Hofe gebeten, um den König in politischen und wirtschaftlichen Fragen zu beraten. Auch Buddha war ein gefragter Traumdeuter. Als der König Pasenadi von Kosala sich der Bedeutung einiger ihm wichtig erscheinender Träume unsicher war, suchte er bei Buddha Rat. Bis heute sind Buddhas Voraussagen vor allem im tibetischen Buddhismus wegweisend für die Interpretation von Träumen. Exemplarisch wollen wir uns mit der Buddha zugeschriebenen Traumdeutung näher beschäftigen.[31]

Der König Pasenadi hatte großes Vertrauen zu Buddha. Eines Morgens, kurz bevor er erwachte, träumte er von vier kräftigen Ochsen, die aus allen vier Himmelsrichtungen herbeistürmten. Sie waren voller Wut, als wenn sie miteinander bis auf den Tod kämpfen wollten. Doch als sie sich näherkamen, zogen sie sich mit einem Mal ohne jeden Kampf zurück.

Buddha legte diesen Traum so aus, dass in ferner Zukunft Naturkatastrophen die Menschheit heimsuchten. Dichte Wolken würden aus allen vier Himmelsrichtungen kommen und schwere Regenfällen ankündigen. Sobald die Wolkenberge aber nahe beieinanderständen, würden sie sich auflösen, ohne dass ein einziger Tropfen zu Boden fiele. Dürre würde herrschen, Menschen und Tiere in großer Zahl verhungern und die Sittenlosigkeit zunehmen. Schließlich würden die vier mächtigsten Reiche einander den Krieg erklären, sich mit Worten bekämpfen und versuchen, die Gegner zu schwächen. Keiner dieser Versuche führte jedoch zu einem Ergebnis oder einer Veränderung. Diese Katastrophen würden sich in nicht allzu langer Zeit ereignen.

Abgesehen von der physikalischen Unmöglichkeit, dass Unwetter zugleich aus allen Himmelsrichtungen aufziehen, fällt auf, dass sich Buddha bei der Deutung des Traumes eines Tricks bedient, den auch heute noch Astrologen, Kartenleger und Wahrsager gerne anwenden. Was den Zeitpunkt der Katastrophen betrifft, macht er einander widersprechende Aussagen. Zu Beginn der Deutung verlegt er ihn in ferne Zukunft (was so viel heißt wie in »unbestimmter Zukunft«, also irgendwann), um am Ende darauf hinzuweisen, dass er doch nicht mehr so lange dauern werde. Zwangsläufig wird es im unbestimmten Zeitraum zwischen nicht mehr allzu ferner und ferner Zukunft irgendwann zu

Naturkatastrophen und Kriegen kommen. Dazu bedarf es keiner Weissagung. So wie die Traumdeuter in Mesopotamien, Ägypten und in der Antike, greift Buddha in seiner Traumauslegung auf Analogien zurück. Die vier kräftigen Ochsen (bullig, massig, machtvoll) deutet er zuerst als Wolkenmassive, dann als mächtige Reiche.

König Pasenadis träumte weiters von Menschen, welche Kälber vor ihre Wagen spannten und diese schlugen, weil sie die Wagen nicht ziehen konnten. Buddha soll darauf die folgende Vorhersage gemacht haben: »In ferner Zukunft werden die Leute vorzugsweise frisch Ausgebildete (Kälber) zur Führung von Ländern, Unternehmern oder Gesellschaften einsetzen (vor den Karren spannen), welche über keine Erfahrung, keine Fähigkeiten, kein Allgemeinwissen und keine Umsicht verfügen, welche auch die sozialen Sitten und Gebräuche nicht verstehen. Sie werden ihnen erlauben, die Geschäfte des Landes zu führen, was eine schwierige Aufgabe ist. Wegen ihrer Unerfahrenheit werden sie Fehler machen. Sie werden nicht Schritt halten können mit den Veränderungen, die schnell auftreten werden. Es wird ihnen an Verantwortungsbewusstsein fehlen. ... Immer wieder wird es zu Protesten kommen.«

Auch bei diesem Traum beruht die Deutung auf Analogien. Die Kälber werden mit unerfahrenen jungen Menschen gleichgesetzt, der Karren mit Verantwortung. Das »Nichtkönnen«, für das sie geschlagen werden, mit Überforderung.

Pasenadis träumt von einer Gruppe reicher Menschen, die extrem kostbare goldene Schalen herbeibringen, um Füchse darauf ihre Notdurft verrichten zu lassen. Buddha leitet aus dem Traum ab, dass »in ferner Zukunft Dummköpfe sich als Wissende und Vertrauenswürdige ausgeben werden. Sie sind gut bekannt in der Gesellschaft, aber unzuverlässig, und sie werden verkünden, dass sie Buddhas Lehren unterrichten. In Wirklichkeit lehren sie aus Selbstsucht, Verlangen und Lust und versuchen, die Lehren Buddhas zu verdrehen. Sie versuchen, Buddhas Lehren an ihre eigene Doktrin anzupassen und sie damit zu vermischen. Sie werden behaupten, dass meine (Buddhas) Lehren Teil ihrer Lehren wären. Dies werden die meisten Leute missverstehen. Sie werden annehmen, dass meine Lehren mit ihren Lehren vermischt werden können, und glauben, dass sie ein und dasselbe sind. Aber deren Doktrin kann in keiner Weise den Wert meiner Lehren erreichen, da ihr Geist nicht rein ist. Diese Leute werden in Zukunft existieren, nach meinem Tod. Es wird eine große Zahl von verschiedenen Lehren geben, welche alle für sich in Anspruch nehmen, die wahre Religion zu sein«.

Es ist offensichtlich, dass Buddhas Traumdeutung in diesem Fall ideologisch motiviert ist. Wie viele Menschen, die meinen, Erleuchtung gefunden zu haben, beansprucht Buddha für seine Lehre, die einzig wahre zu sein. Nicht ohne Argwohn sichert er sie gegen andere ab, indem er deren Wortführer vorsorglich zu Dummköpfen degradiert, ihnen unlautere Motive wie Selbstsucht und Gier unterstellt. Aus religiöser Sicht macht das Sinn. Denn überall dort, wo Religionen, auch der Buddhismus, naturwissenschaftlich überprüfbare Aussagen machen, stehen sie im krassen Widerspruch zur Realität. Abgesehen davon, dass die meisten Glaubenswahrheiten ohnedies nicht überprüfbar sind, genügen sie nicht einmal der primitivsten Form der Realitätsprüfung, dem intuitiven »für wahr halten«. Welche Möglichkeiten bleiben da, Andersdenkende von der Richtigkeit des eigenen Glaubens zu »überzeugen«, wenn nicht Verunglimpfungen, Drohungen, Gewalt und Denkverbote?

Der Traum als Orakel

Die Entwicklung der indischen Traumdeutung lässt sich zunächst am besten durch die vedischen Quellengruppen verfolgen. Bei den Veden handelt es sich um eine überlieferte Sammlung religiöser Texte im Hinduismus. Diesen Schriften ist zu entnehmen, dass die vedischen Völker vor bösen Träumen große Angst hatten. Sie waren davon überzeugt, dass böse Träume auch im Wachen Auswirkungen auf den Träumer, seine Familie, sein Haus und seine Kühe hätten.

Nachdem gegen böse Träume kein Kraut gewachsen ist, sollte zumindest deren Wirkung mithilfe eines Abwehrzaubers auf andere abgewälzt werden: »Welche Wirkung bösen Traumes auf uns, welche auf die Kühe, welche auf unser Haus (sich richtet), die soll der, welcher nicht zu uns gehört, der Götterhöhner, der Spötter, sich wie eine Kette anlegen.« Solche Abwehrrituale ziehen sich durch die gesamte mittel- und spätvedische Ritualliteratur.

Geträumte Sünden hatten die gleiche Konsequenz wie im Wachzustand begangene. Weil Traumsünden tabu waren, durfte über sie nicht gesprochen werden. In den Schriften finden sich daher nur wenige Hinweise, was als sündhaft galt. Auf jeden Fall zählten erotische Träume, Anmaßung und Lügen im Traum sowie geträumter Abfall von den Göttern dazu. Der Träumer war für seine Taten im Traum genauso verantwortlich wie im Wachen. Verhielt er sich lasterhaft, haftete ihm die böse Wirkung des Traumes wie ein Fluch an und er musste mit schlimmen Konsequenzen rechnen.

Wie in allen frühen Hochkulturen werden auch in die indischen Träume für die Vorhersage zukünftiger Ereignisse verwendet. War es in der älteren vedischen Auffassung noch der Träumer selbst, der vor allem mit seinen bösen Träumen die Zukunft beeinflusste, verkehrte sich die Auslegung nun ins Gegenteil. Der Träumer wird in der Folge zu einem passiven Objekt, das äußeren Mächten hilflos ausgesetzt ist. In Träumen wird nunmehr nach Hinweisen auf zukünftiges Unglück gesucht. Bei diesem Unterfangen war die Traumdeutung mit zwei Hürden konfrontiert. Nicht immer war klar, was als Hinweis gewertet werden sollte und wenn es Hinweise gab, war es nicht sicher, welche Ereignisse sie ankündigten. Angesichts dieser Unsicherheit wurden Träume in der vedischen Kultur vermehrt als Orakel benutzt. Der Träumer schlief mit einer bestimmten Fragestellung ein und erhoffte sich vom Traum Antwort.

Die größten Rätsel aber gaben Trauminhalte auf, die zum gewöhnlichen Wachleben im Widerspruch standen: Inzestträume, Träume gegen die soziale Stellung, widersinnige Träume überhaupt und vor allem: Träume von Toten. An diesen Träumen entwickelte sich die Vorstellung der von außen kommenden Traumwesen. Ursprünglich waren sie im Totenreich angesiedelt. In der Folge hielten aber auch Götter und Dämonen in die Traumwelt Einzug, um in Verwandlungen naher Angehöriger dem Träumer entweder nachzustellen oder ihm guten Rat zuteilwerden zu lassen. Doch auch bei den guten, hilfreichen Träumen bestand immer die Möglichkeit, dass sie von Dämonen hervorgerufen wurden, die auf diese Weise den Träumer täuschen wollten. Die Traumdeutung konzentrierte sich zunächst auf die Bedeutung der von außen kommenden Traumwesen. Im Laufe der Zeit entwickelte sich auf dieser Grundlage ein komplexes System von Traumsymbolen und ihrer Bedeutung.

Der Traum nimmt Gestalt an

Betrachteten die Ägypter den Traum als einen realen Ort zwischen Diesseits und Jenseits und die Sumerer als Bildersprache der Götter, wandelte sich das Traumverständnis in der Antike allmählich. Zwar nutzten die antiken Götter noch immer den Traum als Medium, um mit den Menschen Kontakt aufzunehmen, taten dies aber nicht mehr persönlich. Der Traum wandelte sich in der Vorstellung der Griechen zu einer eigenständigen Wesenheit, zu einem göttlichen Boten. Der Personifizierung des Traumes dürfte ein großer Schritt in der geistigen Entwicklung des Menschen vorangegangen sein. Solange der Traum noch für einen real existierenden Ort gehalten wurde, war der Stand des Bewusstseins ungefähr mit dem eines zwei- bis dreijährigen Kindes vergleichbar. Nun aber entsprach die psychische Entwicklung des Menschen, ungeachtet seiner kognitiven und intellektuellen Fähigkeiten, bereits der eines Drei- bis Fünfjährigen in der Hochblüte des magischen Denkens. In dieser Phase lebt das Kind in der subjektiven Überzeugung, mit seinen Gedanken und Wünschen Einfluss auf die Realität nehmen zu können. Die Objekte seiner Welt erscheinen ihm beseelt. Lebewesen, Dinge, Naturphänomene, aber auch Ereignisse wie Krankheit, Alter und Tod, ja selbst Gefühle werden vermenschlicht[100]. »Nicht ich bin es, der Verbotenes begehrt, sondern es ist der Teufel oder ein Dämon, der mich verführt.« Der Glaube an die Allmacht der Gedanken spielt in Zwangsneurosen, Psychosen, Religionen und in der Esoterik eine wichtige Rolle. Wie verbreitet das magische Denken selbst bei uns noch ist, belegt die folgende Anekdote. Ein guter Freund von mir, der es mit dem positiven Denken hält, holt mich am frühen Abend mit dem Auto zu einer Veranstaltung ab, die wir gemeinsam besuchen wollten. Wir befinden uns in der Innenstadt auf der Suche nach einem Parkplatz. Ich weise ihn darauf hin, dass es um diese Zeit schwierig sein könnte eine Parklücke zu finden und wir besser in einer Tiefgarage parken sollten. Er beantwortet meine Sorge mit einem überlegenen Lächeln. Er brauche sich bloß einen Parkplatz zu wünschen, dann finde er auch einen. Das funktioniere bei ihm immer.

Bei Homer, dem sagenumwobenen Dichter aus der griechischen Mythologie, von dem niemand weiß ob und wann er gelebt hat, hatte das magische Denken bereits den Zenit erreicht. Träume wurden für mystische Wesen gehalten, die im Dienste der Götter standen. Je nachdem, in welchem Auftrag sie dem Menschen geschickt wurden, konnte es sich bei ihnen um Himmelsboten oder Dämonen handeln. Sie konnten unterschiedliche Gestalt annehmen, als Wahr- oder Trugtraum in Erscheinung treten, dem Menschen hilfreich zur Seite stehen oder ihm Schaden zufügen. Wie wir Homers Ilias entnehmen können, war es nicht ungewöhnlich, dass ein Dämon die Gestalt einer dem Träumer nahestehenden Person annahm, um sich dessen Vertrauen zu erschleichen. »Bei allen homerischen Traumpassagen wird aber das im Traum agierende Traumwesen ausdrücklich als Subjekt genannt, das sich der im Traum erscheinenden Person angleicht, so auch hier, es ist der Dämon selbst: ›gegen mich aber treibt noch ein Dämon böse Träume; in dieser Nacht nämlich schlief er (der Dämon) wieder bei mir, ihm (Odysseus) gleich, so wie er war, als er mit dem Heer ging; mein Herz aber freute sich, denn ich hielt es nicht für einen Traum, sondern eben noch für Wirklichkeit‹.«[32]

Die Unsicherheit, ob es sich im konkreten Fall um geträumte Wahrheit oder Täuschung handelte, machte die Traumauslegung zu einer heiklen Angelegenheit. Dass selbst Zeus nicht darüber erhaben war, einen Menschen im Traum zu täuschen, erfahren wir an einer anderen Stelle der Ilias. In Gestalt Nestors, dem ältesten Berater Agamemnons schickt er diesem einen trügerischen Traum, in dem er dem König fälschlich den Sieg über die Troer verheißt.

Der Glaube an Dämonen, die in Gestalt von Menschen oder Tieren einen Träumenden ins Verderben stürzen, war in der Antike weit verbreitet. Wenn jemand auf die Schimäre eines Dämons reinfiel, musste er für seine im Traum begangenen Fehltritte dennoch einstehen. Zwischen geträumten Tabubrüchen und Sünden im Wachzustand wurde bei den Griechen nicht unterschieden. Anders als zur Zeit der ersten Hochkulturen ahnten die Menschen in der Antike bereits, dass die manifesten Traumbilder von verborgenen Kräften hervorgerufen wurden. Allerdings waren sie noch nicht bereit, sie als unterdrückte Triebregungen anzuerkennen, die dem Unbewussten entsprangen. Stattdessen personifizierten sie diese und projizierten die unliebsamen Traumerreger in Gestalt von Dämonen nach außen. So konnten sie sich nicht nur vor der äußeren Bedrohung mit Fetischen schützen, sondern auch die Verantwortung für das Traumgeschehen delegieren.

Ein ähnliches Traumverständnis finden wir bei den indigenen Völkern Nordamerikas und Alaskas. Ein Beleg dafür, dass die Ausbildung ähnlicher Merkmale nicht auf die biologische Evolution beschränkt ist, sondern auch für die geistig-kulturelle Entwicklung Gültigkeit besitzt. Die Ojibwes in Kanada und den Chippewas im Norden der USA schrieben Träumen ebenfalls ein eigenständiges Wesen zu. Mithilfe eines Traumfängers sollten schlechte Träume gefiltert werden, um die Träumenden so vor Alpträumen zu schützen.

Auch heute noch erfreut sich der Traumfänger in der Esoterikszene großer Beliebtheit.

Bei Platon änderte sich das mythologische Traumverständnis Homers in eines, das der psychoanalytischen Sicht schon erstaunlich ähnlich ist. Nach Platon sind nicht mehr Dämonen, sondern Wünsche für die Trauminhalte verantwortlich. Der Traum bringe lediglich die wahre Natur des Menschen zum Vorschein.

Gleichzeitig geht er in seiner Ideenlehre davon aus, dass sich die Seele im Traum aus dem Körper entfernen und mit überirdischen Wesen in Verbindung treten könne. Geist und Körper seien an diesem Vorgang allerdings nicht beteiligt. Aristoteles erkennt im Traum die Aktivität der Seele im Schlafzustand. Für ihn ist der Traum bereits ein psychophysiologisches Phänomen. Er vermutet, dass Krankheiten im Traum frühzeitig zum Vorschein kommen, weil die Signale, die vom erkrankten Organ ausgehen, nicht von den Wahrnehmungen des Wachlebens überlagert werden.

Von Artemidor von Daldis stammt die einzige vollständig erhaltene Traumdeutung der Antike. Seinem Traumverständnis nach bezieht sich der Traum immer auf den Träumer, seinen individuellen Hintergrund, seine Lebensgewohnheiten und Vorlieben. Ohne vorhergehende Exploration des Träumers könne ein Traum nicht verstanden werden. Artemidor entwickelte ein komplexes, auf Analogien beruhendes Interpretationssystem. So wird zum Beispiel »verwickeltes« Haar mit Verwicklungen im Leben gleichgesetzt. »Sich im Traum zu kämmen, bringt Mann und Frau Nutzen. Denn der Kamm ist gleichbedeutend mit der alle Widerwärtigkeiten überwindenden Zeit. Das Haarflechten ist nur Frauen und jenen Männern von Nutzen, die es auch sonst im Wachen zu tun pflegen. Allen anderen Menschen zeigt es Verwicklungen in ihren finanziellen Verpflichtungen, hohe Darlehensschulden, bisweilen auch Gefängnis an.«[33]

In seinem fünfbändigen Werk finden sich neben praktischen Ratschlägen zur Traumdeutung auch theoretische Überlegungen. Anhand konkreter Beispiele zeigt er, wie günstige von ungünstigen Vorzeichen unterschieden werden. Ganz in der Tradition der Sumerer versteht Artemidor Träume als Vorboten späterer Ereignisse. Unschwer lässt sich dahinter die uralte Sehnsucht erkennen, die Zukunft zu kontrollieren. Das Unvorhersehbare hat Menschen zu allen Zeiten Angst gemacht. Die Bedrohung aus der Unsicherheit, nicht zu wissen, was der nächste Tag bringt, hat das Gewerbe der Wahrsager bis heute am Leben erhalten. Traumdeuter waren im antiken Griechenland zwar nicht mehr so angesehen wie in Ägypten oder Mesopotamien, aber um Zulauf mussten sie sich keine Sorgen machen. Vor wichtigen Lebensentscheidungen oder in materiellen Angelegenheiten wandten sich auch die Griechen gerne an einen Traumdeuter.

Gute Träume, böse Träume

Im frühen Christentum verliert sich die strenge Unterscheidung zwischen Traum und Vision früherer Kulturen. Beide Erlebnisweisen werden als Zustand der Erleuchtung verstanden. Als Vorbild gelten die biblischen Träume und Visionen, in denen sich Gott den Träumern unmittelbar mitteilt oder Engel schickt, um seine Absichten kundzutun. Träume oder entrückte Zustände konnte sich allerdings auch der Teufel zunutze machen, um die Menschen in Versuchung zu führen. In Einklang mit der biblischen Sichtweise wurde im Christentum zwischen der hellen und dunklen Seite der Welt unterschieden und diese mit Tag und Nacht gleichgesetzt. Während die helle Seite Gott zugeordnet wird, herrscht in der Dunkelheit der Fürst der Finsternis. »... um ihnen die Augen zu öffnen, damit sie sich bekehren von der Finsternis zum Licht und von der Gewalt des Satans zu Gott, ...«[34] An anderer Stelle heißt es: »... denn ihr habt nicht zu kämpfen gegen Blut und Fleisch, sondern gegen die Herrschaften, gegen die Mächte, gegen die Weltherrscher dieser Finsternis, gegen die Geisterwesen der Bosheit in der Himmelswelt.«[35]

Das antike Traumverständnis wurde vom Christentum übernommen. Nach Tertullian aus Karthago (150–220), einem frühen christlichen Schriftsteller, kämen die guten, wahren Träume von Gott. Ihr Inhalt ist ehrbar, rein, erbaulich und voraussagend. Umgekehrt könnten Dämonen Träume vorgaukeln, die den wahren Träumen täuschend ähnlich sind. Mit ihrer Hinterlist versuchten sie, ihre Opfer zu verwirren und vom wahren Gott abzubringen. Tertullian unterscheidet zwischen wahren Träumen, Trugträumen und solchen, die auf Tagesreste zurückgingen. Damit distanziert er sich von der alten platonischen Ideenlehre, nach der die Seele im Traum aus dem Körper treten und mit überirdischen Wesen Kontakt aufnehmen könnte. Gewöhnliche Träume würden nur »geschaut« und nicht vom Träumer hervorgebracht. Daher würden die geträumten Sünden auch nicht von Gott geahndet und im Traum begangene Wohltaten nicht belohnt. Wie Tertullian vertritt Ambrosius von Mailand (339–397) die Auffassung, dass die Seele im Traum die ewigen Wahrheiten wenigstens teilweise erkennen könne.

Augustinus (354–430) hingegen betrachtet den Traum als Alltagsphänomen. Den Vorgang des Träumens erklärte er mit der Introspektionsfähigkeit der Seele, bei der sie nicht nur auf Eindrücke des Vortags, sondern auch auf älteres Erinnerungsmaterial stoße. Im Unterschied zu den Tieren sei das menschliche Gedächtnis dazu imstande, aus Erinnerungen Neuschöpfungen zu kreieren. Er schreibt der Seele eine schöpferische Kraft zu.

Das Erscheinen von Toten im Traum war im Mittelalter noch ein Phänomen, dem die Menschen zwiespältig gegenüberstanden. Während es sich für Augustinus dabei ebenfalls nur um Erinnerungen handelte, maßen andere den geträumten Begegnungen durchaus Realitätscharakter bei. Eine detaillierte Schilderung eines solchen Zusammentreffens stammt von Wibert, dem Abt von Nogent. In seiner Autobiografie berichtet er, wie seine Mutter im Traum ihrem verstorbenen Gatten Everhard begegnete.

Am frühen Morgen noch im Schlaf hatte die Frau plötzlich das Gefühl, ihren Körper zu verlassen. Danach flog sie durch einen Tunnel, an dessen Ende sich ein Loch befand, das von schauderhaften Kreaturen belagert wurde. Vermutlich bewachten sie den Eingang zur Unterwelt. Ein guter Geist schützte sie vor diesen Dämonen, die ihr schon bedrohlich nahe gekommen waren. Unvermutet trat dann ihr verstorbener Mannes aus dem Loch. Auf ihre Frage, wie es ihm ginge, hob er nur stumm seinen Arm, welcher schwere Verwundungen aufwies. Die Träumerin erstarrte vor Schreck. Der Autobiograf fügt hier ein, dass die Wunden als Strafe für die häufige Untreue des Gatten stünden. Im nächsten Atemzug erschien neben Everhard ein laut schreiendes Baby, die Frucht eines seiner zahlreichen Ehebrüche. Dieses Kind verstarb ungetauft gleich nach der Geburt und konnte deswegen nicht in die ewige Seligkeit eingehen. Sein anklagendes Geplärr war die von Gott ausersehene Pein für den untreuen Ehemann. Wilberts Mutter erkundigte sich beim Geist ihres verstorbenen Mannes, ob ihre Almosen seine Lage erleichtern könnten und er gab ihr eine zustimmende Antwort.

Auch ohne Kenntnis der psychoanalytischen Deutungstechnik sollte es uns schon möglich sein, die Bedeutung des Traums zu verstehen. Eine Frau, die von ihrem Ehemann fortwährend betrogen wird, hegt nur selten gute Wünsche für den untreuen Gefährten, eher schon Rachewünsche. Dass sie ihn für seine Treulosigkeit zur Hölle wünscht, ist keine Überraschung. Warum aber straft Gott die Untreue des Ehemanns, mit einer Verwundung seines Arms? Das ergibt keinen Sinn. Wenn schon, müsste nach Matthäus 18:9 »... wenn dich dein Auge zum Bösen verführt, dann reiß es aus und wirf es weg« der Körperteil von der Strafe betroffen sein, mit dem der Ehebruch begangen wurde? Die Fähigkeit des männlichen Sexualorgans, sich wie ein Arm in die Höhe zu recken, lässt erahnen, dass der Arm im Traum für den Penis, das wirkliche »Corpus Delicti« steht. Die schweren Verletzungen könnten einerseits Ausdruck von Kastrationswünschen der gedemütigten Frau sein, anderseits auf die seelischen Verwundungen hinweisen, die ihr Everhard eben mit diesem Organ zugefügt hat.

In diese Auslegung würde sich auch das Bild des schreienden Neugeborenen gut einfügen. Wenn Everhard schon im

Diesseits ungeniert seiner Trieblust frönte, soll er im Jenseits die Folgen seines verantwortungslosen Tuns bis in alle Ewigkeit zu spüren bekommen. So wie die betrogene Frau ihrem untreuen Ehemann im Leben ausgeliefert war, ist er nach seinem Tod nun von ihrer Gunst abhängig. Schließlich liegt es in ihrer Hand, ob sie sein Schicksal mit Almosen erleichtert. Hat er sich zu Lebzeiten rücksichtslos über sie hinweggesetzt, braucht er sie jetzt und ist auf ihre Gnade angewiesen.

Ein anderer Bericht stammt von einem italienischen Kaufmann namens Giovanni Pagolo di Morelia (1371–1444 aus Florenz), der seine Erlebnisse in einem Tagebuch festgehalten hat. Unter anderem findet sich darin auch ein Traum, der auf seinen im Alter von neun Jahren verstorbenen Sohn Alberto Bezug nimmt. Giovanni machte sich nach dem Tod seines Erstgeborenen schwere Vorwürfe, weil er ihn im Leben zu streng und nicht liebevoll genug behandelt hatte. Als sich Albertos Tod zum ersten Mal jährte, sah sich der bekümmerte Vater im Traum aus der Stadt gehen und gedankenverloren in Richtung Monte Morello spazieren. Obwohl er sich bemühte, nicht an Alberto zu denken, ging ihm der nicht aus dem Kopf und seine Stimmung erreichte bald einen Tiefpunkt. In seinem tristen Gemütszustand verspürte er plötzlich den dringenden Wunsch, in die Stadt zurückzukehren, um im Pilgerhospiz zu übernachten.

Auf dem Weg dorthin begegnete er einem Zaubervogel, der ihm paradiesische Melodien vorsang. Mit einem Mal tauchte ein Rudel Schweine auf, worauf der Vogel einem melancholischen Gesang anstimmte und begann, sich die Krallen blutig zu reißen. Der Träumer wollte ihn einfangen, um ihn von seinem selbstzerstörerischen Tun abzuhalten, aber der Vogel entwischte. Auf der Suche nach ihm wurde er von der in Wut geratenen Muttersau angegriffen und über den Haufen gerannt.

Inzwischen war es Nacht geworden und Giovanni sah

zwei Sterne. Auf sein Gebet hin erschien ihm plötzlich eine weiß gekleidete Jungfrau. Mit einem Palmwedel und einem Rad gebot sie der Muttersau Einhalt. Hinter ihrem Rücken erhob sich ein Vogelschwarm. Auf ein Zeichen der Jungfrau verwandelte sich einer der Vögel in einen engelsgleichen Geist mit dem Aussehen des verstorbenen Sohnes. Der Knabe meinte, dass Gott Giovannis reumütige Gebete erhört und diese Begegnung erlaubt hätte. Er würde ihm auch in Zukunft Gnade und Frieden gewähren.

Obwohl wir die Einfälle des Träumers zum Traum nicht kennen, finden wir im Inhalt doch einige Hinweise auf die Gedanken, die im Traum möglicherweise verarbeitet wurden. Da wäre zunächst der Zaubervogel. Sein ursprünglich paradiesischer Gesang wechselt ins Melancholische. Dann fängt er an, sich auf selbstzerstörerische Weise die Krallen blutig zu reißen und entwischt. Später taucht er hinter einer weiß gekleideten Jungfrau (der Muttergottes) als einer von vielen Vögeln auf und verwandelt sich in Giovannis Sohn, der ihm Vergebung verheißt und der fortwährenden Gnade Gottes versichert.

Sollte es sich bei dem Paradiesvogel tatsächlich um Giovannis Sohn handeln, würde der selbstaggressive Akt »sich die Krallen blutig zu reißen« den Gedanken an einen Selbstmord des Sohnes nahelegen. Das würde verständlich machen, warum sich der Vater wegen seiner überzogenen Strenge für den Tod des Kindes schuldig fühlt und das Auftauchen der Schweinehorde sowie die Wut der Muttersau erklären. Welche Mutter würde ihren Mann nicht voll Wut und Hass »über den Haufen rennen«, wenn sie ihn für den Selbstmord ihres Sohnes verantwortlich machte? In diesem Fall repräsentierte die Schweinehorde Familienmitglieder und Personen aus dem Umfeld Giovannis, die ihm den Tod seines Sohnes vorwerfen und wie »eine Horde Schweine« über ihn herfallen.

Anders als die Mutter seines Sohnes verhält sich die Muttergottes. Sie versteht sein Leid und zürnt ihm nicht. Im Gegenteil, sie stellt sich der »Muttersau« entgegen und nimmt ihn vor ihr Schutz. Dabei behilft sie sich mit einem Rad und einem Palmwedel. Beide Symbole für das wiederkehrende, ewige Leben.[36] So als wollte die Gottesmutter der Muttersau vor Augen führen, dass ihr Sohn nicht tot sei, sondern ins ewige Leben eingegangen. Auf ihren Wink hin kehrt Alberto tatsächlich kurzfristig aus dem Himmel zurück, um seinem verzweifelten Vater Trost zu spenden und zu versichern, dass alles wieder gut sei, weil Gott ihm nicht mehr zürne.

Die Angst vor der Dunkelheit

Mit Ausnahme der Träume, die von Gott kamen, haftete dem Traum im Mittelalter etwas Unreines, Sündhaftes an. Wenn sich nicht Gott im Traum offenbarte, worüber sich die Träumenden nie sicher sein konnten, war der Traum ein beliebter Tummelplatz für Dämonen. Sie schlichen sich heimtückisch in die Träume und weckten die Begehrlichkeit ihrer Opfer. Im Schlaf fühlte sich der Mensch der verderblichen Verführungskunst der Dämonen hilflos ausgesetzt. Nur wer reinen Gewissens war, konnte der Nacht beruhigt entgegensehen. Weil diese teuflischen Kreaturen, Dämonen, Geister, Vampire, Untote, Wiedergänger bevorzugt nach Sonnenuntergang ihr Unwesen trieben, fürchteten die Menschen zu allen Zeiten die Dunkelheit. Erst mit Tagesanbruch kehrte das Gefühl der Sicherheit wieder zurück. Kein Wunder also, dass die Nacht dem Reich der Finsternis zugeordnet wurde.

Die in der Bibel verwendeten Metaphern »Licht und Dunkelheit« für »Gut und Böse« haben einen handfesten Hintergrund, wenn man bedenkt, dass die Straßenbeleuchtung erst im 17. Jahrhundert eingeführt wurde. Die ersten Öllampen an öffentlichen Plätzen wurden unter dem Sonnenkönig Ludwig XIV. 1667 in Paris errichtet. Bis dahin lebten die Menschen nach Sonnenuntergang in völliger Finsternis. Die Nacht gehörte den Mördern, Räubern und Dieben. Die Angst vor der Dunkelheit war durchaus berechtigt.

Abgesehen von den realen Bedrohungen durch böse Menschen oder wilde Tiere, hat die Dunkelangst auch einen psychologischen Hintergrund. Es ist kein Zufall, dass sich ein Kind erst ab dem dritten Lebensjahr, mit dem Beginn des magischen Denkens, vor der Dunkelheit zu fürchten beginnt. Erwachsene tun sich oft schwer, für kindliche Ängste Verständnis aufzubringen. Damit Sie sich leichter in die Gefühlswelt eines Kleinkindes hineinversetzen können, schlage ich Ihnen ein Gedankenexperiment vor.

Stellen Sie sich vor Sie bekämen die Chance, an einer Realityshow teilzunehmen. Die Aufgabe, die Sie zu bewältigen hätten, ist denkbar einfach. Sie müssten lediglich eine Nacht allein und ohne Lichtquelle in einer Gruft verbringen. Nach Ihrem Eintritt in die Grabstätte würde der Zugang hinter Ihnen verschlossen, so dass Sie aus eigenen Stücken nicht mehr ins Freie gelangen könnten. Sie hätten während Ihres Aufenthaltes in der Grabkammer keine Verbindung zur Außenwelt. Im Umkreis von zehn Kilometern dürfte sich niemand in Ihrer Umgebung aufhalten. Sie wären völlig allein mit den Leichen in den Särgen. Niemand könnte sie hören, niemand könnte Ihnen zu Hilfe kommen. Als Preis für die Nacht im Reich der Toten erhielten Sie eine Million Euro. Eine ansehnliche Summe und Sie würden das Angebot bestimmt annehmen. Aber mit welchem Gefühl? Stellen Sie sich vor, Sie sitzen mutterseelenallein in der Gruft. Um Sie herum undurchdringliche Dunkelheit. Plötzlich vernehmen Sie ein Geräusch, ein Knacksen oder ein Rascheln? Oder Sie vermeinen, in dem alten Gemäuer einen kalten Luftzug zu verspüren. Hat Sie da nicht etwas berührt? Sie spüren, wie Ihr Atem stockt und Ihr Herz zu rasen beginnt. Selbst die Abgebrühtesten hätten in dieser Situation zumindest ein mulmiges Gefühl. Aber warum? Nirgendwo ist es so sicher wie in einer Gruft. Aber was würde Ihnen dieses Wissen nützen? Mit dem Verstand kämen Sie gegen Ihre Angst nicht an.

Wenn ein Kind in der Nacht ins Schlafzimmer der Eltern

kommt und klagt, »ich habe Angst, unter meinem Bett ist ein Monster«, beruhigt es sich, wenn ihm gesagt wird, dass es sich nicht fürchten muss, weil es keine Monster gibt? Die Ungeheuer, vor denen sich das Kind fürchtet, gibt es ja wirklich. Zwar nicht in der äußeren Realität, aber sie existieren im Kopf des Kindes. Sie sind Ausdruck von Gefühlen, die das Kind genauso personifiziert und in die Außenwelt projiziert, wie es schon die Menschen in der Urzeit getan haben.

Die Dunkelheit eignet sich als Projektionsfläche deswegen so gut, weil der Sehsinn ohne Licht als Informationsquelle ausfällt. Im Gegensatz zur Wirklichkeit der Eltern, in der es keine Monster gibt, wird die Welt des Kindes noch von einer anderen Realität beherrscht. In der alles möglich ist, weil die Vernunft noch keine oder nur eine sehr eingeschränkte Gültigkeit hat. Im Zuge des Reifungsprozesses wird die kindliche Denkungsart zwar in den Hintergrund gedrängt, aber sie geht nicht unter, sondern existiert im Verborgenen weiter. Erwachsene begegnen ihr im Normalfall nur mehr im Schlaf oder in Situationen des psychischen Zusammenbruchs, wenn sich die Grenzen der Realität auflösen und Bilder aus der inneren Welt mit der äußeren zusammenfallen.

Damit Sie sich den Vorgang der Projektion besser vorstellen können, denken Sie an einen Kinobesuch. Vor Beginn der Vorstellung, nachdem sie Platz genommen haben, schauen sie zuerst nur auf eine weiße Leinwand. Das ist die Realität. Sobald es dunkel wird und der Film beginnt, verlieren Sie aber den Bezug zur Realität. Sie vergessen, dass Sie in Wirklichkeit auf eine Leinwand schauen und werden emotional in die Filmhandlung hineingezogen. Abhängig von den auf die Leinwand projizierten Bildern schrecken sie sich, lachen oder weinen. Sie denken nicht mehr daran, dass Sie nach wie vor bloß auf eine Leinwand starren und das Geschehen im Film nicht wirklich ist. Gefühlsmäßig reagieren Sie auf die imaginäre Realität nicht anders als auf die existente.

Vielleicht werden Sie sich jetzt fragen, was dieses Beispiel mit der Urangst des Menschen vor der Dunkelheit zu tun hat. Diese Angst beruht auf demselben Projektionsmechanismus. Im Unterschied zum Kino befindet sich die Projektionsquelle jetzt allerdings im Kopf und die Angst einflößenden Bilder entstammen der Innenwelt. Nicht anders als die Leinwand im Kino erfüllt die Dunkelheit lediglich die Funktion einer Projektionsfläche für Inhalte, die im Normalfall vom »Lichte des Bewusstseins« überlagert werden.

Es handelt sich bei der Angst vor der Dunkelheit nicht nur um ein evolutionäres Überbleibsel aus der Frühzeit des Menschen, sondern um ein wichtiges psychologisches Phänomen. In der Nacht und mit ihr im nächtlichen Traumtheater wird jene Welt erlebbar, die bei Tageslicht nur im Verborgenen existiert, weil das visuelle System das Gehirn ausreichend mit Information versorgt und die Gehirnareale, die für das kognitive, »vernünftige« Denken verantwortlich sind, wieder ihre Arbeit verrichten.

Die wahren Dämonen sind im Kopf

Seit jeher neigen die Menschen dazu, die Verantwortung für unerwünschtes Begehren an äußere Kräfte zu delegieren. Die Fähigkeit des Menschen, sich als Opfer der Verführungskunst überirdischer Mächte zu sehen, die wahren Beweggründe seines Verhaltens vor sich selbst zu verleugnen, hat er bis heute nicht eingebüßt.

Selbst im »Vaterunser« wird Gott unterstellt, die Menschen zu versuchen. Daher wenden die sich mit der Bitte an ihn: »Und führe uns nicht in Versuchung, sondern erlöse uns von dem Bösen«. Doch auch Zeus, der uneingeschränkte Herrscher im Olymp, die oberste Gottheit in der griechischen Mythologie, stand dem biblischen Gott um nichts nach. Schließlich führte er Agamemnon, den Anführer der Griechen im trojanischen Krieg, mit einem Trugtraum in die Irre. Wenn schon Götter den Menschen heimtückischen Versuchungen aussetzen, wie erst die teuflischen Kreaturen, die nächtens aus ihren Höllenlöchern kriechen? Unter dem Vorwand, ihr Bestes zu wollen, war es Dämonen ein Leichtes, Menschen ins Verderben zu führen. Dass es sich heute nicht anders verhält, zeigt das folgende Beispiel eines Mannes, der sich mit vermeintlich vernünftigen Argumenten immer wieder selbst zu Fall brachte.

Vor vielen Jahren suchte Thomas, ein Mann in den besten Jahren, meine Praxis auf, weil er Alkoholprobleme hatte. Er trank nicht regelmäßig. Über weite Strecken gelang es ihm sogar, seine Gier nach Alkohol zu unterdrücken. Wenn es aber zu Impulsdurchbrüchen kam, waren die Folgen gewaltig. Er trank dann über mehrere Tage, oft auch ohne sich bei seinem Arbeitgeber krank zu melden und geriet auf seinen Zechtouren immer wieder in gefährliche Situationen.

Die meisten seiner Abstürze begannen nach demselben Muster. Nachdem er längere Zeit nichts getrunken hatte, suggerierte ihm eine innere Stimme, dass er sich jetzt, wo er sein Verlangen nach Alkohol so gut unter Kontrolle hätte, zur Belohnung ruhig einmal einen guten Schluck genehmigen könne. Nicht regelmäßig, nur hin und wieder. Das müsse doch möglich sein. Mit dem guten Vorsatz, das Glas nur zu besonderen Anlässen zu heben, deckte er sich mit guten Weinen und Bränden ein. Von da an wurden die besonderen Anlässe immer häufiger, bis er viel mehr trank, als er geplant hatte.

Spätestens da wurde ihm bewusst, dass Gefahr in Verzug war und er beim Alkoholkonsum die Notbremse ziehen sollte. Seine innere Stimme pflichtete ihm bei: »Klar, du musst wieder aufhören. Aber solange deine Vorräte nicht aufgebraucht sind, wird das nichts werden. Sind die Flaschen einmal geleert, bist du die Verführung los und kannst ohne Probleme mit dem Trinken Schluss machen. Aber wozu noch so lange warten? Leere sie doch gleich, dann kannst du schon morgen mit dem Aufhören beginnen. Gesagt, getan. Wohin der Plan führte, liegt auf der Hand. Auf die gute Absicht folgte der katastrophale Absturz.

Die wohlmeinende innere Stimme, im Mittelalter hätte man sie einem Dämon zugeschrieben, aus psychoanalytischer Sicht der rationalisierten Gier, verlegte den Ursprung seines Verlangens in die Außenwelt. Nicht du bist gierig, die Flaschen sind es, die das Verlangen in dir hervorrufen. Beseitigst du den Inhalt der Flaschen, entledigst du dich auch deiner Gier. Auch wenn Thomas kognitiv seinen Selbstbetrug durchschaute, hielt er gefühlsmäßig im Augenblick der höchsten Gier an der Überzeugung fest, mit dem Leeren der Flaschen einen Schritt in Richtung Abstinenz zu setzen.

Die Fähigkeit, unliebsame Begierden aus der inneren Welt in die äußere zu verlagern und dort zu bekämpfen, zieht sich wie ein roter Faden durch die Menschheitsgeschichte. Wir alle verfügen über die Fähigkeit, uns selbst zu betrügen und machen von ihr Gebrauch, ohne es uns einzugestehen. Waren es früher Dämonen, die uns zu vermeintlich ungewollten Handlungen verführten, sind es heute pseudorationale Argumente.

Am Willen fehlt es nicht, wenn wir uns das Gute, Richtige vornehmen, aber das Gegenteil tun. Wollen würden wir ja. Aber etwas in uns ist stärker. Ein anderes Ich, aus einer geheimen Welt, die unserem Bewusstsein entzogen ist, torpediert die guten Vorsätze. Dabei artikuliert es sich nur selten offen. Ja es bedient sich sogar meist der vernünftigen Argumente des »guten« Ich. »Klar höre ich zu trinken auf, aber nicht heute, erst zu meinem Geburtstag«. Wenn dann der zwölfte Schlag der Kirchturmuhr den Geburtstag eingeläutet hat und das vermeintlich letzte Glas erst nach dieser Zeitmarke geleert wird, was passiert dann? »Was soll's, jetzt wo der Neubeginn ohnedies verpatzt ist, kann ich gleich weiter trinken.« Was das letzte Mal hätte werden sollen, bleibt dann halt doch immer nur das vorletzte Mal. »Mama, Mama, bitte einmal noch, dann ist aber wirklich Schluss ...«

Dämonen gibt es wirklich. Allerdings sind sie keine Kreaturen der Hölle, sondern unausgelebte Begierden aus den verborgensten Winkeln unseres Gehirns. Wünsche, deren Existenz wir uns nicht eingestehen, weil sie dem Bild widersprechen, wie wir gerne sein möchten. Wir können das gefährliche Verlangen zwar eine Zeitlang unterdrücken und vor uns selbst verleugnen, aber es aus der Welt schaffen, können wir nicht. Auch schlechte Wünsche drängen auf Erfüllung, ob uns das gefällt oder nicht und sie führen uns in Versuchung. Wenn aber bereits der Wunsch als sündhaft gilt, bleibt für ein reines Gewissen keine andere Möglichkeit, als die Quelle der gefährlichen Versuchung nach außen zu verbannen. Nicht ich will es, sondern dämonische Kräfte verführen mich dazu. Dabei handelt es sich aber um einen Selbstbetrug. Die wahren Dämonen sind im Kopf.

Sie verdanken ihre Existenz einem Kunstgriff unseres Gehirns, der es uns ermöglicht, durch Verleugnung unerwünschter Selbstanteile, in einem besseren Licht zu erscheinen. Doch selbst wenn es uns gelingt, den »dämonischen« Mächten die Stirn zu bieten und der Versuchung zu widerstehen, ist das verbotene Verlangen damit nicht aufgehoben. Auch wenn es dem Bewusstsein entzogen ist, besteht es fort. Die Gier bahnt sich immer neue Wege, um ihr Ziel zu erreichen. Gerne verbirgt sie sich, wie ein heimtückischer Dämon hinter vorgetäuschter Vernunft. »Einmal ist keinmal …«

Ruf es nicht herbei

In unserem kindlichen Erleben werden nicht wir in die Welt, sondern die Welt in uns hineingeboren. Wir waren schon immer da. Später, wenn wir realisieren, dass wir nicht selbst alles sind, haben wir zumindest das Gefühl, dass alles, was sich um uns herum vollzieht, mit uns zu tun hat. Wir sind zwar nicht mehr alles, aber alles fühlt und denkt wie wir. Immer geschieht das, was wir gerade brauchen. Später erfahren wir, dass die Welt da draußen auf unser Tun freundlich oder weniger freundlich, ja sogar böse, ablehnend reagieren kann. Je nachdem geht in uns die Sonne auf, dann fühlt sich alles hell und warm an oder unser kleines Universum verfinstert sich und wir fühlen uns schrecklich allein. Doch was auch passiert, wir sind die Ursache und der Mittelpunkt. Alles kann von uns hervorgerufen werden.

Die Welt des Urmenschen, in der alle Dinge »beseelt« sind, ist nie untergegangen. Im Laufe der Entwicklung des menschlichen Gehirns wurde sie lediglich vom Vernunftdenken überlagert. Sie repräsentiert heute eine sehr frühe Schicht unserer mentalen »Interpretationsmatrix«. Wie wir die Vorgänge in der Welt deuten, hängt nicht nur von der Vernunftsebene ab. Dieser Output wird genauso vom magischen Denken der frühen Kindheit beeinflusst. Anders als beim Urmenschen ist die »beseelte« Welt heute dem erwachsenen Bewusstsein entzogen. Obwohl sie nur mehr im Geheimen existiert, entfaltet sie große Macht. Sobald an der rationalen Oberfläche gekratzt wird, kommt das Irrationale zum Vorschein. Beispiele für die Irrationalität des Menschen gibt es zur Genüge.

Reste des animistischen Denkens finden sich in Religion und Esoterik genauso wie im Aberglauben und den Neurosen. In vielen Hotels gibt es nach wie vor kein Zimmer mit der Nummer 13. Noch immer gelten Schornsteinfeger, vierblättrige Kleeblätter und Hufeisen als Glücksbringer, bringen zerbrochene Spiegel sieben Jahre Pech und schwarze Katzen, die den Weg kreuzen, Unglück.

Redensarten wie »Verschrei es nicht« oder »Mal den Teufel nicht an die Wand« sind allgegenwertig. Was aber sagt der Gebrauch solcher Phrasen über uns aus? Dass wir bei Weitem nicht so vernunftgesteuert sind, wie wir meinen. Um in der magischen Welt das Böse herzuholen, genügte die Nennung seines Namens. Durch die Macht des gesprochenen Wortes konnten nicht nur dämonische Mächte, sondern auch unheilvolle Ereignisse heraufbeschworen werden. Allein das unbedachte Aussprechen einer Befürchtung genügte, um sie wahr werden zu lassen. Redewendungen wie »Verschrei es nicht« waren eine Art Gegenzauber, mit dem das Gesagte ungeschehen gemacht werden sollte, noch bevor das heraufbeschworene Malheur eintrat.

Bis heute werden in magischen Zirkeln und okkulten Kreisen Geister von Verstorbenen durch Nennung ihres Namens angerufen.

Wenn es wie bei kirchlichen Exorzismen um die Austreibung eines Dämons geht, muss er gezwungen werden, seinen Namen zu nennen. Nur wenn der Exorzist den Dämon mit dem richtigen Namen anspricht, kann er ihn wieder in die Hölle verbannen. Wie bedeutend die Namensnennung dieses Denkens ist, wird auch in einem Märchen der Gebrüder Grimm sichtbar. Vielen wird der Reim »Ach wie gut das niemand weiß, dass ich Rumpelstilzchen heiß« noch aus der Kindheit in Erinnerung sein. Als Gegenleistung dafür, dass das Rumpelstilzchen einer armen Müllerstochter in der Not hilft, Stroh zu Gold zu spinnen, muss sie ihm ihr erstes Kind versprechen. Nur wenn es ihr gelingt, seinen Namen herauszufinden, kann sie das Versprechen ungeschehen machen und ihr Kind vor dem dämonischen Männchen retten.

Wir wissen, dass in dieser frühen Denkart zwischen Wort und Tat, Wunsch und Wirklichkeit noch nicht unterschieden wird. Schlechte Gedanken haben nur dann keine Folgen, wenn sie durch einen entsprechenden Gegenzauber aufgehoben oder ungeschehen gemacht werden. Dieser Vorgang der Verhinderung bzw. des Ungeschehen-Machens liegt auch den meisten Formen der Zwangsstörung zugrunde. Die ganze Palette der Zwangsrituale sowie der zwanghaften Gedankenformeln lässt sich auf dieser Basis verstehen.

Beim Ungeschehen-Machen verhält sich eine Person in ihrem gesamten Verhalten so, als hätte ein bestimmtes Ereignis nie stattgefunden. Angstauslösende Gedanken sollen durch magische Formeln oder Handlungen ungeschehen gemacht werden. Allein die Formulierung »Seine Hände in Unschuld waschen« genügt, um den tieferen Sinn des Waschzwanges zu begreifen: Jemand, der seine Hände »schmutzig« gemacht hat, möchte damit die Schuld von seinen Händen waschen, um auf diese Weise die böse Tat ungeschehen zu machen.

Beim Ordnungszwang muss schon der kleinste Schritt in Richtung Unordnung rückgängig gemacht werden. Die Unordnung steht für den Kontrollverlust, den Durchbruch eines Angst machenden Impulses, der rückgängig gemacht werden muss, um das innere Gleichgewicht wiederherzustellen. Stets verhindert die eine Hand, was die andere tut, oder macht es wieder rückgängig. Die anstößigen Gedanken, die ungeschehen gemacht werden müssen, sind den Betroffenen kaum jemals bewusst. Sie lassen sich aber leicht aus dem jeweiligen Abwehrvorgang erraten. All diesen Zwängen ist aber eines gemeinsam, zwischen Denken und Tun besteht kein Unterschied. In der Vorstellung können Gedanken dieselben Konsequenzen nach sich ziehen wie Handlungen.

Ein höherer Beamter stöberte gerne in Buchläden. Als er sich wieder einmal in einem aufhielt, kam ihm plötzlich der Gedanke an einen Ladendiebstahl. Er überlegte, wie er es anstellen könnte, Waren durch die elektronische Diebstahlsicherung beim Ausgang zu schmuggeln. Das erschien ihm als eine intellektuelle Herausforderung. Es vergingen Monate und der flüchtige Gedanke war längst in Vergessenheit geraten. Eines Tages suchte er zufällig dieselbe Buchhandlung auf. Völlig unvermutet fürchtete er, jemand könnte ihm unbemerkt ein Buch oder eine CD in seine Tasche gesteckt haben, sodass die Alarmanlage beim Hinausgehen anschlagen würde. Wie sollte er dann der Kassiererin erklären, dass er kein Ladendieb war? Sie würde ihm unmöglich Glauben schenken. Um sicherzugehen, kontrollierte er seine Tragtasche, bevor er den Laden verließ. In den darauffolgenden Wochen wurden seine Ängste immer stärker. Er vermied es nach Tunlichkeit, Geschäfte mit elektronischer Diebstahlsicherung zu betreten. War er dennoch gezwungen, in einem solchen einzukaufen, überlegte er lange hin und her, ob er vor dem Passieren der Diebstahlsschranke nicht die Kassiererin über die Möglichkeit, dass ihm jemand ohne sein Wissen einen Artikel zugesteckt haben könnte, in Kenntnis setzen sollte. In weiterer Folge dauerte es immer länger, bis er es wagte, durch die elektronische Schranke zu gehen, weil er fürchtete, der Alarm könnte allein schon durch seine Angstspannung ausgelöst werden. Dem Mann war natürlich die Absurdität seiner Befürchtungen bewusst. Die Wahrscheinlichkeit, dass jemand auf die Idee kam, gerade ihm und noch dazu unbemerkt ein Buch zuzustecken, war verschwindend klein. Trotzdem schützte ihn dieses Wissen nicht. Sobald er sich der elektronischen Diebstahlsicherung näherte, reagierte er gefühlsmäßig so, als würde er Sekunden später vor der ganzen Welt als Ladendieb entlarvt sein.

Dieses und auch die nächsten Beispiele zeigen, dass unsere Realitätssicht weniger vom Wissen als von unserem Empfinden abhängt. In vielen Bereichen sehen wir die Welt nicht so, wie sie ist, sondern so, wie wir sie sehen wollen oder aus einer unbewussten Bedingtheit heraus sehen müssen. Dem Geschehen auf der realen Handlungsebene liegt dabei stets eine unbewusste Bedeutung zugrunde, die sich der Kenntnis des Betroffenen üblicherweise entzieht. Auch die nächsten Beispiele handeln von Menschen, bei denen unbewusst motivierte Vorstellungen Realitätscharakter erhalten und Angstzustände hervorrufen.

Einer Studentin, deren Vater aus beruflichen Gründen oft fliegen musste, kam eines Tages der Gedanke, dass sein Flugzeug abstürzen könnte. Bald wurde die Vorstellung zur fixen Idee. Gleichzeitig kämpfte sie gegen ihre Befürchtungen an, weil sie davon überzeugt war, dass erst der Gedanke an den Absturz die Katastrophe herbeiführen würde. Jedes Mal, wenn sie die Geräusche eines Flugzeuges am Himmel vernahm und zwangsläufig an den Absturz des Flugzeuges dachte, wurde sie von panischer Angst ergriffen, dass sie die Schuld träfe, wenn ihr Vater nun wirklich verunglückte.

Ein junger Vater brachte seinen siebenjährigen Sohn zu einer befreundeten Familie, mit der das Kind aufs Land fahren sollte. Er half beim Verstauen der Gepäcksstücke und bedankte sich noch einmal recht herzlich dafür, dass seine Freunde den Jungen über das Wochenende mitnahmen. Als das Auto wegfuhr, wurde ihm plötzlich bewusst, dass er sich von seinem Sohn nicht verabschiedet hatte. Mit einem Mal überfiel ihn die Befürchtung, sein Versäumnis könnte dazu führen, dass er seinen Sohn nie wiedersehen werde. Schreckliche Dinge gingen ihm durch den Kopf. Einmal sah er das Kind bei einem Autounfall tödlich verunglücken, dann wieder ertrank es beim Baden in einem Teich. Das Wochenende plagten ihn schwere Ängste und Schuldgefühle. Er gelobte, für den Fall, dass die erwartete Katastrophe ausbliebe, seinem Sohn nie wieder zu wenig Aufmerksamkeit zu schenken.

Eine im realen Leben äußerst liebevolle Mutter wiederum überfiel panische Angst, sobald sich ihre Vierjährige einem Brücken- oder Balkongeländer näherte. Sie fürchtete, das Geländer könnte nachgeben und ihre Tochter zu Tode stürzen. Das Wissen um die Irrationalität ihrer Befürchtungen half auch ihr nicht.

All diesen Krankheitsbildern ist die Furcht gemeinsam, dass die vorgestellte Katastrophe zum Auslöser einer realen wird. »Weil ich es denke, passiert es.« Die Parallele zu dem Tabu im alten Ägypten über Alpträume oder den Tod zu sprechen, ist nicht zu übersehen. »Ruf es nicht herbei«, hieß es bei den Ägyptern. Das Wort war der Tat geleichgestellt.

Trotz des vermeintlichen Siegeszuges des Verstandes hat sich das magische Denken, der Glaube an dämonische Mächte, im Alltag, in der Religion und der Esoterik bis heute gehalten. Weltweit stehen laut italienischer Bischofskonferenz einer wachsenden Nachfrage mehr als 400 von der Kirche anerkannte Exorzisten gegenüber. Die Grauzone dürfte allerdings noch weit höher sein. Alleine in Polen sollen sich 120 Priester als nicht registrierte Teufelsaustreiber betätigen. Vom Chefexorzisten des Vatikans, Pater Amorth, erfahren wir, dass selbst Johannes Paul als erster Papst seit 400 Jahren wieder Exorzismen durchführte.[37] Doch nicht nur Johannes Paul II, auch der derzeitige Papst Franziskus soll sich laut »El Mundo« im Jahr 2013 nach der Pfingstmesse als Teufelsaustreiber an dem Mexikaner Angel V. versucht haben.[38]

Die christliche Religion stellt hier keine Ausnahme dar. Der Glaube an übernatürliche Geistwesen, die dem Menschen positiv oder negativ gegenüberstehen, findet sich in allen Weltreligionen, in den monotheistischen wie dem Judentum oder Islam genauso wie im Buddhismus, Hinduismus, der Esoterik und im Volksglauben. Unser Streifzug durch die ersten Hochkulturen legt den Schluss nahe, dass die Vorstellung einer in Gut und Böse zweigeteilten Welt mit der Menschwerdung einhergegangen sein muss. Die weltweite Verbreitung des Dämonenglaubens zeigt, dass wir es hier mit einem Phänomen zu tun haben, dass der menschlichen Natur innewohnt. Diese Kraft scheint nicht nur darauf abzuzielen, einen Menschen in Versuchung zu führen, sondern auch seine bewussten Absichten nach Möglichkeit zu sabotieren.

Ein Kinderwitz bringt diese Tendenz auf den Punkt. Ein Kind wird von seiner Mutter zum Psychologen gebracht, weil es Nacht für Nacht einnässt. Schuld daran sei ein wiederkehrender Traum, in dem das Kind durch eine lange Allee gehe. Immer an derselben Stelle begegne ihm ein Zwerg, und fordere es auf, Pipi zu machen. Ehe sich das Kind versehen könne, ist das Malheur schon passiert. Zum Glück wusste der Psychologe Abhilfe. »Wenn dich der Zwerg das nächste Mal im Traum auffordert, Pipi zu machen, sagst du ihm einfach: ›Ich muss nicht, ich war schon!‹«

Gesagt, getan. In der nächsten Nacht träumte das Kind wieder von der Allee, begegnete an derselben Stelle wieder dem Zwerg und wurde von ihm wieder aufgefordert, Pipi zu machen. Wie es der Psychologe geraten hatte, antwortete das Kind: »Ich muss nicht, ich war schon.« Darauf meint der Zwerg: »Na gut, dann machst du eben Aa!«

Auch wenn wir den Zwerg nicht als einen Dämon verstehen, der sich in den Traum des Kindes eingeschlichen hat, sondern als Teil der kindlichen Psyche, bleibt immer noch die Frage, wie er entstanden ist und welchen Zweck er erfüllt. Aus evolutionärer Sicht wäre die Ausbildung selbstzerstörerischer Anteile völlig widersinnig und doch gibt es sie …

Der Feind im eigenen Haus

Unlängst unterhielt ich mich mit einem alten Schulfreund über einen gemeinsamen Mitschüler aus vergangenen Zeiten, der sich mit einem Bioladen in der Nähe des Arbeitsplatzes meines Freundes selbstständig gemacht haben soll. Er glaubte, sich vage daran zu erinnern, auf dem Weg zur Arbeit seinen Namen über einem Geschäftsportal gelesen zu haben. Weil er aber unsicher war, nahm er sich vor, den Namen des Inhabers beim nächsten Mal in Erfahrung bringen. Als ich ihn nach einiger Zeit wieder traf und mich erkundigte, ob er schon mehr wüsste, verneinte er. Wann immer er sich vornahm nachzusehen, wäre er kurz davor durch irgendeinen Gedanken abgelenkt worden und hätte dann völlig darauf vergessen, auf das Schild zu schauen. Seine bewusste Absicht wurde bei jedem seiner Versuche von einer unbewussten Weigerung durchgekreuzt. Etwas in ihm war stärker als sein Wille.

Eine Studentin weiß in einer Lehrveranstaltung als Einzige die Antwort. Sie zeigt auf. Unmittelbar bevor sie aufgerufen wird, befällt sie die Befürchtung, »Was, wenn dir jetzt die Antwort entfällt« und im selben Augenblick ist ihr Gehirn lahmgelegt. Nicht anders ergeht es einem Lehrbeauftragten bei seinem Vortrag. Nach eloquentem Start schießt ihm plötzlich der Gedanke ein, »Was, wenn du plötzlich nicht weiterweißt«, mit dem bekannten Ergebnis, dass genau das passiert.

Viele von Ihnen werden mit diesem Phänomen vermutlich schon Bekanntschaft gemacht haben. »Nur jetzt nicht rot werden«, »Nur jetzt nichts falsch machen«, »Nur jetzt nicht ...«, und schon passiert es. Kein Wunder, dass Menschen Jahrtausende lang Dämonen dafür verantwortlich machen, weil sie diesen bösartigen Teil als fremd und nicht zu sich gehörig erleben.

In der Psychologie hat der US-amerikanische Soziologe Merton[39] für dieses Phänomen die Bezeichnung »Selbsterfüllende Prophezeiung« gefunden. Dabei geht es darum, dass Menschen sich in einer Angelegenheit unbewusst so verhalten, dass das, was sie vorhersagen, sich tatsächlich erfüllt. Dieser Begriff mag zwar verständlich machen, warum Lehrer in einem Experiment vermeintlich gute Schüler besser beurteilten, als Schüler, über die ihnen gesagt wurde, dass sie im Unterricht schlecht seien. Warum sich aber jemand etwas prophezeien sollte, was ihm Schaden zufügt, diese Antwort bleibt uns das Modell der selbsterfüllenden Prophezeiung schuldig.

Wir haben davon gesprochen, dass die Differenzierung der äußeren Welt von der inneren schrittweise in den ersten drei Lebensjahren vor sich geht. Danach sind in der Selbstwahrnehmung die Ich-Grenzen mit der Körperoberfläche identisch. Das Ich ist gleichsam die Haut unserer Seele, die Grenze zur Welt, die uns umgibt. So naheliegend und selbstverständlich uns diese Abgrenzung erscheint, weil sie mit unserem Erleben übereinstimmt, so unzureichend ist sie. Denken Sie nur an Menschen, deren Körperidentität gestört ist und die eine ihrer Extremitäten als nicht zu sich gehörig erleben.

Umgekehrt verfügt unser Gehirn aber auch über die Fähigkeit, seinem Ich Objekte der äußeren Welt einzuverleiben. Sobald wir etwa ein Auto lenken, verschieben sich unsere Ich-Grenzen unbemerkt auf die Außengrenzen des Fahrzeugs. Diese narzisstische Selbsterweiterung macht es möglich, dass sich selbst die Dümmsten mit mehr PS unter der Haube allen anderen Verkehrsteilnehmern gegenüber überlegen fühlen können, nur weil sie schneller sind. Die Potenz des Fahrzeuges wird dem Ich einverleibt. Nicht mein Fahrzeug ist stärker, ich bin es.

Um die Dynamik hinter dem Dämonenglauben besser zu verstehen, empfiehlt es sich, die Welt aus der Perspektive eines Kleinkindes im Alter von zwei bis drei Jahren zu sehen. Stellen wir uns vor, dieses Kind hätte die Fernbedienung vom Fernseher oder der HiFi-Anlage entdeckt und schaltete dieses Gerät unentwegt ein und aus. Wie die oben angeführten Autofahrer fühlt es sich dabei großartig und unglaublich mächtig. Aus Furcht, die ungestüme Behandlung könne dem Gerät schaden, versucht seine Mutter, die Fernbedienung an sich zu bringen. Zuerst mit gutem Zureden, doch als ihr Versuch am hartnäckigen Widerstand des Kindes scheitert, schlägt ihre Stimmung um. Sie wird böse, schreit es an, reißt ihm die Fernbedienung aus der Hand und entscheidet auf diese Weise den Machtkampf für sich.

Was geht währenddessen im Kind vor? Es liebt seine Mama über alles und will gerade von ihr für seine neue Fertigkeit bewundert werden. Nachdem die erwartete Bewunderung nicht nur ausbleibt, sondern es sogar zum Verzicht gedrängt wird, steht sein Wille plötzlich gegen den der Mutter. Lautstark protestiert es. Als sie dann seinen Widerstand gewaltsam durchbricht, wird das Kind von einer Woge der Wut überschwemmt. Sein Gesicht verfärbt sich ins Dunkelrote, es wirft sich auf den Boden und brüllt »Du sollst weggehen! Für immer! Ich hab dich nie wieder lieb! Nie wieder, nie wieder …« Sobald die Mutter versucht, sich ihrem Kind tröstend anzunähern, stößt es sie brüllend zurück. Nach einiger Zeit geht sein Schreien in haltloses Schluchzen über. Danach beruhigt es sich allmählich.

Mit ein wenig Einfühlungsvermögen sollten wir eigentlich leicht nachvollziehen können, was sich in dem Kind während der Auseinandersetzung abgespielt hat. Solange es von seiner Wut beherrscht wird, ist für ein anderes Gefühl kein Platz. Alles ihn ihm ist feindselig und hasserfüllt. Sein Gegenüber ist nicht mehr die Mutter, die es liebt, sondern ein Wesen, mit dem es nichts mehr zu tun haben will. Das »Nie wieder werde ich dich lieb haben« ist durchaus ernst gemeint und wird auch so empfunden. Die liebevollen Gefühle zur Mutter sind in diesem Augenblick wie ausgelöscht. Vorherrschend ist lediglich ein Gedanke: »Sie soll weg sein, für immer! Nie wieder ...«

Sobald das Kind sich nach seinem Wutanfall zu beruhigen beginnt, ändert sich seine Stimmung. Langsam kehrt die Erinnerung an die »gute« Mutter, die es liebt, zurück. Nun wohnen frei nach Goethe zwei Seelen in seiner Brust. Die eine ist nach wie vor hasserfüllt und auf Zerstörung aus, die andere der Mutter wieder liebevoll zugetan. Ein emotionaler Konflikt, in der Psychoanalyse Ambivalenzkonflikt genannt, für den es keine reale Lösung gibt. Denn die Erinnerung an die feindseligen Wünsche wird durch die Rückkehr der guten Gefühle für die Mutter nicht ausgelöscht. Als Folge des magischen Denkens wird es zusätzlich von der Befürchtung gequält, dass seine bösen Worte Wirklichkeit werden könnten. Aber es will seine Mama nicht verlieren, auf gar keinen Fall.

Weil es mit seiner Feindseligkeit gegenüber der Mutter nichts mehr zu tun haben will, sie aber auch nicht ungeschehen machen kann, spaltet es die Erinnerung an seine hasserfüllten Wünsche vom Bewusstsein ab. Dieser Vorgang erfolgt gänzlich unbewusst. Die vom Ich isolierten neuronalen Bereiche, in denen diese Erinnerungen samt den zugehörigen Gefühlen abgespeichert sind, werden nunmehr wie ein Teil der Außenwelt behandelt. Nach diesem Vorgang sind es nicht mehr die bösen Wünsche, die uns versuchen, sondern vermeintlich dämonische Geistwesen aus einer geheimen äußeren Welt, mit der wir nicht mehr in Berührung kommen dürfen, weil sie dann von uns Besitz ergreifen und den Schrecken herbeiführen, den wir unterbinden wollten. Bei Alpträumen, aber auch bei künstlich herbeigeführten oder krankheitsbedingten Wachträumen (Halluzinationen), kommen wir mit den in die Unterwelt verbannten »Dämonen« gelegentlich auch unfreiwillig in Kontakt.

Eine alleinstehende, enthaltsam lebende Frau Mitte vierzig engagierte sich seit vielen Jahren in ihrer Pfarrgemeinde. Nachdem der alte Pfarrer von einem jungen, gutaussehenden Priester abgelöst wurde, kamen ihr plötzlich Bedenken, ob ihr Engagement nicht missverstanden werden könnte. Die Befürchtung wurde allmählich zur fixen Idee. Wohin sie ging, fühlte sie die Blicke auf sich gerichtet. Sie glaubte zu spüren, dass die Leute die Unterhaltung einstellten, sobald sie in ihre Nähe kam. Der Gesichtsausdruck anderer erschien ihr mit einem Mal höhnisch und verächtlich. Es dauerte nicht lange und sie war davon überzeugt, dass hinter ihrem Rücken über sie getuschelt wurde, weil man ihr ein Verhältnis mit dem neuen Pfarrer nachsagte.

Als Reaktion zog sie sich immer mehr zurück, um dem vermeintlichen Gerede zu entgehen. Besorgte Anfragen, was mit ihr los sei, quittierte sie mit einem überlegenen, wissenden Lächeln, was so viel hieß wie: »Mir könnt ihr nichts vormachen, ich habe euch durchschaut.« In ihren Tagträumen beschäftigte sie sich fortwährend mit den vermeintlichen Unterstellungen, um diese »ungeheuerlichen Verdächtigungen« im selben Atemzug entrüstet von sich zu weisen.

Als sie einmal nach der Sonntagsmesse an einer Gruppe von Kirchgängern vorbeiging, war sie sich sicher, die Beschimpfung »Pfarrershure« vernommen zu haben. Nun geriet sie vollends in Panik. Sie traute sich oft tagelang nicht aus dem Haus. Überall witterte sie Feinde. Sogar in den Gebüschen rund um die Kirche schienen sich ihre Verfolger zu verstecken, um sie beim Vorbeigehen zu beschimpfen. Bald hörte sie Stimmen, die sie mit Obszönitäten bedachten und dabei immer dreister und aufdringlicher wurden. Zu guter Letzt höhnten sie sogar schon aus den Wänden ihrer Wohnung. Sie hatte das Gefühl, von einer bösen Macht besessen zu sein, der sie sich nicht mehr erwehren konnte. Ihr Wahnsystem nahm Gestalt an und uferte aus. Es ist hauptsächlich der richtigen Einschätzung des Priesters zu verdanken, dass ihr eine fachgerechte Behandlung und kein Exorzismus zuteilwurde.

Der Hintergrund ihrer Halluzinationen lässt sich unschwer erkennen. Es ist keine Seltenheit, dass sich einsame, sexuell unbefriedigte Frauen in Pfarrer verlieben. Solche Dinge passieren im kirchlichen Dunstkreis. Noch dazu, wo in der katholischen Kirche die hochwürdigen Herren den Nimbus der Unerreichbarkeit vor sich her tragen. In diesem Fall führte das Begehren der Frau zu einem argen Konflikt zwischen ihren Triebwünschen und ihrem keuschen Ideal. Sie konnte sich unmöglich eingestehen, dass sie den jungen Geistlichen sexuell anziehend fand und mehr von ihm wollte als bloß religiösen Beistand. Sie verdrängte ihr sexuelles Verlangen, weil es diametral zu ihrem moralischen Anspruch stand.

Als die Verdrängung nicht mehr ausreichte, brach ihre Ich-Konstruktion zusammen. Ihr Gehirn griff nun auf seine frühsten Möglichkeiten zurück, spaltete die gefährliche Versuchung ab und verlegte sie nach außen. Innen- und Außenwelt fielen im Erleben nunmehr wieder zusammen und die Wahnstörung wurde manifest. Zuerst wurden die Pfarrmitglieder in ihrem Umfeld zu Trägern ihrer Wahngedanken. Sie schienen das auszuposaunen, was sie sich nicht eingestehen konnte. Der Umstand, dass sie einen Priester begehrte, war ihr so unerträglich, dass sie diese Realität auf keinen Fall anerkennen konnte. Niemals würde sie so etwas Schmutziges wollen. Hier musste der Teufel die Hand im Spiel haben und sie schamlos vor aller Welt verleumden. Auch wenn sie die Quelle ihres Begehrens dämonisierte, zum Verstummen konnte sie es auf diese Weise nicht bringen.

Also bog sie die Realität weiter. Nach wie vor war nicht sie es, die so »schamlose« Wünsche hatte, sondern es waren die vielfältigen Stimmen des Teufels, die sie ihr unterstellten und auf Schritt und Tritt verfolgten. Die ursprüngliche Verfolgerin, die dem Priester mit ihren Wünschen heimlich nachstellte, wurde zuerst durch Verleugnung und Projektion später durch Abspaltung ihres Begehrens selbst zur Verfolgten. Mit einem Mal war sie nicht mehr »Täterin«, sondern Opfer. Die Scheinwelt, die sie unbewusst errichtete, diente ihr dazu, sich vor der schmerzhaften Wahrheit zu schützen, dass sie wirklich eine »Pfarrershure« war.

Unser Streifzug durch die ersten Hochkulturen, die Analyse kindlicher Verhaltensweisen, religiöser Rituale und bestimmter psychischer Störungen legt den Schluss nahe, dass die geheime, magische Welt jenseits unserer Vernunft nur wenig von ihrer ursprünglichen Macht eingebüßt hat. In unserem Erleben war sie schon immer da. Mit Ausbildung der Sprachfähigkeit nahm ihre Macht zu. Für die wahrgenommenen Objekte – Menschen, Tiere, Pflanzen, Berge, Flüsse, Wolken, Geschehnisse, Gefühle, Triebregungen, Träume, Fantasien – wurden zuerst Laut-, später Wortsymbole hervorgebracht. Puzzlesteinchen, die im Gehirn nach und nach zu einem vollständigen Abbild der Welt zusammengesetzt werden. Von da an musste ein Objekt nicht mehr real vorhanden sein, damit es im Gehirn existierte. Allein der Gedanke genügte, um es entstehen zu lassen.

Zwischen Vorstellung und Realität wird in dieser verborgenen Welt nach wie vor nicht unterschieden. Jedes Objekt hat ein Eigenleben. Es verfügt über Gefühle, Absichten und kann mit dem Menschen in Beziehung treten. Wenn sich ein Kleinkind am Tischbein stößt und wehtut, macht es den Tisch dafür verantwortlich. »Das hast du absichtlich gemacht du blöder …« Auch Redewendungen wie »die Tücke des Objektes« oder »die Welt hat sich gegen mich verschworen« bringen diesen Zusammenhang zum Ausdruck.

Wenn in dieser Welt die Vorstellung vom Objekt und das Objekt ein und dasselbe sind, erklärt sich auch die Furcht, dass das Böse durch Nennung seines Namens hervorgerufen werden kann. Es entspringt unserem Kopf. Reste des ursprünglichen Weltverständnisses finden sich noch in der Überzeugung, »Du musst es dir nur ganz fest wünschen, dann passiert es auch«. Im Laufe der Entwicklung wird die »beseelte« Welt vom Vernunftdenken nur überlagert. Im Unbewussten besteht sie fort. Danach ist sie dem rationalen Zugriff zwar entzogen, jedoch ohne ihren Einfluss auf unser Denken und Tun einzubüßen. Die Dämonen, derer sie sich bedient, sind unsere Emotionen, Triebregungen und Wünsche.

Schlaf und Traum

Menschen schlafen und träumen, lange noch bevor sich das Bewusstsein ausgebildet hat. Eine Eigenschaft, die auch allen Tieren eigen ist. Manche schlafen im Stehen (Elefanten, Pferde, Schafe) oder auf einem Bein (Störche, Flamingos), mit dem Kopf nach unten (Fledermäuse, Faultiere), unter Wasser (Robben, Nilpferde), mit offenen Augen (Fische), mit nur einem geschlossenen Auge (Stockenten, Seelöwen, Delfine) und eventuell sogar während des Fliegens (Singvögel, Fregattvögel, Albatrosse). Versäumter Schlaf wird nachgeholt und wer am Schlafen langfristig gehindert wird, stirbt. Dass selbst Bäume zu schlafen scheinen, hat erst vor Kurzem ein Wissenschaftsteam aus Österreich, Finnland und Ungarn herausgefunden. »Unsere Resultate zeigen, dass der ganze Baum in der Nacht zusammensinkt, was man als Positionsänderung der Blätter und Äste messen kann«, weiß Eetu Puttonen vom Finnish Geospatial Research Institute. »Die Änderungen waren nicht groß, bis zu 10 cm bei einem Baum mit einer Höhe von fünf Metern, aber sie waren systematisch und eindeutig innerhalb der Genauigkeit unserer Messinstrumente.«[40] Ihre tiefste Position würden Bäume einige Stunden vor Sonnenaufgang erreichen.

Die beiden Schlafforscher Chiara Cirelli und Giulio Tononi von der University of Wisconsin in Madison[41] behaupten, dass der Schlaf für Menschen und Tiere absolut notwendig ist. Chronischer Schlafmangel schädigt unser Immunsystem, führt zu Entzündungen, erhöht den Stresslevel und die Konzentration des Hormons Ghrelin. Nachdem dieses Hormon für das Hungergefühl verantwortlich ist, wird verständlich, warum anhaltende Schlafstörung zu Übergewicht und auf lange Sicht zu Diabetes oder anderen Stoffwechsel-Krankheiten führt. Stress hingegen vergrößert das Risiko für Herz-Kreislauf-Krankheiten wie Schlaganfall und Herzinfarkt. Zu wenig Schlaf beschleunigt den Alterungsprozess und beeinträchtigt die Gehirnleistung.

Welchen Nutzen der Schlaf hat und welche Kernfunktion er erfüllt, beschäftigt die Wissenschaft seit vielen Jahren. Lange Zeit hielt sich die Annahme, dass Schlaf nötig wäre, um Energie einzusparen. Eine Hypothese, der Geoffrey West, ein Physiker an der Harvard University in Cambridge und der Biologe Van M. Savage vom Los Alamos National Laboratory in Los Alamos nichts abgewinnen konnten. Sie gingen vielmehr davon aus, dass der Schlafzustand dem Gehirn Zeit für dringend notwendige Reparaturarbeiten am Nervengewebe verschafft. Die Schäden an den grauen Zellen würden durch Stoffwechselprozesse im Gehirn entstehen, bei denen überschüssige Energie die Zellen angreift. Kleine Säugetiere mit einem aktiveren Stoffwechsel brauchen daher mehr Schlaf. Eine Maus zum Beispiel schläft 14 Stunden lang, während ein Elefant mit 3,5 Stunden auskommt.[42] Die Schlafdauer scheint allerdings nicht nur vom Stoffwechsel, sondern auch von der Lebensweise und den natürlichen Feinden eines Lebewesens abzuhängen. Ein Löwe, der sich in der Nahrungskette ganz oben befindet, kann es sich leisten, 18 Stunden am Tag zu verschlafen.

Maiken Nedergaard und sein Team vom University of Rochester Medical Center fanden 2013 heraus, dass unser Denkorgan im Schlaf ein wichtiges Reinigungsprogramm absolviert, mit dem es seine Leistungsfähigkeit in Stand hält. Im Tiefschlaf schrumpfen die Gliazellen um rund sechzig Prozent und schaffen so Raum für die Gehirn-Rückenmarksflüssigkeit, die den Abtransport von schädlichen Stoffwechselprodukten im Gehirn gewährleistet.[43] Darunter auch das Protein Beta-Amyloid, das mit der Entstehung der Alzheimerkrankheit in engen Zusammenhang gebracht wird. Ohne die Entgiftung unseres Denkorgans würde die Signalübertragung an den Synapsen (Verbindungsstellen zwischen den Neuronen) Schaden nehmen.

Nedergaard fasst zusammen: »Die bisher bekannten Funktionen von Schlaf – etwa das dauerhafte Abspeichern von Gelerntem – konnten nicht erklären, warum chronischer Schlafmangel tödlich enden kann. Die aktuelle Studie liefert einen Hinweis: Während der normalen Funktion des wachen Gehirns entstehen zwangsläufig toxische Abfallprodukte, die im ›Arbeitsmodus‹ nicht entfernt werden können. Erst der Schlaf ermöglicht ein gründliches Aufräumen und sorgt dafür, dass sich die schädlichen Stoffe nicht anhäufen und das Gehirn schädigen.«[44]

Im Schlaf schüttet das Gehirn darüber hinaus Hormone aus, die für die körperliche Regeneration, Erneuerung von Körperzellen, Bildung von frischem Blut und Produktion von Eiweißstoffen, verantwortlich sind. Noch rätselhafter als der Schlaf, der immer besser verstanden wird, ist der Traum, ein Phänomen, das Menschen zu allen Zeiten in den Bann gezogen hat. Immer wenn wir schlafen, betreten wir eine geheime Welt und wie bei Alice im Wunderland ist in dieser archaischen Welt nichts mehr so, wie wir es von der bewussten Welt im Wachen kennen.

Warum wir träumen und welche Bedeutung unsere Träume haben, wird in Wissenschaftskreisen kontrovers diskutiert. Manche Forscher vermuten, dass das Gehirn im Traum Erlebnisse vom Tag im Langzeitgedächtnis speichert, um den Kurzzeitspeicher für den nächsten Tag freizubekommen. Andere wiederum gehen davon aus, dass im Traum Lernaufgaben bewältigt werden (prozessuales Lernen im REM-Schlaf und verbales im Tiefschlaf) oder verstehen den Traum überhaupt nur als reines Zufallsprodukt des Schlafes. Die

Psychoanalyse hingegen betrachtet den Traum in Übereinstimmung mit Freud nach wie vor »als Königsweg zum Unbewussten«.

Ähnlich wie mit den Wissenschaftlern verhält es sich mit den Träumern. Während einige ihren Träumen eine wichtige, ja sogar transzendente Bedeutung beimessen, gibt es andere, denen ihre Träume vollkommen egal sind oder die behaupten, überhaupt nicht zu träumen. Das ist allerdings ein Trugschluss. Denn wir träumen die ganze Nacht hindurch. Bei den meisten hebt sich eineinhalb Stunden nach Schlafbeginn der Vorhang zum nächtlichen Traumtheater, das sehr treffend als »paradoxer Schlaf« bezeichnet wird.

Treffend deswegen, weil es wirklich ausgesprochen paradox ist, wenn mitten im Schlaf, wenn das Bewusstsein ausgeschaltet ist, plötzlich eine Periode höchster Gehirnaktivität einsetzt. Diese Periode wird von schnellen Augenbewegungen begleitet. Wegen der schnellen Augenbewegungen heißt dieses Stadium auch REM-Stadium – von rapid eye movement. Das Gehirn befindet sich nun in jenem geheimnisvollen Zustand, in dem die intensivsten, skurrilsten, emotionalsten, irrationalsten Träume entstehen. Werden Menschen außerhalb der REM-Phasen geweckt, berichten sie zwar auch von traumähnlichen Vorgängen, die aber mehr dem Denken im Wachzustand ähneln. In der REM-Phase hingegen sind die Träume bildhaft und bunt. Die Traumbilder sind nicht logisch, sondern assoziativ angeordnet.

Im Gegensatz zum Tiefschlaf verlaufen in der Traumphase Herzschlag, Blutdruck und Atmung unregelmäßig. Das Gehirn wird jetzt sogar besser als im Wachzustand durchblutet. Dadurch steigt auch die Gehirntemperatur. Gelegentlich kommt es zu Zuckungen im Gesichts- oder Körperbereich. Die Bewegungsmuskulatur ist gelähmt und zeigt keinerlei Reflexe. Das schützt uns und andere vor Verletzungen im Traum. Dagegen befeuchtet sich bei Frauen während der REM-Phasen die Vagina, Schamlippen und Klitoris schwellen an, während sich bei Männern Erektionen einstellen.[45] Die körperlichen Vorgänge in der Traumphase scheinen Freud recht zu geben, der Träume vorwiegend als Ausdruck libidinöser Wünsche deutete, deren Wurzeln bis in die frühe Kindheit reichen.

Während im Traum die Gehirnareale für emotionales Empfinden, visuelle Wahrnehmung und Motorik hoch aktiv sind, haben sich die kognitiven Bereiche im Gehirn, die für Denken, Aufmerksamkeit, Wahrnehmung zuständig sind, aus dem Traumgeschehen völlig ausgeklinkt. Während wir träumen, sind diese Bereiche völlig inaktiv. Träume entbehren daher jeder Logik, auch wenn wir scheinbar vernünftig in ihnen vorgehen. Sie sind eine reine Gefühlsangelegenheit und bestehen aus Erinnerungspuzzeln, die meist noch zusätzlich eine kreative Veränderung erfahren. Das können Verdichtungen sein, Details von mehreren Objekten werden zu einem neuen zusammengefügt, oder Affektverschiebungen, wenn der Affekt von einer Situation auf eine andere verschoben wird.

Einer jungen Frau kommt im Traum eine Äußerung zu Ohren, die sie unglaublich erheitert. So als hätte sie eben den besten Witz aller Zeiten gehört. Nach dem Aufwachen versteht die Träumerin nicht mehr, warum sie diese Worte so zum Lachen gebracht haben. Die Analyse dieses Traumstücks ergab, dass der intensive Affekt von einer Situation, in der sie mit ihren Freundinnen herumalberte und nach Herzenslust lachte, im Traum auf eine andere verschoben wurde, in der sie eine Mitteilung erhielt, die sie in der Realität gar nicht amüsierte.

Ein Mann ergänzt eine Traumschilderung mit den Worten: »Er sah aus wie mein Bruder, nur hatte er rote Haare.« Tatsächlich handelte es sich bei dem Mann im Traum um den Bruder des Träumers, der von ihm aber gleichzeitig mit den roten Haaren eines Konkurrenten am Arbeitsplatz ausgestattet wurde. Die Verdichtung aus Bruder und Mitarbeiter deutete auf eine Gemeinsamkeit. Er empfand den Bruder in der Familie genauso als Konkurrenten wie den Kollegen in seinem Unternehmen.

Erst im Nachhinein versucht unser Gehirn, die assoziativ aneinandergefügten Erinnerungspuzzeln und kreativen Neuschöpfungen zu einem sinnvollen Ganzen, einer zusammenhängenden Geschichte zusammenzufügen. Aber warum? Aus meiner Sicht liefert uns der Traum damit einen entscheidenden Hinweis, wie unser Gehirn seine Unwissenheit über die unbewussten Beweggründe seines Handelns kaschiert und so die Illusion des freien Willens schafft. Ich werde später noch auf diese Fähigkeit unserer grauen Zellen zurückkommen.

Anfängliche Vermutungen, dass Menschen, die am Träumen gehindert werden, sich nach einigen Tagen psychisch verändern würden, ließen sich experimentell bisher nicht bestätigen. Vorübergehender Entzug des paradoxen Schlafes durch Psychopharmaka, Alkohol oder Drogen führt zu einer Intensivierung bzw. Verlängerung der REM-Phasen, sobald das Gehirn wieder unbeeinträchtigt ist. Die einzelnen Schlafstadien werden pro Nacht ca. viermal durchlaufen und dauern im Durchschnitt etwa eineinhalb Stunden, wobei der Anteil des paradoxen Schlafes bei ca. 20 bis 25 Prozent liegt. Die erste REM-Phase, die etwa nach einer Stunde Schlaf erreicht wird, ist eher kurz. Mit zunehmender Schlafdauer werden die REM-Phasen länger. Im Laufe des Lebens verkürzt sich die Traumzeit des Menschen.

Mittlerweile hat die Traumforschung herausgefunden, dass Träume nicht auf die REM-Phasen beschränkt sind. Auch während der Tiefschlafphasen träumen wir. Allerdings sind diese Träume weniger bildhaft und bizarr, sondern entsprechen mehr dem Gedankenfluss im Wachleben. Oft aber kreisen die Gedanken im Traum um ein Thema, das auch im Wachleben gerade aktuell ist. Bei manchen Menschen rattert das Gehirn vor einer Prüfung im Schlaf unentwegt, so dass sie am Morgen mit dem Gefühl erwachen, die Nacht über kein Auge zugetan zu haben.

Während ein Säugling unmittelbar nach der Geburt am längsten träumt, nimmt die Traumzeit bei alten Menschen deutlich ab. Interessanterweise ist der Anteil des paradoxen Schlafes nicht nur bei alten Menschen, sondern auch bei Psychotikern deutlich herabgesetzt.

Auf den nächsten Seiten werden wir uns auf der Grundlage des psychoanalytischen Modells eingehend mit der Bedeutung der Träume beschäftigen. Nach wie vor ist Sigmund Freuds »Traumdeutung« das Standardwerk auf diesem Gebiet. In Kürze werden Sie verstehen warum.

Wünsche – Treibstoff für die Seele

Daniel lag lange Zeit schweigend auf der Couch seines Analytikers. Er dachte an alles Mögliche. Eigentlich sollte er aussprechen, was ihm gerade durch den Kopf ging. Die psychoanalytische Grundregel der »freien Assoziation« kannte weder Zurückhaltung noch Zensur. Der Fluss der Gedanken sollte durch nichts eingeschränkt werden. Zwischen bedeutenden und unbedeutenden Einfällen wurde nicht unterschieden. Alles war gleich wichtig. Das hörte sich leichter an, als es war. Nicht einmal seine intimsten Vorstellungen waren von der Grundregel ausgenommen. Die peinlichsten Inhalte seines Seelenlebens sollten ans Tageslicht gezerrt und analysiert werden. Tat er es nicht, legte ihm sein Analytiker das als Widerstand aus. Aber nicht einmal dann wurde er von sich aus aktiv. Er übte keinen Druck aus, bohrte nicht, stellte keine unangenehmen Fragen, sondern ließ es einfach dabei bewenden. Er wies lediglich darauf hin, dass Daniel die Bedeutung seiner Widerstände erst besser verstehen müsse, bevor er sie auflösen könne. Abermals war er auf sich selbst zurückgeworfen.

Ihm wäre es lieber gewesen, sein Analytiker hätte ihm Gesprächsthemen vorgeschlagen oder konkrete Fragen gestellt, mit denen er sich in der Stunde auseinandersetzen hätte können. Von anderen Therapierichtungen wusste er, dass man Hilfesuchende nicht so in der Luft hängen ließ. Dort wurden Verhaltenspläne geschmiedet, kreative Mittel in die Arbeit einbezogen, Lebenspanoramen zu Papier gebracht, Rollenspiele angeregt oder hitzige Auseinandersetzungen mit Polstern geführt, die Mutter, Vater oder andere wichtige Bezugspersonen symbolisierten. Neuere Therapieansätze bedienten sich sogenannter Familienaufstellungen auf Familienbrettern oder in natura, legten Karten – die verblüffend an die Tarotkarten der Wahrsager erinnerten, ließen »I Ging«-Münzen werfen – oder zogen die Sterne zurate. In der Psychoanalyse hingegen gab es nichts, woran man sich halten konnte. Keine Gedankenanstöße, keine Vorgaben, keine helfende Hand, die einen führte, weil sie wusste, wo es langgeht. Immer musste man das Feld selbst bestellen. Das machte die Sache sehr schwierig.

Daniel träumte vor sich hin. Was wäre, wenn die Regierungen aller Staaten in einer gemeinsamen Deklaration die psychoanalytische Grundregel zur Maxime des menschlichen Zusammenlebens machten? Mit dem einen Unterschied jedoch, dass durch diesen Beschluss nicht nur Gedanken-, sondern auch Handlungsfreiheit garantiert wäre. Von einem bestimmten Zeitpunkt an – zum Beispiel Schlag Mitternacht des kommenden Tages – dürfte jeder Mensch tun und lassen, wonach ihm gerade war, ohne dass er für sein Handeln irgendwelche Konsequenzen zu befürchten hätte. Anfangs kam ihm sein Einfall widersinnig vor. Keine ernst zu nehmende Staatsmacht auf der ganzen Welt würde eine derart verrückte Entscheidung treffen. Trotzdem reizte ihn dieses Gedankenspiel und er fing an, es weiterzuentwickeln. Was änderte sich am Zusammenleben der Menschen durch die Aufhebung aller Gesetze? Würde sich überhaupt etwas ändern? Was bedeutete diese neue Situation für ihn persönlich? Würde ihn die Beseitigung aller bisher auferlegten Einschränkungen freier machen?

Daniel spürte, wie allein schon die Vorstellung, seine Wohnung am Morgen nach Inkrafttreten des gesetzlosen Zustandes zu verlassen, bei ihm Unbehagen hervorrief.

Wovor fürchtete er sich? Vielleicht würde er auf die Straße treten und feststellen, dass alles seinen gewohnten Lauf nahm. Nein, so sehr konnte Daniel seinen Glauben an das Gute im Menschen nicht strapazieren, als dass er dieser naiven Hypothese hätte folgen können. Das Chaos würde ausbrechen, so schnell könnte er gar nicht schauen. Wohin Gesetzlosigkeit führte, wusste jeder vernünftige Mensch aus der Geschichte. Bilder von Kriegsschauplätzen in Syrien und im Irak gingen ihm durch den Kopf. Unter der Gesetzlosigkeit kriegerischer Auseinandersetzungen kam vieles zum Vorschein, was sonst in den Abgründen der menschlichen Seele nur rumorte.

Daniel gab sich keiner Illusion hin. Ein gesetzloser Zustand würde eher früher als später zu Chaos und offener Gewalt führen.

Selbst die Anständigen, Vernünftigen müssten sich bald dem Druck der Realität beugen. Auch ihnen bliebe keine andere Wahl, als ihr Leben, ihre Lieben, ihr Hab und Gut mit Gewalt zu verteidigen. Es dauerte nicht lange und das Faustrecht ersetzte die Paragrafen. Das öffentliche Leben, die gesellschaftlichen Strukturen würden zusammenbrechen. Gleichgesinnte rotteten sich zusammen. Bandenkriege wären unvermeidlich. Nur ein Gesetz behielte Gültigkeit: das Recht des Stärkeren. Nötigung, Sklaverei, Raub, Mord und Vergewaltigung stünden an der Tagesordnung, dessen war sich Daniel sicher.

Zu seiner Verblüffung machte ihn sein Analytiker darauf aufmerksam, dass in seinem Gedankenspiel immer nur die anderen die Schandtaten begingen, während seine Weste blütenweiß blieb. Warum? War er etwa besser als die anderen Menschen, stand er gar auf der Seite der »Engel«? Ob es ihm gefiel oder nicht, musste er zugeben, dass er die ganze Zeit über etwas Essenzielles verleugnet hatte. Es fiel ihm schwer, sich dieser Wahrheit zu stellen: Natürlich wäre er zu genau denselben Handlungen fähig, die er seinen Mitmenschen unterstellte. Dieser Gedanke missfiel ihm sehr, passte er doch überhaupt nicht in das Bild, das er von sich entworfen hatte. Es war viel leichter, sich über die Gräuel von anderen schockiert zu zeigen, als anzuerkennen, dass es etwas gab, was einen mit diesen auf dieselbe Stufe stellte. Nur, was war das?

Daniel war klar, dass Gesetze im Laufe der Geschichte überall dort entstanden, wo sie etwas verboten oder regelten, was Menschen im anderen Fall ungehemmt ausgelebt hätten. Gesetze richteten sich immer gegen Begierden oder schränkten sie zumindest ein. Diese Verbote betrafen keineswegs harmlose Wünsche, wie im Winter Eis essen, sondern tief im Menschen verankerte Begierden, auf deren Erfüllung er im Laufe seines Zivilisationsprozesses verzichten musste, weil sie mit dem Leben in einer Gruppe unvereinbar waren.

Ihre Nähe zur Sexualität und Gewalt erübrigte jeden Zweifel, dass es sich dabei um Abkömmlinge egoistischer, asozialer Triebregungen handelte. Im Alltag merkte man nicht viel von diesen Wünschen, weil etwas im menschlichen Gehirn es ermöglichte, diese Wünsche vom Bewusstsein weitgehend fernzuhalten. Nur in Witzen, Tagträumen und in den nächtlichen Träumen machten sie sich gelegentlich bemerkbar. Ihre mangelnde Präsenz im Bewusstsein war auch der Grund, warum so viele Menschen den Zustand nach der Verdrängung der asozialen Triebregungen mit dem eigentlichen verwechselten. Weil sie von den verdrängten Regungen keine Kenntnis mehr hatten, lebten sie so, als wären diese gar nicht vorhanden. Nicht bei ihnen selbst und auch nicht bei anderen. Ein gefährlicher Trugschluss, denn aufgeschoben ist nicht aufgehoben.

Daniel musste seinem Analytiker recht geben, dass unterdrücktes Verlangen jederzeit wieder zum Vorschein kommen konnte, sofern die Voraussetzungen dafür gegeben waren. Um sich die Existenz dieser abgewehrten Triebwünsche zu bestätigen, brauchte er sich bloß seine Tagträume vor Augen zu führen. Daniel erschrak. Wollte er wirklich all das, was er sich allein in seinen sexuellen Fantasien ausmalte? Von der Illusion, dass er auf der Seite der Guten stand, konnte er sich in diesem Fall getrost verabschieden.

Umgekehrt war er im Alltag alles andere als ein Monster. Er hatte gute Umgangsformen und war wegen seiner freundlichen, entgegenkommenden Art bei den meisten Menschen beliebt. Bisher hatte er sich auch nichts zuschulden kommen lassen, sieht man von den wöchentlichen Diebstählen der Sonntagszeitung ab. In der Sexualität verhielt er sich, ganz im Gegenteil zu manchen seiner sexuellen Fantasien, einfühlsam und rücksichtsvoll. Daniel war verwirrt. Wer war er nun wirklich, Dr. Jekyll, Mr. Hyde oder beides zusammen?

1895 war für Freud ein denkwürdiges Jahr. In der Nacht vom 23. auf den 24. Juli hatte Freud einen eigenartigen Traum. Unter dem Titel »Irmas Injektion«[46] sollte dieser Traum später in die Annalen der Psychoanalyse eingehen. Warum? Weil es Freud zum ersten Mal gelungen war, mit seiner psychologischen Technik der »freien Einfälle« einen Traum restlos zu entschlüsseln und dessen verborgenen Sinn freizulegen. Der ersten gelungenen Traumanalyse folgten zahllose weitere. Der Wiener Seelenarzt schätzte, in seinem Leben weit über tausend Träume gedeutet zu haben. Eigene und solche von Patienten. Die Analyse all dieser Träume führte Freud zu dem überraschenden Schluss: Der Traum ist eine Wunscherfüllung.

Grund genug, um mehr über die Hintergründe in Erfahrung zu bringen, die Freud zu diesem erstaunlichen Schluss veranlassten. Seine psychologische Technik der Traumanalyse besteht im Wesentlichen darin, den Traum in einzelne Stücke zu zerlegen und zu jedem Traumstück frei assoziieren zu lassen. Nicht die logische Denkarbeit, sondern die spontanen Einfälle zu den einzelnen Traumstücken – gleichgültig, ob sie nun passend scheinen oder nicht – ermöglichen das

Verständnis von Träumen. Damit ist auch klargestellt, dass ein Traum ohne die persönlichen Einfälle des Träumers unmöglich verstanden werden kann. Hierin unterscheidet sich das psychoanalytische Traumverständnis grundlegend von dem magisch-religiöser Auslegungen, die Träume so wie seit Urzeiten als Manifestation einer transzendenten Welt verstehen, den archetypischen Symboldeutungen C. G. Jungs und volkstümlichen Traumbüchern.

Freud unterscheidet beim Traum zwischen dem ersichtlichen Inhalt und den verborgenen Traumgedanken. Der manifeste, erinnerbare Trauminhalt ist nach seiner Theorie nur die Oberfläche des Traumes. Er lässt sich stets auf tiefer liegende Vorstellungen zurückführen, die durch verdrängte Wünsche hervorgerufen werden. Diese unbewussten Vorstellungen bezeichnet Freud als »latente Traumgedanken«. Im weitesten Sinne versteht Freud den Traum als eine Art assoziativer Bildersprache, in der die seelischen Abläufe während des paradoxen Schlafes zur Darstellung gelangen. Unerfüllte Wünsche, die als erfüllt dargestellt werden, sind der Stoff, aus dem die Träume sind. Der im Wachzustand erinnerbare Inhalt ist das Kleid, zu dem sie verarbeitet wurden.

Was aber berechtigte Freud dazu, Träume als versteckte Wunscherfüllungen zu deuten? Und ist es nicht vollkommen widersinnig, ja sogar lachhaft, einen Alptraum als erfüllten Wunsch zu werten? Lassen Sie sich überraschen und denken Sie vorerst nur an die Träume von Kindern. Denn es sind vor allem Kinderträume, die den wunscherfüllenden Charakter des Traumes am deutlichsten hervorkehren.

Ein vierjähriger Bub sollte mit seinen Eltern die Ferien auf einer Insel im Mittelmeer verbringen. Er wusste, dass ein Teil der Reise mit dem Schiff erfolgen würde. Wegen der bevorstehenden Schiffsreise war er schon Wochen vorher völlig aus dem Häuschen und konnte den Tag der Abreise kaum erwarten. Eines Morgens kam er ins Schlafzimmer seiner Eltern gerannt und erzählte aufgeregt, dass er in der Nacht

»mit einem riesigen weißen Schiff zu dieser Insel gefahren sei«. Abgesehen von der offensichtlichen Wunscherfüllung ist auch seine Ausdrucksweise bemerkenswert. Er sagt nicht, dass er von der Schifffahrt geträumt hätte, sondern dass er mit dem Schiff zu der Insel gefahren sei. Der Traum hatte für ihn durchaus noch Realitätscharakter.

Ein anderes Mal träumte er, seine Spielzeugtruhe sei bis oben voll mit aufgeladenen Batterien. Tatsächlich musste er sich immer wieder darüber ärgern, dass er sein batteriebetriebenes Spielzeug nicht verwenden konnte, weil die Batterien leer waren.

Das Lieblingsgericht einer Fünfjährigen war Pudding. Einmal hatte ihre Mutter beim Einkauf auf den Pudding vergessen, sodass es zur Jause keinen gab. In der nachfolgenden Nacht träumte das Mädchen von einer riesigen Schüssel Vanillepudding, in der sie schwamm.

Es ist bei Kinderträumen wirklich nicht schwer, den wunscherfüllenden Charakter nachzuweisen. Doch auch in den Träumen Erwachsener werden Wünsche – manchmal sogar völlig ungeniert – als erfüllt dargestellt. Zum Beispiel dann, wenn man im Traum ein WC aufsucht, um seine Notdurft zu verrichten, unmittelbar darauf aber mit heftigem Harndrang erwacht. Oder wenn man abends etwas Salziges gegessen hat und in der Nacht von kalten Getränken träumt, die den Durst löschen. Gewiss hat auch Ihr Wecker schon einmal vergeblich geläutet, weil Sie im Traum schon längst aufgestanden sind. Träume dieser Art kennt ein jeder von uns.

Schlafstörende physische Spannungen – Hunger, Durst, Schmerz, Harndrang, sexuelles Verlangen – oder äußere Reize – laute Geräusche, Licht- und Temperaturveränderungen, Berührungen etc. – werden häufig in den Trauminhalt eingebaut. Und zwar so, dass sie entweder als erfüllt, beseitigt oder als belanglos und unerheblich dargestellt werden. Es besteht danach kein Grund mehr zu erwachen. Nicht ohne Grund bezeichnete Freud den Traum deswegen als »Hüter des Schlafes«. Über die allgemeinen körperlichen Bedürfnisse hinaus werden im Traum Wünsche verschiedenster Art erfüllt, die sonst die nächtliche Ruhe stören würden.

Ein verheirateter Abteilungsleiter hatte sich einen schlimmen Fehltritt geleistet. Nach einer Firmenfeier ließ er sich zu einem Seitensprung mit sciner attraktiven Assistentin hinreißen. Statt nach der offiziellen Feier nach Hause zu gehen, zogen die beiden durch mehrere Bars. Sie waren schon ziemlich alkoholisiert, als sie im Morgengrauen in ihrer Wohnung landeten. Im Liebesrausch machte er ihr alle möglichen Zugeständnisse, von denen er am nächsten Tag allerdings nichts mehr wusste und vermutlich auch nichts mehr wissen wollte. Die junge Frau, die sich bei ihm Chancen ausgerechnet hatte, reagierte auf seine distanzierte, abweisende Haltung mit kaum gebändigter Wut. Natürlich kam sie sich ausgenützt vor. In ihrer Verbitterung kündigte sie und drohte, seiner Ehefrau alles zu erzählen. Er hatte entsetzliche Angst vor den Folgen und hoffte inständig, sie würde ihr Vorhaben nicht wahr machen.

In den Tagen darauf träumte er wiederholt denselben Traum: Zufällig traf er sie auf der Straße. Zu seiner Überraschung war sie freundlich und umgänglich und, was ihn noch viel mehr freute, sie war ihm wohlgesonnen. Endlich hatte er Gelegenheit, ihr zu sagen, wie leid ihm das alles täte. Lachend fuhr sie ihm durchs Haar und tröstete ihn. Wortlos drückte sie aus, dass sie die leidige Angelegenheit längst vergessen hätte. Im Traum fällt ihm dabei ein großer Stein vom Herzen.

Unschwer lässt sich der Wunsch des Träumers erkennen, von seiner Schuld erlöst zu werden. Aus leicht verständlichen Gründen wollte er der peinlichen Enthüllung und den befürchteten Konsequenzen entgehen. Die Aussöhnung mit seiner ehemaligen Mitarbeiterin hätte mit einem Schlag alle seine Probleme gelöst. Hier besagt der Traum: Du musst dir keine Sorgen machen. Sie wird dich schon nicht verraten. Sie ist ja gar nicht mehr böse auf dich. Im Gegenteil, sie versteht dich und tröstet dich sogar.

Nicht immer ist die wunscherfüllende Tendenz so offensichtlich wie im letzten Traum. Doch auch für die undurchsichtigen, verworrenen Träume gilt: »Dass ein Wunsch der Erreger des Traumes ist, die Erfüllung dieses Wunsches der Inhalt des Traumes, das ist der eine Hauptcharakter des Traumes. Der andere ebenso konstante ist, dass der Traum nicht einfach einen Gedanken zum Ausdruck bringt, sondern als halluzinatorisches Erlebnis diesen Wunsch als erfüllt darstellt«.[47]

Zu der Zeit, als Freud seine Traumtheorie formulierte, kam eine empirische Überprüfung seiner Hypothesen noch nicht in Betracht. Jetzt, wo die neurowissenschaftliche Forschung so große Fortschritte macht, häufen sich die Belege, dass die neuen Erkenntnisse aus dem Bereich der Gehirnforschung gut mit dem psychoanalytischen Modell vereinbar sind. So hat der südafrikanische Neurowissenschaftler Mark Solms entdeckt, dass eine Region im Frontalhirn, der Nucleus accumbens, das Belohnungszentrum, für die Entstehung von Träumen zuständig ist. Menschen, bei denen dieses Zentrum krankheitsbedingt ausfällt, verlieren die Fähigkeit zu träumen. Das Belohnungszentrum wird immer dann aktiv, wenn wir etwas begehren oder eine Wunscherfüllung in Aussicht steht.

In einer Wissenschaftsdokumentation unterstreicht Solms die Bedeutung dieser Gehirnregion für die Träume. »Das Belohnungszentrum, das das Träumen verursacht, ist so ein System, das nach Vergnügen im Allgemeinen sucht: Befriedigung sexuellen Begehrens, aber auch von Hunger, Durst und anderen Bedürfnissen. Sie alle sind Inhalt dieses Systems, und dieses System treibt den Traum an. Im weitesten Sinn passt das zu Freuds Annahme, dass der Traum Ausdruck von Wünschen und Begehren ist. Das schlafende

Gehirn ist in Sachen Wünschen gleich aktiv wie im Wachzustand. Es gibt aber einen großen Unterschied: Das Kontrollzentrum des Gehirns ist im Schlaf abgeschaltet. Das heißt, es gibt physiologisch genauso viel Begehren, Wunsch und Motivation wie im Wachzustand, aber weniger inhibitorische *[hemmende]* Kontrolle.«[48]

Was bedeuten diese Erkenntnisse der Gehirnforschung für das Alltagsleben? Jemand der im Schlaf Durst verspürt, würde unweigerlich aufwachen und sich etwas zu trinken holen. So wie dieser würden auch andere Wünsche entsprechende Handlungen nach sich ziehen und den Schlaf empfindlich stören. Wir könnten keine Nacht länger durchschlafen und wären schon nach wenigen Tagen völlig übermüdet. Damit dies nicht passiert, hat die Evolution beim Gehirn in zweierlei Hinsicht vorgesorgt. Die Bewegungsmuskulatur ist während der REM-Phasen lahmgelegt und auftauchende Wünsche werden im Traum als erfüllt dargestellt. Wenn jemand im Schlaf Durst hat und träumt, dass er in einer Oase liegt und ihm kühles Wasser in den Mund rinnt, besteht kein Bedarf mehr aufzuwachen. Das gilt auch für eine eifersüchtige Ehefrau, die im Traum mit beiden Fäusten auf ihren Ehemann einschlägt. Ohne den wunscherfüllenden Charakter des Traumes würde sie vermutlich aufwachen und schlaftrunken wirklich auf ihn einschlagen. Dass so etwas nicht einmal im Traum passieren kann, dafür sorgt die Lähmung der Bewegungsmuskulatur, die die Ausführung von Handlungen im REM-Schlaf unterbindet.

Wenn Träume Wunscherfüllungen zum Inhalt haben, wie Freud behauptete und die neurowissenschaftliche Forschung nahelegt, wie erklärt es sich, dass diese so selten auf den ersten Blick zu erkennen sind? Das liegt einerseits am Charakter der Wünsche, anderseits an den vielschichtigen Prozessen, die an der Traumbildung beteiligt sind. Von der kreativen Leistung des Traums, bei Bedarf belastende Inhalte durch Verdichtungen oder Verschiebungen zu entschärfen, haben wir schon gesprochen. Die Denkvorgänge im Traum sind weit davon entfernt, dem logisch-abstrakten Denken im Wachzustand zu entsprechen. Während des Traumes erfolgt das Denken auf einer entwicklungsgeschichtlich sehr frühen Ebene. Auf dieser werden die bildhaften Vorstellungen nicht logisch in Beziehung gesetzt, sondern im Sinne der Gleichheit bzw. Gleichzeitigkeit, Ähnlichkeit, Unterschiedlichkeit und Gegensätzlichkeit vernetzt, verschmolzen, ersetzt oder durch geeignete Symbole vertreten. Ein Vorgang, der dem frühkindlichen Denken sehr ähnlich ist:

Ein Vierjähriger wohnte mit seiner Familie direkt neben einem Gymnasium. Beim nachmittäglichen Spaziergang mit seiner Mutter begegneten sie hin und wieder dem Hausmeister dieser Schule. Dieser hieß König und war Alkoholiker. Deswegen roch er immer nach Fusel und wirkte ziemlich ungepflegt. Immer, wenn seine Mutter sagte, »Schau, da kommt der Herr König«, kam der Junge aus dem Staunen nicht heraus. Er verstand nicht, wie jemand, der so herabgekommen aussah, ein König sein konnte. Warum ein König die Schulgänge kehrte, statt in einem prunkvollen Schloss zu herrschen. Noch unglaublicher erschien ihm, dass in ihrer Stadt nicht nur ein König, sondern mehrere lebten.

Ein Kind in diesem Alter kann sich einfach noch nicht vorstellen, dass ein Mann König heißen kann, ohne ein König zu sein. Sein Denken verläuft noch nicht logisch-abstrakt, sondern anschaulich-bildhaft. Wie eben das Denken im Traum. Die unterschwelligen Gedanken, die den Träumen zugrunde liegen, sind in eine Art Bildersprache gefasst. Freud vergleicht die Übersetzung der Traumsprache mit der Auflösung von Bilderrätseln. Ein Boot auf dem Dach eines Hauses könnte in der Sprache des Traumes zum Beispiel »Hausboot« bedeuten.

Zwischen der Bildersprache des Traums und der frühsten Schrift, der sumerischen Keilschrift (3400 v. Chr.), anfängliche eine Bilderschrift aus rund 900 Piktogrammen, besteht eine auffallende Ähnlichkeit. Hier einige Beispiele dafür, wie die sumerischen Piktogramme analog zu Bildern im Traum übersetzt werden.

»Viele Wörter entstanden – ähnlich wie heute noch bei den chinesischen Schriftzeichen – durch einfaches Zusammenschreiben solcher Piktogramme. ›Weinen‹ wurde mit den Zeichen ›Auge‹ und ›Wasser‹ ausgedrückt, ›Fürstin‹ ergab sich aus den Zeichnungen ›Frau‹ und ›Schmuck‹. ›Strafen‹ wurde durch ›Stock‹ und ›Fleisch‹ ausgedrückt. ›Gebirge« und ›Frau« ergab ›Bergweib‹, was Sklavin bedeutete, weil sich die Sumerer wohl Sklavinnen von den umliegenden Bergvölkern aneigneten. ›Heuschrecke« stand als Piktogramm für ›Heuschrecke‹, aber auch als Ideogramm für ›Vernichtung‹. Man hatte wohl durch Heuschreckenschwärme abgefressene Felder und Gärten vor Augen. Ein ›Stern‹ stand als Piktogramm für ›Stern‹, als Ideogramm für ›Himmel‹ (sumerisch ›an‹) und ›Gott‹ (sumerisch: ›dingir‹). Eine Essschale stand für Speise. Ein Kopf mit einer Essschale steht für ›essen.‹«[49]

Die besondere Bildersprache, in der die Traumgedanken Ausdruck finden, ist ein Grund, warum Träume nach dem Aufwachen so unverständlich erscheinen. Ein weiterer liegt in der besonderen Natur der Wünsche, die als Traumerreger in Erscheinung treten. Nur selten sind es Wünsche, die mit unserer sozialen Gesinnung im Wachzustand vereinbar sind. Nicht nur das Denken verläuft im Traum auf einer archaischen Stufe. Es kommen im Traum auch jene frühen egoistischen, aggressiven, sexuellen Triebregungen zum Vorschein, auf deren Befriedigung die Menschheit im Laufe ihres mühevollen und langen dauernden Zivilisationsprozesses zu verzichten gelernt hat. Zumindest im Wachzustand.

Jeder Mensch durchläuft nicht nur in seiner körperlichen, sondern auch in seiner seelischen Entwicklung sämtliche Stufen der Evolution. Diametral zu ihrem Lebensalter sind Kinder umso egoistischer und triebhafter. Erst durch die Sozialisation werden sie zu gemeinschaftsfähigen Wesen. Jede Nacht kehren wir im Traum aber auf diese archaischen, frühkindlichen Entwicklungsebenen zurück. Dementsprechend egoistisch und hemmungslos nehmen sich auch die unbewussten Wünsche aus, die in unseren Träumen Erfüllung finden.

Aus leicht verständlichen Gründen können diese Wünsche nicht direkt und unentstellt in den Traum eingehen. Das hätte, wie das Beispiel der Alpträume zeigt, bei denen die Wunscherfüllung missglückt, meist ein sofortiges Erwachen zur Folge. Daher unterliegen Träume einer beschönigenden Bearbeitung. So wie im Wachzustand gibt es auch im Schlaf eine Zensur – von Freud »Traumzensur« genannt –, die darüber wacht, welche unbewussten Wünsche Zugang zum Traumbewusstsein finden und welche – selbst im Traum – abgewiesen werden.

Die Entstellung der Traumwünsche ist nichts anderes als der Versuch, diese innere Zensur und damit uns selbst zu täuschen. Einen Vorgang, den wir auch im Wachen anwenden: Im Witz oder in verneinter Form kann man ungefährdet die ärgsten Gemeinheiten aussprechen. So wie der Vorgesetzte, der seinem Mitarbeiter erklärt: »Ich möchte damit nicht sagen, dass Sie unfähig sind …« Nur, wenn er ihn nicht für unfähig hält, warum denkt er dann überhaupt daran? Auch hier ist die Verneinung eine leicht zu durchschauende Entstellung dessen, was der Vorgesetzte wirklich sagen wollte. Solchen und ähnlichen Veränderungen unterliegen auch die Wünsche im Traum.

An der Entstehung des manifesten Traums sind noch andere Mechanismen wie Verschiebungen und Verdichtungen beteiligt, die das Verständnis des Trauminhaltes erschweren. Bei der *Verschiebung* wird zum Beispiel ein wesentliches Detail von einer Person auf eine andere verschoben, um eine Ähnlichkeit zwischen diesen beiden anzudeuten. Bei der *Verdichtung* werden zwei oder mehrere Bilder überlagert. Ein ähnliches Ergebnis erhält man in der Fotografie, wenn dieselbe Stelle des Filmes mehrfach belichtet wird. Im folgenden Traum geht es um eine Verdichtung.

Eine Frau litt seit neun Jahren unter schwerer Migräne. Fünf Jahre lang verwendete sie die Spirale als Verhütungsmethode. Auf Anraten ihres Arztes wechselte sie zur Pille, der sie aber skeptisch gegenüberstand. Als sie die Pille zum ersten Mal gekauft hatte, träumte sie in derselben Nacht, dass sie den Beipackzettel las, auf dem stand: Diese Pille wirkt »antimigrid«. Ganz offensichtlich ist »antimigrid« eine Verdichtung aus anti = gegen, gravid = schwanger und Migräne = anfallsartig auftretende Kopfschmerzen, die häufig von Sehstörungen und Übelkeit begleitet werden. Hier scheint die Träumerin gedacht zu haben, »wenn ich schon zur Verhütung die Pille verwende, soll diese zumindest meine Migräne beseitigen«.

Neben Träumen, die nur für eine bestimmte Person charakteristisch sind, gibt es andere, die vermutlich ein jeder von uns schon einmal geträumt hat. Freud bezeichnet diese Träume daher als *typische Träume*. Darunter fallen nach Freud Verlegenheitsträume der Nacktheit, Träume vom Tod geliebter Personen, Fallträume und Prüfungsträume. Die typischen Träume verwenden eine Symbolsprache, die auch in anderem Zusammenhang von Bedeutung ist. Alle Mythen und Märchen, aber auch bestimmte Redensarten oder Witze erhalten erst unter Berücksichtigung der Symbolsprache ihren Sinn. So werden zum Beispiel Vater und Mutter gerne als mächtige Persönlichkeiten wie König und Königin dargestellt. Das weibliche Geschlecht symbolisieren alle Arten von Gefäßen, Kästchen, Schachteln, Zimmern, aber auch Höhlen und Schiffen. Der Ausdruck »Frauenzimmer« als Synonym für Frau wird gewiss genauso bekannt sein wie die abfällige Bemerkung »die alte Schachtel«.

Lange, spitze oder dehnbare Gegenstände – Würste, Zigarren, Schirme, Stöcke, Keulen, Hämmer, Messer, Schwerter, Pfeile, Speere, Lanzen, Revolver, Gewehre sowie Motorräder, Autos, Flugzeuge, Türme etc. – stehen hingegen häufig für das männliche Genitale. Solche »Phallussymbole« finden auch in einschlägigen Witzen oder Liedern breite Anwendung.

Wasser symbolisiert oft die Geburt – daher der Mythos vom Storch – oder den Tod, indem wir dorthin zurückkehren, von wo wir unseren Ausgang genommen haben. Doch auch Abreisen stehen im Traum häufig für den Tod – dazu existiert ebenfalls eine passende Redewendung: die letzte Reise antreten.

Der *Geschlechtsakt* wird im Traum häufig durch Stiegensteigen – Schritt um Schritt emporsteigen, sich rhythmisch dem Höhepunkt nähern –, durch Bergsteigen, Überrollt-, Überfahren- oder Überflutetwerden dargestellt. Hier ist die Analogie zur »Woge der Erregung«, die uns beim sexuellen Höhepunkt (aber auch beim Wutanfall) von innen her überrollt, nicht von der Hand zu weisen. So lassen sich auch die meisten Verfolgungsträume als tiefsitzende Angst vor dem Kontrollverlust deuten. Wenn der Erregungspegel steigt, nähert er sich dem »point of no return« immer stärker an. Ist die Erregung eine Folge sexueller oder aggressiver Triebregungen, wird verständlich, warum diese im Traum als bedrohliche Verfolger bildhaft in Szene gesetzt werden. Nicht einmal im Traum wollen wir mit diesen gefährlichen Erregern etwas zu tun haben.

Der drohende Impulsdurchbruch als Folge eines Kontrollverlustes liegt nicht nur Träumen, sondern auch allen phobischen Symptomen zugrunde. Das lässt sich für *Höhenängste* (bei der sich die Angst vor dem Kontrollverlust hinter der Angst vor dem Abstürzen verbirgt) genauso nachweisen wie für die Angst vor Tieren (bei der das bedrohliche Unkontrollierte vom Selbst ins Tier verlegt wird). Kein Wunder also, dass phobische Ängste immer dann auftreten, wenn sich eine Person einer vermeintlichen Gefahr »ausgeliefert« fühlt und die Situation, in der sie sich befindet, nicht mehr kontrollieren kann, wie es zum Beispiel bei Liftfahrten, in der U-Bahn oder im Flugzeug, wo die Ausstiegsmöglichkeiten eingeschränkt sind, der Fall ist. Es sind vor allem zwei psychische Mechanismen an der Entstehung phobischer Angstattacken beteiligt: die Verschiebung und die Projektion. Zuerst wird eine innere Gefahrenquelle auf eine geeignete Ersatzvorstellung verschoben, danach wird sie in die Außenwelt verlegt. Die ursprünglich innere Gefahr wird durch diesen Vorgang in eine äußere umgewandelt. Zwar ist die Flucht vor der inneren Gefahrenquelle auch dann noch nicht möglich, aber durch die Projektion der Bedrohung nach außen kann sie nunmehr real vermieden werden.

So träumte ein junger Mann eines Nachts, dass er am Bahnsteig steht und auf einen Zug wartet. Plötzlich ist er nicht mehr sicher, in welcher Tasche sich seine Fahrkarte befindet. Während er noch in seinen Hosentaschen kramt, bemerkt er, wie ein zerknülltes, schmuddeliges Papier – im Traum ist das seine Fahrkarte – vom Wind aufs Gleis geweht wird. Obwohl er weiß, dass es »gefährlich und verboten« ist, steigt er »auf den Bahnkörper« hinunter. Im selben Augenblick hört er den Zug herannahen. Mit der Fahrkarte in der Hand beeilt er sich, wieder vom Gleiskörper den Bahnsteig zu erreichen. Er zieht sich hoch, so als »wollte er ein Schwimmbecken« über den Beckenrand verlassen. Doch seine Beine sind wie aus Blei. Mit aufgestützten gestreckten Armen, leicht vornübergebeugt, gelingt es ihm zwar, seinen Oberkörper in Sicherheit zu bringen, aber sein Unterleib bleibt in der Gefahrenzone. Nun packt ihn entsetzliche Panik. Er spürt, dass es kein Entrinnen gibt.

Dieser Fahrkartentraum ist einer jener typischen Träume, die unverblümt die Angst des Träumers vor der unkontrollierten Sexualerregung zum Inhalt haben. Sein Oberkörper befindet sich schon in Sicherheit, während sich sein Unterleib, seine Beine – die hier für das männliche Genitale stehen – noch in der Gefahrenzone, im »weiblichen« Becken[50], befinden. So wie dieser sind die meisten Alpträume als Angst vor dem Kontrollverlust zu verstehen. Unabhängig davon, ob es sich um aggressive oder sexuelle Wünsche handelt, die außer Kontrolle zu geraten drohen. Häufig sind es Fallträume oder Träume von gefährlichen wilden Tieren, die diese Angst zum Ausdruck bringen. Tiere eignen sich aufgrund ihrer vermeintlichen Unberechenbarkeit überhaupt gut zur Darstellung verdrängter Triebwünsche. Verdrängte homosexuelle, sadomasochistische und inzestuöse Wünsche treten in diesem Zusammenhang vielfach als Traumerreger in Erscheinung. Die Erfüllung dieser unterdrückten Wünsche ist nicht einmal im Traum möglich, dafür sorgt schon die Traumzensur.

Nacktheitsträume. Weitere typische Träume sind die Nacktheits- und *Prüfungsträume.* Unter Nacktheitsträumen versteht man Träume, in denen der Träumer in völlig unpassender Umgebung – zum Beispiel im Theater – spärlich bekleidet oder auch gänzlich nackt in Erscheinung tritt. Diese Bilder werden regelmäßig von heftigen Peinlichkeitsgefühlen begleitet. Zur Überraschung des Träumers nehmen die Anwesenden im Traum von seiner Nacktheit jedoch überhaupt keine Notiz. Freud stellt zwischen diesen Träumen und entsprechenden Wünschen aus der Kindheit eine direkte Verbindung her. Menschen, die sich im Traum entblößt zeigen, erfüllen sich dadurch meist unbewältigte exhibitionistische Wünsche aus der Kindheit. Die Scham, die gleichzeitig die ursprüngliche Lust am Zeigen hemmt, ist wiederum auf den Einfluss der kulturbedingten Zensur zurückzuführen. Kleine Kinder, die sich auf den Homevideos ihrer Eltern noch ungeniert exhibitionistisch präsentieren, schämen sich einige Jahre später beim Betrachten dieser Videos für ihr damaliges Tun.

Eine Schauspielerin hatte folgenden Traum. Um 20 Uhr ist die Premiere eines Stückes angesetzt, bei dem sie die

Hauptrolle spielt. Es ist Nachmittag, sie ist zu Hause und ruht sich auf ihrem Sofa aus. Dabei muss sie eingeschlafen sein. Als sie aufwacht, bemerkt sie zu ihrem Entsetzen, wie spät es schon ist. So wie sie ist, läuft sie zum Theater. Als sie dort ankommt, drängt sich bereits eine große Menschenmenge im Foyer. Sie muss sich durchkämpfen. Noch bevor sie die Bühne erreicht, auf der das Stück längst begonnen hat, fällt ihr auf, dass sie außer einem kurzen Leibchen nichts anhat. Am liebsten würde sie vor Scham im Boden versinken. Aber keiner der Anwesenden scheint von ihrer Blöße Notiz zu nehmen.

Unschwer lassen sich die Themen erkennen, die im Traum berührt werden: Pünktlichkeit, exhibitionistische Wünsche nach Bewunderung und Scham. Es gibt eine Phase im menschlichen Leben, in der das »Zuspätkommen« fast immer von heftigen Schamgefühlen begleitet wird, nämlich dann, wenn das Kind gerade die Kontrolle über seine Ausscheidungsfunktionen erlangt – die erste große Leistung in seinem Leben, gleichsam eine Premiere.

Welches Kind will nicht dafür überschwänglich bewundert werden, wenn es zeitgerecht sein Geschäft erledigt. Hin und wieder passiert es ihm aber dann doch, dass es zu spät aufwacht und bemerkt, dass es ins Bett gemacht hat. Die (Menschen)»Menge« und das »Drängen« im Theatersaal – vielleicht der Bauchraum – deuten diesen Zusammenhang an. Wenn es einmal heftig drängt, dann ist verständlicherweise Eile geboten – sonst ist es zu spät. Die Träumerin würde zwar auch dann im Mittelpunkt stehen – und auf der Bühne des Lebens die Hauptrolle spielen –, aber statt der ersehnten Bewunderung fürchtete sie dann, Spott und Hohn als unerwünschten Lohn für die peinliche Darbietung zu ernten. In diesem Traum geht es vermutlich um ehrgeizige Absichten der Träumerin, deren Fehlschlagen sie in eine genauso peinliche Situation bringen würden wie zu der Zeit, als sie noch als Kind gelegentlich ins Höschen machte. Nicht ohne Grund gibt es in unserer Sprache für den Fall, dass etwas misslingt, die Redewendung »das ist in die Hose gegangen.«

Prüfungsträume. Auch der folgende Traum ist ein typischer Traum. Er fällt unter die Rubrik Prüfungsträume. Im Traum befindet sich der Träumer in einer riesigen Hotelhalle unter unzähligen Kollegen. Wie ihm scheint, handelt es sich um einen internationalen Kongress. Eine ihm nicht bekannte »Amtsperson« teilt ihm mit, dass sein Lateinabitur für ungültig erklärt wurde. Nur wenn er in diesem Gegenstand noch einmal abituriere, dürfe er seinen akademischen Titel weiter tragen. Er wendet ein, dass er doch rechtmäßig sein Abitur gemacht und promoviert habe. Ja, dass er beim Kongress am Nachmittag sogar einen wichtigen Vortrag halten solle. Seine Einwände werden jedoch ignoriert. Es kommt zum Szenenwechsel und er befindet sich wieder in der achten Klasse, unter lauter 17- bis 18-Jährigen. Mit Erschrecken stellt er fest, dass er schon am Nachmittag Abiturtermin hat. Es bleibt ihm keine Zeit mehr, sich vorzubereiten. Er weiß nicht, wie er der Blamage entgehen soll.

Prüfungsträume treten fast immer nur im Zusammenhang mit bestandenen Prüfungen auf. Wie alle Träume werden auch sie durch unverarbeitete Tagesreste ausgelöst. Bei den Tagesresten handelt es sich zumeist um Befürchtungen in Verbindung mit kommenden äußeren Ereignissen. Im Traumbeispiel handelte es sich um reales Lampenfieber vor einem öffentlichen Auftritt – der Vortrag auf dem Kongress.

Freud spricht den Prüfungsträumen tröstenden Charakter zu. »Fürchte dich doch nicht vor morgen; denke daran, welche Angst du vor der Maturitätsprüfung gehabt hast, und es ist dir doch nichts geschehen.«[51] Es ist sicher kein Zufall, dass Prüfungsträume vorwiegend Fächer betreffen, in denen die Träumer zwar nicht durchgefallen sind, jedoch auch nicht unbedingt geglänzt haben. Viele, die von solchen Träumen heimgesucht werden, verdankten ihren Prüfungserfolg tatsächlich mehr der Gunst des Prüfers als dem eigenen Wissen.

Es ist fast so, als würde der Träumer sein schlechtes Gewissen endlich durch ein Geständnis erleichtern wollen. Seht her, ich habe zwar das Lateinabitur erfolgreich bestanden, aber im Grunde steht sie mir gar nicht zu. Ich habe sie mir erschlichen. In diesem Fall könnten Prüfungsträume auch die Folge unbewusster Selbstbestrafungswünsche sein, die vorwiegend dann auftreten, wenn der Träumer neue, aber unentdeckte Schuld auf sich geladen hat. Wenn er sich für seinen Vortrag zum Beispiel genauso oberflächlich vorbereitet hat wie für das Lateinabitur.

Todesträume. Bleiben zum Schluss noch die Träume vom Tod geliebter Personen. Meist sind diese Träume als Ausdruck zwiespältiger Gefühlsregungen gegen geliebte Menschen zu deuten. Keine Beziehung ist frei von Ambivalenz[52]. Am stärksten sind die Verhältnisse zu den nächsten Angehörigen – Vater, Mutter, Geschwister, Partner, Kinder usw. – von ambivalenten Strebungen betroffen.

Nicht zufällig passieren die meisten Morde in der Familie. Im Wachzustand unterliegen die feindseligen Tendenzen gegenüber nahen Bezugspersonen natürlich der Verdrängung. Während des Schlafes, wenn die Verdrängung wesentlich herabgesetzt ist, können sich diese »bösen« Wünsche den Weg zum Bewusstsein bahnen.

Allerdings müssen auch sie sich den Bedingungen der Zensur anpassen. Ihre ursprüngliche Absicht kommt im Traum daher nur mehr in Form eines Kompromisses zum Ausdruck. Der Todeswunsch wird zwar als erfüllt dargestellt, die begleitenden Affekte müssen aus Gründen der Pietät jedoch unterbleiben oder durch andere, meist gegenteilige, ersetzt werden.

Ein Mann träumt, dass er sich in einem dunklen Raum befindet. Wie auf einer Bühne. Die einzigen Möbel in diesem Raum sind zwei alte Rohrstühle. Auf einem sitzt sein Vater, ein grobschlächtiger Wüterich. Er ist nur mit einem weißen gerippten Unterhemd und einer weißen Unterhose bekleidet. Lange graue Haarsträhnen hängen ihm unordentlich ins Gesicht. Seine Gesichtszüge sind vor Wut verzerrt. Er merkt, dass sein Vater betrunken ist.

Von einer Sekunde auf die andere verspürt er, wie im Wachzustand nie, unvorstellbaren Schmerz. Denn ihm fällt ein, dass sein Vater, obwohl er noch lebt, schon gestorben ist. Der scheint sich dieser Tatsache allerdings nicht bewusst zu sein. Plötzlich kommt sein Vater noch einmal zur Tür herein. Er ist elegant gekleidet, schlanker und sieht jetzt viel jünger und freundlicher aus als der erste Vater, der sich aber noch immer auf der Bühne befindet. Mit unbewegtem Gesichtsausdruck blickt der freundliche Vater in die Ferne. Seinen Sohn scheint er nicht wahrzunehmen. Der betrunkene Vater stützt den Kopf auf seine Hände und beginnt zu schluchzen. Auch der Träumer kann sich nun nicht mehr halten und weint ebenfalls hemmungslos.

Beim Vater des Träumers handelte es sich um einen Alkoholiker. Wie viele Alkoholiker scheint auch er zwei Gesichter gehabt zu haben. Eines, wenn er nüchtern, das andere, wenn er betrunken war. Dem betrunkenen Vater gelten die Hassgefühle des Träumers. Ihm wünscht er heimlich den Tod. Nach all dem, was er ihm angetan hat, ist er für ihn gestorben. Daher weiß auch nur er, dass der Vater bereits tot ist. Gleichzeitig scheint er sich nach einem nüchternen, freundlichen Vater – vielleicht eine Reminiszenz aus der Kindheit, bevor sein Vater mit dem Trinken begonnen hat – zu sehnen.

Eine junge Mutter träumt, dass sie ihre Sommerferien mit ihren zwei Kindern im Haus ihrer Eltern verbringt. Während sie in der Nacht schlief, muss die jüngere Tochter, der Liebling der Großeltern, aufs Fenster geklettert und abgestürzt sein. Als sie am Morgen ins Freie geht, sieht sie nur noch den leblosen Körper ihrer Tochter vor dem Fenster ihrer Eltern liegen. Sobald diese aufwachen, würden sie den

Tod des Enkelkindes bemerken. Dann setzte es für die Träumerin Vorwürfe, weil sie nicht einmal in der Lage war, auf ihr Kind aufzupassen.

Wie sich herausstellte, war die Frau eifersüchtig und wollte sich mit dem Tod der Tochter im Traum an ihren Eltern rächen. Viele Großeltern behandeln ihre Enkelkinder besser als die eigenen. In diesem Fall war die tote Tochter, die sie den Eltern vor ihr Fenster, gleichsam in die Auslage legt, ein makabres Geschenk. »Da ist sie, wenn ihr sie schon lieber habt als mich. Wenn ihr mich nicht liebt, sollt ihr sie auch nicht mehr lieben können.« Selbstverständlich sind die feindseligen Wünsche der Träumerin lediglich Ausdruck ihrer infantilen Eifersucht und haben nichts mit ihrer erwachsenen Einstellung dem Kind gegenüber zu tun. In Wirklichkeit liebt sie ihre Tochter über alles und hätte ihren Tod als schrecklichen Verlust erlebt.

Die Wünsche, die als Traumerreger in Erscheinung treten, entziehen sich wegen ihres anstößigen, asozialen Charakters meist der bewussten Kenntnis. Der Einfluss der Traumzensur ähnelt der Funktion des Über-Ich[53] und der Abwehrmechanismen im Wachen. Das Traumdenken ist mit den bewussten, logischen Denkvorgängen nicht zu vergleichen. Es ist nur eine assoziative Verknüpfung von Erinnerungen und Gefühlen.

Um Träume zu entschlüsseln, ist es nötig, die Bildersprache – analog zu Bildrätseln – in unser logisches Sprachsystem zu übersetzen. Nicht der manifeste Trauminhalt, der erinnerte Traum wird gedeutet, sondern die latenten Traumgedanken. Dazu wird der erinnerte Trauminhalt in einzelne Stücke zerlegt. Die freien Einfälle zu den Traumelementen verweisen direkt auf die latenten Traumgedanken. In jedem Traum findet sich auch ein Tagesrest, an den die verdrängten Wünsche, die im Traum als erfüllt dargestellt werden, anknüpfen.

Um Träume zu deuten, ist es am besten, wenn Sie sie nach

dem Aufwachen niederschreiben. Danach greifen Sie unabhängig von der Traumgeschichte einzelne Begriffe heraus, zu denen Sie frei assoziieren. Vergessen Sie dabei den Trauminhalt und konzentrieren Sie sich nur auf den jeweiligen Begriff. Achten Sie dabei auch auf die Mehrdeutigkeit. Erinnern Sie sich noch an den Bahnsteigtraum? Darin kam der Begriff Becken vor. Die Bezeichnung Becken bietet mehrere Anknüpfungspunkte, es kann sich dabei um ein Waschbecken, ein Schwimmbecken oder das menschliche Becken handeln. Notieren Sie Ihre Assoziationen. In den meisten Fällen ergibt sich die Bedeutung des Traumes schon nach wenigen Begriffsassoziationen ganz von allein. Denken Sie nur an den Antibabypillen-Traum. Unterlassen Sie es nach Möglichkeit, über Träume logisch nachzudenken oder Träume als Gesamtes zu deuten.

Angestrengte Überlegungen bringen in diesem Fall leider gar nichts. Auf diese Weise werden Sie Ihre Träume nie verstehen. Auch Deutungen auf der Grundlage von vorgefertigten Symbolen sind verlorene Liebesmüh. Je besser es Ihnen hingegen gelingt, die Kontrolle über Ihre Einfälle zu lockern, je spontaner und uneingeschränkter Sie zu den Begriffen assoziieren, umso eher wird sich Ihnen die Bedeutung Ihrer Träume von allein auftun.

Der schwarze Mann – luzide Träume und Schlafparalyse

Beim luziden Träumen bleibt das Bewusstsein erhalten, die Träumer können das Traumgeschehen nach eigenem Dafürhalten steuern. Luzide Träume unterscheiden sich von gewöhnlichen durch ihre auffällige Klarheit und Wirklichkeitsnähe der Traumbilder. In der Kindheit kommt dieses Phänomen häufig vor. Im Erwachsenenalter berichten allerdings nur mehr zehn Prozent, dass sie mindestens einmal in der Woche einen Klartraum haben. Für Interessierte sei angemerkt, dass luzides Träumen erlernbar ist.

Besonders verbreitet ist die DILD-Technik, bei denen der Träumende während des Traums erkennt, dass er träumt, in Verbindung mit dem Vorsatz beim Einschlafen, einen Klartraum zu haben.

Nermin gehört zu den Menschen, die so lange sie sich zurückerinnern können, luzide Träume haben und diese auch steuern können. Als Kind flüchtete er mit seinen Eltern gerade noch rechtzeitig aus einem Kriegsgebiet nach Österreich. Auf der Flucht musste er schreckliche Dinge miterleben. Mehrmals wurde ihr Bus von Freischärlern angehalten. Bei einer dieser »Kontrollen« wurde ein junges Paar zum Aussteigen gezwungen. Obwohl Nermin noch ein Kind war, wusste er genau, was das bedeutete. Der Mann würde erschossen und die Frau vergewaltigt werden. Das Bild an das aussteigende Pärchen hat sich tief in sein Gedächtnis eingeprägt. Was geht in einem Kind vor, das eine solche Gräueltat miterleben muss? Sicher panische Angst, Ohnmacht angesichts der eigenen Hilflosigkeit, aber auch abgrundtiefer Hass gegenüber den Männern, die für diese ungeheure Grausamkeit verantwortlich waren.

Selbst nachdem Nermin längst in Sicherheit war, verfolgten ihn noch die Erinnerungen an die Kriegsgräuel. Zehn Jahre lang plagte ihn ein wiederkehrender Alptraum. In diesem Traum befindet er sich immer auf der Rheinbrücke, die Lustenau mit Fußach verbindet. Der Rhein unter ihm ist blutrot und überfüllt mit Leichen. Nermin ist verstört, weint und weiß nicht, was er tun soll.

Irgendwann im Laufe der Jahre kommt eine ominöse schwarze Gestalt ins Spiel. Bei der ersten Begegnung erschrickt Nermin gewaltig. Doch nachdem der schwarze Mann von ihm keine Notiz nimmt, sondern nur teilnahmslos am Brückengeländer kauert und hinunterschaut, gewöhnt er sich allmählich an dessen Anwesenheit. In diesen Jahren versucht Nermin, seinen Alptraum mit rationalen Mitteln zu steuern. Er denkt: »Okay, das ist die Szenerie: Das ist die Brücke, da ist der Fluss, das ist der Rhein, da ist das Blut und die vielen Leichen. Jetzt beruhige dich.« Doch das schlechte Gefühl blieb.

Nach weiteren zwei Jahren nimmt Nermin seinen Mut zusammen und wendet sich der schwarzen Gestalt zu. Die sitzt wie immer teilnahmslos am Brückengeländer und schaut hinunter, als ob es dort etwas zu finden gäbe. Im Augenblick der Kontaktaufnahme fühlt er sich so, als würde er etwas Schlechtes machen, und verspürt Gewissensbisse. Als er das Schattenwesen fragt, wohin es schaue, deutet der bloß mit seinem langen dürren Finger nach unten. Gefühlsmäßig weiß Nermin, was er zu tun hat und springt von der Brücke in den blutigen Fluss. Er taucht bis zum Grund und zieht dort, wie bei einer Badewanne, den Stöpsel aus dem Abfluss. Als das Blut abgeflossen ist, entsorgt er die Leichen. Danach hatte er diesen Traum nie wieder.

So wie ich Nermin verstanden habe, konnte er sich von dem Alptraum erst befreien, als er sich mit dem Schrecken der Vergangenheit konfrontierte. Während Nermin diesen Traum erzählte, fiel mir zu dem blutroten Fluss und den darin treibenden Leichen ein altes chinesisches Sprichwort ein. »Du musst nur lange genug am Flussufer sitzen, um die Leichen deiner Feinde vorbeitreiben zu sehen.« Nermin wartete nicht am Ufer, sondern auf einer Brücke und er musste lange warten. Als er endlich in den Fluss sprang, nahm er in der direkten Bedeutung des Wortes ein Blutbad. Ein solches Blutbad hätte er vermutlich als Kind liebend gerne an den Freischärlern verübt, als er zusehen musste, wie diese skrupellosen Mörder in selbstherrlicher Willkür ungestraft abscheuliche Verbrechen an dem jungen Paar und anderen unschuldigen Zufallsopfern begehen konnten. Nichts liegt in einer solchen Situation gefühlsmäßig näher als der Wunsch, Gleiches mit Gleichem zu vergelten.

Opfer solcher Gräuel tragen ihre Rachewünsche ein Leben lang in sich, malen sich deren Erfüllung oft bis ins kleinste Detail aus, fühlen sich aber gerade deswegen vor sich und der Welt extrem schuldig. Nermins Gefühl »etwas Schlechtes« zu tun, als er mit dem schwarzen Mann in Verbindung trat und seine daraus resultierenden Gewissensbisse legen einen solchen Konflikt nahe.

In der Kindheit musste Nermin seinen glühenden Hass gegen die Mörderbande, die die Menschen in seiner Umgebung terrorisierte, aus verständlichen Gründen unterdrücken und aus seinem Bewusstsein bannen. Erst als er sich im Traum mit seinen Gefühlen konfrontiert und im Blut der Feinde badete, konnte er sich von seinen kindlichen Aggressionen und dem wiederkehrenden Alptraum befreien.

Hin und wieder hat Nermin auch »kristallklare« Träume, die ihn »aufrütteln und mit Angst und Ehrfurcht erfüllen«. Alles in diesen Träumen ist so wie im realen Leben. Die Inhalte sind realitätsbezogen und seine Wahrnehmung geschärft. Nach solchen Träumen fühlt sich Nermin beim Aufwachen schlecht und ausgelaugt. Ähnlich erschöpft, als hätte er einen ganzen Tag für eine Prüfung gelernt.

Zwei von diesen kristallklaren Träumen sind Nermin besonders in Erinnerung geblieben. Der eine hängt wieder mit dem Krieg in seiner ursprünglichen Heimat zusammen. In diesem Traum war er nicht mehr er selbst, sondern sein Ich ging in eine Frau über. Er konnte wahrnehmen, dass er sich als Frau schmaler und verwundbarer fühlte als sonst. Den größten Teil der Traumhandlung erlebte er aus der Ego-Perspektive.

Er (die Frau) flüchtet vor einem Mann, der wütend hinter ihm her schreit. Sein Geschrei veranlasst Nermin dazu, noch schneller zu rennen. In diesem Augenblick blitzt ein Gedanke in ihm auf und er weiß, dass er ihn nicht kriegen wird. Plötzlich sperrt ihm eine gewaltige Absperrung, ein metallener Zaun, den Weg ab. Im selben Augenblick entdeckt er einen Ausweg, eine kleine Mulde, die es ihm ermöglicht, unter dem Zaun durchzurutschen. Er schafft es und setzt seine Flucht fort. In diesem Augenblick verändert sich seine Perspektive. Nermin ist nicht mehr die Frau, sondern ihr Beobachter. Während sie weiterrennt schießt ihr der Mann nach. Es handelt sich dabei um eine schwere Waffe. Nermin hört die Schüsse in voller Lautstärke, wobei allein schon die Lautstärke extrem angsteinflößend ist. Er kann noch erkennen, dass der Frau die Flucht gelingt. Nach dem Aufwachen weiß er nicht, was er mit dem Traum anfangen soll. Er beginnt Details aus dem Traum aufzuzeichnen und findet mit Hilfe von Google bald heraus, dass es sich dabei um Sarajevo handelt. Genauer gesagt um einen Vorort von Sarajevo. Nermin vermutet, dass die Frau in diesem Vorort aus einer Kaserne oder einem kasernenähnlichen Stützpunkt geflohen sein muss.

Während viele Menschen gerne die Fähigkeit des luziden Träumens beherrschen würden, um in ihren Träumen Dinge zu erleben, die im normalen Leben nicht möglich sind, bringt die *Schlafparalyse* eine andere, ziemlich furchterregende Seite des Klartraums zum Vorschein. Die Schlafparalyse oder Schlaflähmung tritt während der REM-Phasen auf, wobei der Träumer allerdings bei vollem Bewusstsein ist. Sie ist gleichsam das Gegenstück zum Schlafwandeln. Es handelt sich bei ihr um eine Lähmung der quergestreiften, willkürlichen Muskulatur, die auf Nervenreize reagiert. Zur willkürlichen Muskulatur zählen die Bewegungsmuskulatur, Zunge, Kehlkopf, aber auch das Herz weist eine große Ähnlichkeit mit der quergestreiften Muskulatur auf.

Die Lähmung der Bewegungsmuskulatur während der REM-Phasen ist völlig normal. Ohne sie bestünde im Traum die Gefahr, dass wir uns selbst oder anderen Verletzungen zufügen. Bei der *Parasomnie* unterbleibt diese Lähmung und die Betroffenen leben ihre Träume aus. Sie schlagen auf ihre Partner ein, würgen sie unter Umständen sogar oder verletzen sich selbst, wenn sie im Traum gegen einen harten Gegenstand, die Bettkante oder den Nachttisch, schlagen. An Parasomnie leiden etwas weniger als ein Prozent der Bevölkerung. Mit dem Alter nimmt der Anteil der Erkrankungen zu. Die Lähmung der willkürlichen Muskulatur im Traum erklärt auch, warum wir in vielen Alpträumen nicht weglaufen können, weil unsere Füße schwer wie Blei sind oder der rettende Hilfeschrei in der Kehle erstickt.

Bei der Schlafparalyse tritt die Lähmung meist beim Einschlafen oder Aufwachen in Verbindung mit einem Klartraum auf. Obwohl sie noch träumen, nehmen die Betroffenen ihre Lähmung vollkommen bewusst wahr. Dieser seltsame Zustand allein reichte schon aus, um Angst einzuflößen. Aber es kommt noch ärger. Viele höchst unterschiedliche Menschen, die an Schlafparalyse leiden, berichten übereinstimmend von unheimlichen Wesen, die ihnen im Klartraum begegneten. Folgt man den Berichten im Internet, so scheint der schwarze Schattenmann mit oder ohne Hut am häufigsten vorzukommen. Von ihm scheint große Bedrohung auszugehen.

Unter dem Titel »Nightmare« verfasste der Filmemacher Rodney Ascher eine Dokumentation über das Phänomen der Schlafparalyse. Nicht zuletzt auch deswegen, weil er selbst darunter litt. In einem Interview berichtet er über seine Erfahrungen. »Das erste Mal war vor mehr als 15 Jahren. Ich bin so gegen vier Uhr morgens aufgewacht und konnte mich nicht bewegen, konnte nicht sprechen. Ich wollte um Hilfe rufen, ich lebte damals in einer WG, weil ich gelähmt war und langsam Panik bekam. Ich konnte nichts hören, aber ich spürte, dass da draußen vor dem Haus etwas war, das mich beobachtete oder auf mich zukam. Plötzlich stand da diese schwarze Silhouette eines dünnen Mannes in meinem Raum, seine Umrisse waren klar zu sehen und er ging sehr langsam auf mich zu. Ich hatte eine Todesangst. Ich wusste nicht, ob es ein Geist, ein Dämon oder irgendetwas anderes war, aber ich spürte etwas sehr Böses, mir fällt gerade kein besseres Wort ein. Er kam sehr nah an mich heran, beugte sich über meinen Kopf und ich geriet in einen Dämmerzustand. Ich war fest davon überzeugt, dass mir etwas Übernatürliches passiert war, ich glaubte, dass ich vielleicht von einem Dämon besessen war, und es brauchte ziemlich lange, bis sich mir andere Erklärungsmöglichkeiten eröffneten. Als ich dann danach suchte, ob andere Menschen ähnliche Erfahrungen gemacht hatten, war ich schon verwundert, wie vielen so etwas widerfahren war. Manche dieser Erfahrungen waren noch bizarrer und angsteinflößender als meine.«[54]

Von eben diesem schwarzen Mann fühlt sich auch Alexander bedroht. Seit seiner Begegnung mit dem Schattenmann im Alter von zwölf Jahren quälen ihn irrationale Ängste. Zeitweise nehmen seine Angstattacken derart drastische Ausmaße an, dass er fürchtet, den Bezug zur Realität zu verlieren. So, als würde eine fremde Macht die Grenzen zwischen dem Möglichen und dem Unmöglichen auflösen. Am Höhepunkt der Angstzustände scheint es ihm, als öffnete eine dunkle abgründige Welt ihr gefräßiges Maul, um auch noch das letzte Restchen sichtbarer Normalität zu verschlingen, das ihm geblieben war.

Seine Lebensqualität war durch die Angstzustände erheblich herabgesetzt. Es war ihm nicht möglich, allein in dunklen Räumen zu schlafen. Sobald er das Licht abdrehte und die Augen zum Einschlafen schloss, fühlte er die Anwesenheit einer bösen Präsenz, die ihn beobachtete. Nur wenn das Licht an war und er seine Augen offen hielt, fühlte er sich vor dem unheimlichen Besucher sicher. Doch nicht nur das Einschlafen war für ihn eine Tortur. Auch in der Dunkelheit auf die Toilette zu gehen, war für ihn nahezu ein Ding der Unmöglichkeit. Immer fürchtete er, der Kapuzenmann könne im nächsten Augenblick vor ihm auftauchen. Und das aus gutem Grund.

Alexander teilte sich in der Kindheit und frühen Jugend mit seiner um zwei Jahre älteren Schwester ein Zimmer. Eines Nachts erwachte er mit einem unheimlichen Gefühl. Obwohl er starken Harndrang verspürte, hatte er aus unerklärlichen Gründen panische Angst, auf die Toilette zu gehen. Eine Zeitlang lag er hellwach im Bett und überlegte, was er tun sollte, als er in der Tür plötzlich eine tiefschwarze Kapuzengestalt wahrnahm. Er dachte sofort an den Sensenmann. Sein Herz raste wie wild, er aber lag da wie in Schreckstarre. Mit einem Mal fasste er seinen ganzen Mut, um lautstark um Hilfe zu schreien. Doch es blieb beim Versuch, denn kein Ton wollte über seine Lippen kommen. Voller Panik setzte er an, seine Schwester im gegenüberliegenden Bett wachzurütteln, doch er war zu keiner Bewegung fähig. Völlig hilflos lag er nun da und starrte die schwarze Gestalt an, die weiter in der Türecke verharrte. Nach gefühlt unvorstellbar langer Zeit löste sich die Gestalt in nichts auf und es gelang es ihm, seine Schwester zu wecken. Jetzt konnte er auch wieder reden und erzählte ihr von dem Kapuzenmann. Sie tat es zwar als Hirngespinst ab, sicher war sie sich aber nicht, weil sie ihre Mutter weckte und zurate zog. Diese meinte ebenfalls, dass Alexander sich das eingebildet oder geträumt hätte. Gespenster gäbe es keine. Er solle Ruhe geben und weiterschlafen. Alexander gab dann zwar Ruhe, aber beruhigen konnte er sich nicht mehr. Das nächtliche Zusammentreffen mit der dunklen Erscheinung sollte ihn nicht mehr loslassen.

Elvira machte ähnliche Erfahrungen wie Alexander, allerdings erst im mittleren Lebensalter. Im Abstand von nur wenigen Wochen hatte sie drei Klarträume, deren Ursache ebenfalls eine REM-Atonie oder Schlafparalyse gewesen sein dürfte. Hier die Schilderung ihres ersten Traums. »Ich liege im Bett und werde vermeintlich wach. Das Ganze läuft im Zeitlupentempo ab, begleitet von einem hochgradigen Angstgefühl. Es fühlt sich so an, als wäre etwas total Fremdes in meinem Schlafzimmer. Ich denke sofort an außerirdische Wesen aus dem Weltall. Es könnten aber auch verstorbene Menschen sein. Aber ich glaube eher, dass es Außerirdische sind. Diese Außerirdischen machen etwas mit mir, mit meinem Körper. Es ist, als ob ich eingehüllt würde. Vielleicht scannen sie mich. Während das alles geschieht, merke ich, dass ich mich nicht bewegen kann. Ich bin also von so einer Art Scanner umgeben. Der ganze Zustand ist elektrisierend, es ist da auch so ein elektrisierendes Rauschen. Hört sich wie ein Tinnitus an oder wie bei Kreislaufbeschwerden, wenn der Blutdruck zu niedrig ist.

Bin jetzt nur mehr eine einzige Masse, umgeben von einem glitzernden, sich wellenförmig bewegenden, silberfarbenem Licht. Es ist derselbe Eindruck, wie wenn man in ein Kaleidoskop schaut. Dieses glitzernde Licht und das elektrisierende Geräusch dominieren mein gesamtes Erleben. In diesem eigenartigen Zustand kann ich mir weder mein Gesicht noch meinen Körper vorstellen. In diesem Stadium gibt es keine Vorstellungskraft und keinen Körper mehr. Ich fühle mich wie in Trance. Dazu noch ein Gefühl der Schwerelosigkeit, so als würde ich schweben. Gleichzeitig empfinde ich große Angst. Besonders ängstig mich, dass fremde Wesen in meinem Zimmer sind und ich diesen hilflos ausgeliefert bin.

Nach einer gewissen Zeit – wie lange es wirklich gedauert hat, weiß ich nicht, weil es in diesem Zustand kein Zeitgefühl gibt – nehme ich meinen Mut zusammen und öffne die Augen. Wiederum im Zeitlupentempo und unter höchster Angst. Ich befinde mich nach wie vor in einem Trancezustand und kann eigentlich nichts erkennen. Ich kann meine Umgebung nicht wirklich wahrnehmen. Noch bevor ich die Augen ganz öffne, steigt die Angst ins Unermessliche. Ich fürchte, dass, wenn ich die Augen offen habe, einige außerirdische Wesen auf mich zufliegen werden. Ich kann diese Wesen aber nur fühlen und nicht sehen. Langsam beruhige ich mich und schließe die Augen wieder langsam, bleibe aber noch in diesem Trancezustand. Während die Bestrahlung andauert schlafe ich wieder ein. Im Gegensatz zu normalen Träumen, die ich bald wieder vergesse, ist mir dieses nächtliche Erlebnis noch immer bis ins kleinste Detail präsent.«

Die weiteren beiden Träume wiesen starke Ähnlichkeit mit dem ersten auf. Elvira fühlte sich wieder in ein scannerartiges Gerät hineingezogen. »So, als würde man in ein Kaleidoskop schauen.« In diesen Träumen war vor allem das silberglitzernde kaleidoskopartige Muster in der Röhre vorherrschend. Beim dritten Traum kam neu hinzu, dass sie sich am Ende mit ihrem Körper in die Matratze gedrückt fühlte, »ähnlich wie man beim Start eines Flugzeuges bei starker Beschleunigung in den Sitz gepresst wird«.

Bedenkt man, dass Menschen in der Frühzeit so wie Alexander, Elvira und viele andere auch, angsteinflößende Klarträume hatten, bei denen die Grenzen zwischen Realität und Vorstellung verschwimmen, überrascht es nicht, dass sie den Traum ursprünglich als Tummelplatz dämonischer Kräfte deuteten. Die Frage, ob es sich bei den unheimlichen Wesen tatsächlich um Dämonen handelt oder um Kreaturen, die unser Gehirn hervorbringt, wird auch heute noch in einschlägigen Internetforen heiß diskutiert.

Natürlich geben einem die übereinstimmenden Beschreibungen des »schwarzen Mannes« zu denken. Warum ist es so oft die gleiche Gestalt, die den Träumenden begegnet, warum gerade ein schwarzer Schattenmann und warum sind es unverhältnismäßig mehr Kinder und Jugendliche als Erwachsene, die mit diesem furchteinflößenden Schemen Bekanntschaft machen?

Für normale Alpträume sind vor allem psychische Spannungen verantwortlich. Menschen mit einem höheren Spannungslevel und geringer Spannungstoleranz haben nicht nur häufiger Alpträume, sondern sie leiden auch im Alltag vermehrt unter Ängsten. In einer der größten in Österreich bisher durchgeführten sozialpsychologischen Studien[55] korrelierten die unten aufgelisteten und ranggereihten Persönlichkeitseigenschaften am stärksten mit dem Auftreten von Alpträumen:

Ich wache mindestens einmal pro Nacht auf und kann nicht mehr einschlafen.

In meinen Tagträumen kommen Zukunftsängste oder Gedanken an Krankheit und Tod vor.

In meinen Tagträumen versetze ich mich gerne in die Rolle von Romanfiguren, Filmschauspielern oder großen Persönlichkeiten.

Ich leide oft unter Angstzuständen, deren Ursache ich mir nicht erklären kann.

In meinen Tagträumen nehme ich oft an anderen Personen Rache.

Als Kind wurde ich häufig beschimpft.

In meinen sexuellen Fantasien bin ich oft Sklave/in.

Mich erregen sexuelle Vorstellungen, in denen ich andere beherrsche.

Ich schäme mich leicht.

Ich bin häufig bedrückt.

Ich habe Angst, mit Aufzügen zu fahren.

Ich habe Angst vor engen Räumen.

Ordnung und Sauberkeit sind das Um und Auf in der Kindererziehung.

In meinen Tagträumen füge ich anderen Leid zu.

Ich werde leicht eifersüchtig.

Oft fühle ich mich antriebslos, lustlos.

Manchmal fürchte ich, ohnmächtig zu werden.

Die Angst, etwas falsch zu machen, beeinträchtigt meine Leistungsfähigkeit.

Wenn mich jemand ungerecht behandelt, wünsche ich ihm alles nur erdenklich Schlechte.

In meinen Tagträumen bin ich unbesiegbar.

Ich bin ein Zauderer.

Auseinandersetzungen weiche ich lieber aus.

In meiner Arbeit bin ich nur wenig angesehen.

Ich interessiere mich kaum für Politik und Gesellschaft.

Die Analyse der Ergebnisse führt zum Schluss, dass Alpträume vermehrt bei Menschen mit erhöhtem Aggressionspotenzial vorkommen. Die meist unterschwelligen Aggressionen erklären nicht nur die Angstzustände, Depressivität und Selbstunsicherheit, sondern auch die sexuelle Fixierung auf sadomasochistische Vorstellungen. Es gibt keinen Grund anzunehmen, dass es sich bei Alpträumen in Verbindung mit Schlafparalyse anders verhält. Stellt sich als Nächstes die Frage nach der Ursache für die erhöhte Aggressivität, die auch als Depression in Erscheinung treten kann, sofern die Aggressionsentfaltung gegen das Ich gerichtet ist.

Erinnern wir uns daran, dass Freud die Existenz des »Unheimlichen« vom »Heimlichen« abgeleitet hat. Nachdem es nichts Heimlicheres (im Sinne von heimelig, wohlig, vertraut) gibt, als die »Mutter«[56], ist das Unheimliche lediglich Ausdruck der Zwiespältigkeit ihr gegenüber. Je mehr das Gefühl des Unheimlichen überwiegt, umso stärker ist die ursprüngliche Zwiespältigkeit. Wer schon im Kleinstkindalter vor seiner Mutter panische Angst hat, findet in seinem kindlichen Universum keinen Zufluchtsort mehr, der Sicherheit und Geborgenheit vermittelt.

Das Gefühl, von der »guten« Mutter verlassen zu sein, ist immer dunkel gefärbt. Nicht ohne Grund sagen so viele Kinder, »Mami, wenn du kommst, geht in mir das Licht an«. Um die Beziehung zur liebevollen, »hellen« Mutter nicht zu gefährden, muss ihre »dunkle Seite« samt den dazugehörigen Affekten im Erleben vom Ich abgespaltet und zu einem Stück Außenwelt gemacht werden. Dadurch mutiert die dunkle Bedrohung gefühlsmäßig zu einem eigenständigen Wesen, einem dunklen Schatten, der das Kind nunmehr von außen bedroht. Nachdem sich die Gefahrenquelle in der Realität aber nach wie vor im Kopf des Kindes befindet, fühlt es sich vom Unheimlichen verfolgt, wohin es auch geht.

Darüber hinaus wird in der Beziehung zur Mutter das Fundament für den Realitätssinn gelegt. In der Frühzeit wird die Realität hauptsächlich durch sie verkörpert. Selbst in einer gefährlichen Situation fürchtet sich das Kind erst, wenn die Mutter Angst bekommt. Eine hochgradige Zwiespältigkeit in der Beziehung zur Mutter färbt auf die Entwicklung des Realitätssinns ab. Zweifel an ihr veranlassen das Kind, auch seine Realitätstüchtigkeit infrage zu stellen. Der innere Dialog könnte dann so aussehen: »Geister gibt es keine«, sagt die eine Stimme. »Bist du dir da ganz sicher?«, die andere.

Sowohl Alexander als auch Elvira hatten Mütter, die an einer Persönlichkeitsstörung litten. Dementsprechend waren auch die Beziehungen zu ihren Kindern geprägt. Alexanders Mutter folgte dem fragwürdigen Rat ihres Hausarztes, das Baby nur zu vorgegebenen Zeiten aus dem Bett zu nehmen, um es zu stillen, es aber sonst schreien zu lassen, damit es sich »einen Rhythmus angewöhne«. Auch die spätere Erziehung war darauf ausgerichtet, Alexanders Willen zu brechen. Ab dem zweiten Lebensjahr führte das zu unerbittlichen Machtkämpfen, bei denen die Mutter ihren Sadismus ungehemmt ausleben konnte. Alexander wurde regelmäßig gedroschen, bei besonderen Anlässen kamen auch Teppichklopfer oder Kochlöffel zum Einsatz. Demütigungsrituale, wie in der Ecke auf Erbsen oder Holzscheiten knien, standen ebenfalls auf der Tagesordnung. Am schlimmsten aber war es für Alexander, dass er nach vollzogener Strafe seine Mutter um Entschuldigung bitten und dabei versprechen musste, es, was auch immer »nie wieder zu tun ...«.

Elvira ging es nicht besser. Auch sie war von frühster Kindheit an schweren Misshandlungen ausgesetzt, wenn sie »etwas angestellt« hatte. War ihre Mutter aus irgendeinem Grund böse auf Elvira, konnte sie tagelang mit ihr kein Wort sprechen. Kam Elvira dann, um sie um Verzeihung zu bitten, brüstete sie sich vor der Familie damit, »es dem »Mensch« gezeigt und sie zurechtgebogen zu haben«.

Beide Mütter fielen dazwischen immer wieder ins andere Extrem. In diesem Zustand waren sie sogar übertrieben liebevoll und zärtlich. Fast ein wenig süßlich. Beide sprachen dann in einem anderen Tonfall und bedienten sich einer verniedlichenden Sprache. Alexander war der »Burli« und Elvira das »Menschi«.

Es ist naheliegend, die Ängste von Elvira und Alexander als direkte Reaktion auf die mütterliche Aggression zu deuten. Aber so einfach liegen die Dinge nicht. Natürlich haben die mütterlichen Gewaltausbrüche bei den Kindern Angst hervorgerufen. Aber nicht nur. Es ist nicht möglich, eine Mutter konfliktfrei zu lieben, die einen so behandelt. Eine solche Mutter wird immer wieder auch gehasst.

Alexander erinnerte sich, wie er vor lauter Wut wie am

Spieß geschrien hatte und seine Mutter ihn mit Prügeln zum Schweigen bringen wollte. »Du kannst mich erschlagen«, plärrte er, »aber ich hör nicht auf«. Ein anderes Mal brüllte er: »Geh weg! Wann gehst du endlich weg? Ich möchte dich nicht mehr sehen! Nie mehr.«. Keine Frage, dass er für seine Mutter in diesem Augenblick nur Hass empfand.

Den personifizierten Konsequenzen seines frühkindlichen Hasses begegnete Alexander Jahre später in Gestalt des schwarzen Kapuzenmannes. Der furchterregende Schatten repräsentierte die Erfüllung von Alexanders dunklen Wünschen aus der frühen Kindheit. Der Sensenmann war gekommen, um ihn für immer von seiner Mutter wegzuholen. Genauso wie er es in seinem kindlichen Hass herausgeschrien hatte. »Ich will dich nie mehr sehen, nie mehr ...« Jetzt war er da, um ihm seinen Wunsch zu erfüllen.

Kehren wir kurz zu Rodney Aschers Traum zurück. Ascher spürt »etwas sehr Böses«. Es kam nahe an ihn heran und »beugte sich über meinen Kopf und ich geriet in einen Dämmerzustand«. Wer, wenn nicht die Mutter, beugt sich üblicherweise beim Wickeln, Stillen oder sonst beim Halten über den Kopf eines Kleinkindes? Und wie oft fallen Babys in einen Dämmerzustand, wenn sie sich im Antlitz der Mutter verlieren, bevor sie dann ganz einschlafen?

Der hochgradige Zwiespalt, der ständige Wechsel von Verführung und Frustration wirkt sich nicht nur auf die Ausbildung des Realitätssinns, sondern auch auf die psychosexuelle Entwicklung nachteilig aus. Sowohl Alexanders als auch Elviras Mutter hatten einen starken Hang zum Exhibitionismus und gingen mit ihrer Nacktheit äußerst freizügig um. Im Gegensatz zu den Vätern, beide schwache Persönlichkeiten, Alkoholiker und im nüchternen Zustand sexuell gehemmt. Bis zum zwölften Lebensjahr wurde Elvira von ihrer Mutter genötigt, aus »Kostengründen« mit dem Vater gemeinsam zu baden, der ohnedies sexuell übergriffig war und Elvira bei jeder Gelegenheit »auf eine schmierige

Art« verstohlen an die Brust grapschte und sich an den Wochenenden gerne zu ihr ins Bett legte. Elvira kann sich nicht mehr daran erinnern, was bei diesen »Bettbesuchen« vorgefallen ist, nur dass sie einmal dachte, »das darf aber jetzt nicht wahr sein ...«.

Alexanders Mutter hingegen wusch sich jeden Morgen vor dem Ankleiden unter den verstohlenen Blicken ihres Sohnes im Intimbereich. Erst mit Ende der Volksschule fand die morgendliche Peepshow ein Ende. Auf der einen Seite war das Klima in beiden Familien sexuell aufgeheizt, auf der anderen wurden sexuelle Gefühle massiv verleugnet. Das ist so, als würde man einem Dampfdrucktopf beständig unterheizen und gleichzeitig das Ventil verschließen. Wenn der Druck zu groß wird, bricht der Wasserdampf an der schwächsten Stelle durch. Mit dem Triebdruck verhält es sich nicht anders. Kann die Triebspannung nicht auf normale Weise abgeführt werden, bahnt sie sich andere Wege. Das erklärt, warum die sadomasochistische Achse bei Alexander und Elvira, sowie überhaupt bei Menschen, die vermehrt Alpträume haben, stärker ausgeprägt war. Den Zusammenhang zwischen Sadomasochismus und Horror hat die Filmindustrie längst entdeckt und zu einer florierenden Einnahmequelle gemacht.

In Elviras Klartraum finden sich Elemente, die einen sexuellen Hintergrund des Traumes nahelegen. »Der ganze Zustand ist elektrisierend.« Was meint eine Frau, wenn sie sagt, »ich fühlte mich wie elektrisiert«, oder »die Berührung war elektrisierend?« Elektrizität und Sexualität haben die Spannung gemeinsam, das Britzeln, Kribbeln und Prickeln. Zum Bild der sexuellen Erregung passt auch gut die wellenförmige Bewegung, »umgeben von einem glitzernden, sich wellenförmig bewegenden, silberfarbenen Licht«. Das Bild lässt zunächst an eine Person denken, die auf der Meeresoberfläche treibt, in deren Wellen sich die Sonnenstrahlen glitzernd spiegeln. Das würde auch gut zum Gefühl der Schwerelosigkeit passen.

Viele Frauen beschreiben den Orgasmus als ein wellenförmiges Beben, das von einem ekstatischen Glücksgefühl begleitet wird. Davon konnte bei Elvira allerdings keine Rede sein. Wenn ihr Traum durch sexuelle Spannung hervorgerufen wurde, erlebte sie jedenfalls kein orgiastisches Glücksgefühl, sondern lähmende Angst. Aber warum? Um diese Angst zu verstehen, müssen wir uns zuerst über ein paar Dinge Klarheit verschaffen, die mit der Besonderheit der kindlichen Sexualität zu tun haben. Warum zum Beispiel sagen Mädchen im Alter von vier, fünf Jahren immer nur: »Wenn ich groß bin, heirate ich den Papa.« Warum sagen sie nicht: »Ich heirate den Papa gleich oder gleich morgen?« Wenn Sie jetzt denken, dass dem Kind in diesem Alter schon seine Unzulänglichkeit im Sinne der Unmöglichkeit seines Vorhabens bewusst ist, täuschen Sie sich. Die kleine Elvira war davon überzeugt, im Vergleich zur Mutter die bessere Alternative für den Vater zu sein.

Ein Mädchen verschiebt ihren »Heiratswunsch« aus einem anderen Grund auf die lange Bank. Sie möchte ihrer Mutter gegenüber nicht schuldig werden. Bei einer Wunscherfüllung im Hier und Jetzt müsste die Mutter unweigerlich ihren Platz räumen und würde als Liebesobjekt verloren gehen. Doch welches Kind in diesem Alter würde schon freiwillig auf die Liebe seiner Mutter verzichten? Je stärker der Zwiespalt der Mutter gegenüber und der ihr zugrundeliegende verdrängte kindliche Hass, umso stärker ausgeprägt sind als Reaktion darauf die Schuldgefühle. Die Wunscherfüllung, beim Vater den Platz der Mutter einzunehmen, ist gleichbedeutend mit der Zerstörung der Mutter. Da in diesem frühen Alter zwischen Wünschen, Denken und Tun gefühlsmäßig noch nicht unterschieden wird, ist der einzige gangbare Weg aus diesem Dilemma ein Kompromiss. Der Wunsch wird zwar nicht aufgegeben, aber auf die lange Bank geschoben. »Ja, ich heirate den Papa, aber nicht gleich, sondern irgendwann, wenn ich groß bin.« Solange die emotionale Abhängigkeit zu den Eltern aufrecht ist, darf dieser Wunsch sein Ziel nicht erreichen, um eine Katastrophe zu verhindern. Deswegen wird er aus dem Bewusstsein verbannt und unter Verschluss gehalten. Unterm Strich bleibt die Angst vor der Wunscherfüllung. Kein Kind öffnet freiwillig die Büchse der Pandora, auch nicht das Kind im Erwachsenen.

Erst wenn im Zuge des psychischen Reifungsprozesses die emotionale Ablösung von den Eltern abgeschlossen ist, mit dem Ergebnis, dass nunmehr zwischen drei erwachsenen Menschen realitätsgerechte Beziehungen bestehen, kann die Tochter den Platz der Mutter als »First Lady« einnehmen. Jetzt aber als erwachsene Frau in der eigenen Familie. Wird an der Kinderrolle im Erwachsenenalter noch festgehalten, bleibt auch in der Sexualität die panische Angst vor dem Kontrollverlust über die gefährlichen Triebwünsche aufrecht.

Bei Kindern wie Elvira oder Alexander, deren lustvolle und destruktive Triebwünsche durch Verführung und Repression frühzeitig geschürt wurden, erhält der Konflikt über den Zwiespalt zwischen Begierde und Zerstörungswünschen zusätzliches Gewicht und erschwert den psychischen Ablösungsprozess von den Eltern. Der daraus resultierende Kontrollzwang weitet sich im Laufe der Zeit auf alle Triebregungen aus. Die Angst vor dem Kontrollverlust im Erwachsenenalter ist mit der Panik vergleichbar, die entstünde, wenn im Tiergarten durch Betätigung eines Generalschalters nicht nur die Tore zum Streichelzoo, sondern auch die zu den Raubtiergehegen geöffnet würden.

Die lebensgeschichtlichen Umstände, allen voran die vielen Demütigungen und sexuellen Grenzüberschreitungen, denen Elvira ausgesetzt war, machten sie im späteren Leben zu einer Meisterin der Selbstkontrolle und Triebunterdrückung. Einmal träumte sie sogar, ihr Unterleib sei »in einer Betonwanne eingemauert«. Nicht ohne Grund wird der Orgasmus »der kleine Tod« genannt. Im Gegensatz zur leidenschaftlichen Ich-Auflösung während des Höhepunktes ist der Auflösungsprozess in Elviras Traum als Folge der Angst vor dem Kontrollverlust bedrohlich statt lustbetont. »In diesem eigenartigen Zustand kann ich mir weder mein Gesicht noch meinen Körper vorstellen. In diesem Stadium gibt es keine Vorstellungskraft und keinen Körper mehr.«

Das Gefühl der Auflösung steht im Zusammenhang mit den fremden Wesen in ihrem Zimmer, die etwas mit ihrem Körper machen. Diesen fühlt sich »so hilflos ausgeliefert«. Sie beschreibt ihren Zustand so, als würde sie »gescannt«. Bei der Computer- oder Magnetresonanztomografie wird der menschliche Körper in eine Röhre geschoben. Die Begriffe »Röhre« und »schieben« weisen wiederum einen (umgangssprachlichen) Bezug zur Sexualität auf. Bei diesem Vorgang wird allerdings die Röhre vom Körper »eingehüllt«.

Elvira hat im Traum panische Angst, die Augen zu öffnen, weil diese Wesen auf sie zufliegen könnten. Hier drängt sich die Verbindung zur Redewendung »auf jemanden fliegen« im Sinne von »jemanden begehren« auf. Wenn wir an die Stelle der fremden Wesen probeweise ihren Vater setzen, der tatsächlich »auf sie geflogen« ist, ergibt das Traumstück Sinn.[57] Als sie damals dachte, »Das darf jetzt aber nicht wahr sein«, war sie ihm nicht nur hilflos ausgeliefert, sondern musste auch die Augen vor der Realität verschließen. Im anderen Fall hätte sie sich und ihn mit dem Missbrauch konfrontieren müssen. Dazu ist ein Kind in diesem Alter aber noch nicht fähig. Sie konnte seine Grenzüberschreitungen damals nur aus ihrem Bewusstsein abspalten und die Realität verleugnen. Zumindest so lange, bis sie im Traum wiederkehrte.

Wie die Analyse der schlafparalytischen Träume zeigt, werden auch die ärgsten Alpträume durch Wünsche hervorgerufen, die im Wachzustand unserem Bewusstsein entzogen sind. Sobald sich im Traum jedoch die geheime Welt des

Unbewussten eröffnet, ist ein Aufeinandertreffen mit diesen unliebsamen Triebregungen unvermeidlich.

Psychedelische Klarträume

Neben krankheitsbedingten Halluzinationen, luziden Träumen und der Schlafparalyse gibt es auch Klarträume, die durch psychedelische Substanzen hervorgerufen werden.

Zu den bekanntesten Psychedelika zählen mescalinhaltige Kakteen (Peyote-Kaktus), psilocybinhaltige Pilze und DMT-haltige Pflanzen (Ayahuasca), Stechapfel, Tollkirsche und (seit der zweiten Hälfte des vorigen Jahrhunderts) LSD. Die bewusstseinsverändernde Wirkung von Pflanzen und Pilzen wird seit Jahrtausenden für rituelle Zwecke genutzt.

Rein körperlich vergrößern sich nach der Einnahme die Pupillen, es kommt zu vermehrter Speichelbildung und in Abhängigkeit von der Dosierung zu einem mehr oder weniger starken Kribbeln im gesamten Körper. Manche Halluzinogene haben eine stark stimulierende Wirkung, die den Konsumenten dazu animiert, sich körperlich zu betätigen. Andere wirken sedierend und entspannend. Einige Psychedelika bewirken eine Steigerung des Durchhaltevermögens. Anspruchsvolle körperliche oder geistige Tätigkeiten können über einen längeren Zeitraum ohne Ermüdungserscheinungen durchgeführt werden. Speziell in hohen Dosierungen kann die Sensibilität für Berührungen so stark zunehmen, dass Konsumenten jeden einzelnen Nerv in ihrem Körper zu spüren vermeinen und schon geringer Körperkontakt zu einem überwältigenden Erlebnis werden kann.

Blutdruck, Herzschlag und Perspiration sind meist leicht erhöht. Im Bereich der Muskulatur kann es zu Verspannungen und spontanen Kontraktionen kommen. Die Wahrnehmung der Schwerkraft verändert sich oft so, dass Konsumenten das Gefühl haben, jeden Moment abzuheben. Zu epileptischen Anfällen und bleibenden Psychosen kommt es äußerst selten, nur bei bestehender Anfälligkeit.

Im Bereich, in dem es um Wahrnehmung und Erkennen geht, wird die Fähigkeit, Informationen zu verarbeiten, Konzepte, Ideen oder Szenarien zu analysieren merklich besser. Konsumenten berichten über eine Fülle neuer Erkenntnisse und Ideen sowie über eine Steigerung ihrer Problemlösungskapazität. Die Gedanken werden komplexer, die Gedankengänge beschleunigen sich. Statt aus Worten oder Sätzen bestehen sie nun mehr aus oft mehreren im Gehirn gespeicherten Konzepten, die zugleich gedacht werden. Manchmal geraten die Gedanken völlig durcheinander und folgen keiner logischen Struktur mehr. Gedankenschleifen (»thought loops«) sind ebenfalls keine Seltenheit. Die Konzentrationsfähigkeit ist stark erhöht, genauso wie die Fähigkeit, sich in externe visuelle oder auditorische Stimuli wie Musik oder Filme hineinzuversetzen.

Vielleicht der bedeutendste und wirklich definierende Effekt vieler Halluzinogene ist ein verstärktes »Neuheits«-Gefühl. Vertraute Objekte werden mit solch einer Faszination betrachtet, als seien sie noch nie da gewesen. Bei diesem Phänomen könnte es sich um eine Zurückfallen auf die frühste Stufe der psychischen Entwicklung handeln, in der ein Kleinstkind von der Beschaffenheit und den Farben der Objekte, die es in der Welt entdeckt, noch völlig fasziniert ist.

Was die visuellen Effekte betrifft, so kommt es zu einer Verstärkung der Farben und Muster. Diese werden als extrem hell, kräftig und lebendig wahrgenommen. Unter Einfluss dieser Substanzen sind Menschen besser in der Lage, sinnvolle Bilder (üblicherweise Gesichter bzw. Augen) in verschiedenen Dingen oder Mustern zu erkennen *(»Pareido-*

lie«). Auch die Sehkraft kann derart verbessert sein, dass die Kanten von diversen Objekten extrem scharf und definiert erscheinen. Dies kann so weit gehen, dass eine Person plötzlich die Fähigkeit besitzt, ihr gesamtes Blickfeld gleichzeitig wahrzunehmen.

»Drifting« bezeichnet das Phänomen, dass Objekte und Landschaften als zunehmend »fließend«, sich verbiegend und in Bewegung erscheinen. Dabei gibt es unterschiedliche Ausprägungen, die von einfachen Formen wie Schlängeln oder Wackeln gerader Linien, bis hin zum höchsten Level reichen, bei dem die Gesamtheit des äußeren Umfeldes zu einer zur Unkenntlichkeit verwischten, gekrümmten und ineinander verflossenen Masse visuellen Inputs wird. Die Farben von Objekten wechseln und verändern ihre Erscheinung in einer seltsamen, flüssigen Bewegung. Zum Beispiel könnte das Moos auf einem Felsen von Grün auf Rot auf Blau auf jede andere Farbe und dann wieder zurück zu Grün wechseln.

Von Nachbildern, Verzerrungen in der Tiefenwahrnehmung sowie Verzerrungen der Perspektive, bei denen sich Größe und Distanz drastisch verändern, wird ebenfalls häufig berichtet. Gelegentlich verändern sich auch die Größenverhältnisse von Räumen oder es stellt sich der »Alice im Wunderland«-Effekt ein, das Gefühl, einen unmöglich großen oder kleinen Körper zu haben.

Die visuelle Geometrie während des Trips kann als stark komplex, algorithmisch in ihrer Form, hell erleuchtet, farbenfroh, synthetisch, mit scharfen Kanten, hoher Geschwindigkeit, geschmeidig und konsistent in der Bewegung beschrieben werden. Das Paradebeispiel dafür sind Mandalas und fraktale Muster.

Was die klanglichen Effekte betrifft, so kommt es zu einer allgemeinen Verbesserung des Gehörs, da sich die Klarheit von Klängen verstärkt. Diese können sich in Echos oder Gemurmel nach jedem Geräusch begleitet von einer Verzerrung der Tonhöhe zeigen. Bei diesen auditiven Halluzinationen handelt es sich um spontane eingebildete Geräusche, die entweder völlig zufällig auftreten oder unbewusst entstehen.

Klarträume im engeren Sinn treten erst bei hohen Dosierungen auf. Sie gehen meist mit einem vorübergehenden Verlust des Kurz- und Langzeitgedächtnisses einher. Gelegentlich kann sich ein Déjà-vu-Erlebnis einstellen, das überwältigende Gefühl, etwas schon einmal erlebt zu haben. Nur selten kommt es zu Nahtod-Erfahrungen wie der Empfindung, aus dem eigenen Körper zu treten oder dem »Ego-Death«. Darunter wird ein Gefühl des vollständigen Ich-Verlustes verstanden, wobei sich das Ich auflösen oder in etwas anderes verwandeln kann, etwa in einen anderen Menschen, ein Tier oder auch in ein fremdes Bewusstsein. Dieser Eindruck ist äußerst real und kann zu grandiosen Wahnvorstellungen führen. Alle möglichen Emotionen werden mit einem Mal gleichzeitig wahrgenommen. Das Zeiterleben ändert sich. Die Zeit scheint sich extrem zu verlangsamen oder aber auch zu beschleunigen. Unter Umständen bilden sich Zeitschleifen aus oder die Zeit hört gänzlich auf zu existieren.

Halluzinationen weisen die stärkste Ähnlichkeit mit Träumen auf. Sie betreffen meist lebende Organismen, Pflanzen, Tiere, Gebäude, Formen, Atome, Moleküle, Erinnerungen, sich selbst reproduzierende Maschinen, Menschen, Körperteile, Organe, Essen etc. Wenn diese Bilder sich mit der Dosis verstärken, werden sie schließlich zu 3D-Halluzinationen, die sich von der äußeren Realität nicht mehr unterscheiden. Das erzeugt das Gefühl, man habe den »Breakthrough« erreicht, man sei in einer anderen Realität angekommen. Alles Mögliche kann in dieser scheinbaren anderen Realität passieren, am häufigsten wird von Kontakt mit autonomen Wesen berichtet, also mit Lebewesen, die ein eigenes Bewusstsein zu haben scheinen und in einer von uns unabhängigen Realität leben. Diese Wesen können jede Form annehmen, häufig handelt es sich dabei um Menschen, Familie,

Fremde, man selbst, Schattenmenschen, Aliens, Tiere, mythologische Gestalten, wie Elfen, Zwerge, Magier etc. Unabhängig von ihrer Erscheinung gibt es verschiedene Persönlichkeitstypen von Wesen, denen man begegnen mag. Man kann sie in erster Linie über ihre Persönlichkeit definieren, in selteneren Fällen auch über ihr Aussehen. Viele geben an, dass sie ihre Halluzinationen so »real« wie noch nie etwas zuvor empfunden hätten. Es dauert üblicherweise zwischen 30 Sekunden und mehreren Minuten, bevor Konsumenten sich wieder in der Realität finden oder in eine andere Halluzination wechseln. Häufig werden auch Maschinenlandschaften halluziniert, die hauptsächlich aus mechanischen Teilen bestehen, die sich auf verschiedene Arten ineinander bewegen. Wobei jedes Detail und jedes sich bewegende Teil der Landschaft so wahrgenommen und gefühlt wird, als wäre es der eigene Körper.

Von den gewöhnlichen Halluzinationen werden Erfahrungen abgegrenzt, bei der Ideen und Ereignisse, die nur in der Vorstellung existieren, sich nahtlos in die äußere Umgebung integrieren, als würden sie tatsächlich passieren. Auf der höchsten Stufe kommt es sogar zu lebensechten Halluzinationen, die so realistisch sind, dass sie als absolut lebensecht erscheinen und auch bei zweimaligem Hinsehen nicht mehr verschwinden.

Die geeignetsten Stoffe, um externe Halluzinationen hervorzurufen, sind neben den klassischen Halluzinogenen LSD und DMT Substanzen wie der Stechapfel, die ein Delirium ähnlich der Schlafdeprivation verursachen. Auch hohe Dosen Dextromethorphan (DXM), ein Hustenblocker, führen zu Halluzinationen, vorübergehenden psychotischen Episoden und Realitätsverlust. Eine Versuchsperson von Strassman machte unter der Wirkung von DMT folgende Erfahrung:

»Ich sah die Stadt, sie lag in weiter, weiter Ferne. Sie war dunkelgrün und diese Lichter flackerten und Wolken zogen darüber hinweg. All das begann nach den gewaltigen geometrischen Mustern, die sich unglaublich schnell ändern, wie man niemanden erklären kann, so schnell sind sie. Nachdem sie sich verlangsamt hatten, sah ich diese Stadt in weiter Ferne. Ich schaute mir das an, dann flog diese Lichtkugel plötzlich direkt an mir vorbei. Was war das? Es hat mich nicht erschreckt, außer dass es so nah war. Danach fing ich an mich umzuschauen, man ist an diesem Ort und dann fragt sich, warum bin ich an diesem Ort? Dann bemerkte ich diese Frau zu meiner Rechten, mit einer wirklich langen Nase und grüner Haut. Sie drehte an diesem Rad und ich bemerkte, dass sie die Helligkeit der Lichter in der Stadt hoch und runter drehte. Sobald ich sie ansah, bemerkte sie mich und sagte, ›was willst Du sonst noch‹ und ich sagte, ›was hast Du anzubieten?‹«

Ohne die Einfälle des Mannes zu seinem Klartraum ist eine Deutung natürlich nicht möglich. Allerdings ist der von ihm geschilderte Dialog mit der langnasigen grünhäutigen Frau, vor dem Hintergrund der grünen Stadt aus psychoanalytischer Sicht, nicht uninteressant. Sowohl die Farbe Grün, als auch unser Riechorgan, haben einen Bezug zur Sexualität. Redewendungen wie »jemanden nicht riechen können«, »wie die Nase des Mannes, so sein Johannes«, die anschwellende Nase Pinocchios oder aber auch das Beschnüffeln der Hunde unterstreichen diesen Zusammenhang.

Nicht ohne Grund ist der Kasperl, der personifizierte Phallus, mit langer Nase, Zipfelmütze und meist auch einer Keule ausgestattet. Phallische Attribute weist auch seine Gegenspielerin, die Hexe, im Puppentheater auf. Ihre lange Nase, ihre Warzen, ihr Bartwuchs, ihr Buckel, der Besen, auf dem sie reitet, und nicht zuletzt ihr wild wachsendes, aufgelöstes Haar.

Die Beziehung zwischen der Farbe Grün und der Sexualität leitet sich von der aufblühenden, »ergrünenden« Natur im Frühjahr ab. »Grün war im Mittelalter nicht nur die Farbe der Liebe, sondern auch die Farbe der bösen Schlangen und Dämonen. Im alten China besaß der Drache noch eine sehr positive Bedeutung. Er symbolisierte die göttliche Macht der Umwandlung, den Rhythmus der Natur sowie übernatürliche Weisheit und Stärke. Insofern wurde der Drache oft mit der Farbe Grün in Verbindung gebracht. Das Christentum deutete das positive Symbol um und schuf ein Ungeheuer, das alle bösen und destruktiven Eigenschaften in sich vereinte. Christliche Dämonen besaßen grüne Hautfarbe und grüne Augen, sie führten ihre Opfer direkt in die Hölle. Fruchtbarkeit als Symbol für die Farbe Grün wurde zu etwas Anrüchigem, da die christlichen Sittenhüter jeden Verdacht auf eine ungezügelte Sexualität vermeiden wollten. Der Teufel – als Jäger auf die Seelen – trat in einem grünen Rock auf. Obwohl manche Künstler des Mittelalters das Kreuz Christi grün malten oder Heilige auf ihren Bildern oft grün tragen – als Zeichen der Hoffnung – existiert bis heute die Vorstellung, dass Grün zusammen mit Gelb mit dem Begriff Gift verbunden ist. Giftgrün ist beispielsweise eine häufig benutzte Farbe«.[58]

Auf einen sexuellen Hintergrund der Szene weist auch der Umstand, dass sie »an einem Rad dreht« und »die Helligkeit der Lichter in der Stadt hoch und runter dreht«. Im übertragenen Sinn erinnert die rhythmische Drehbewegung der Frau, das Auf und Ab, an eine manuelle Stimulation, mit der sie die Erregung beim Mann an- und abschwellen lässt. Erst in diesem Kontext macht ihre Frage »Was willst du sonst noch« und seine Antwort »Was hast du anzubieten« Sinn. Aus diesem Blickwinkel liegt der Schluss nahe, dass psychedelisch Klarträume nicht anders als gewöhnliche Träume von unbewussten Triebkräften hervorgerufen werden. In ihrer Ausdrucksform bedienen sie sich ebenfalls einer archaischen assoziativen Bildersprache.

Wahrträume und Telepathie im Schlaf

In der psychoanalytischen Tätigkeit kommen einem immer wieder mysteriöse Träume unter, die eine übersinnliche Erklärung nahelegen. Sie scheinen jenen rechtzugeben, die zwischen auf die Zukunft ausgerichteten bzw. telepathischen Wahrträumen und »normalen« Träumen unterscheiden. Im Gegensatz zu Freud, der es ablehnte, etwas Übersinnliches oder »im Traum eine Ankündigung der Zukunft anzuerkennen, nach deren Enthüllung der Mensch seit jeher mit allen unerlaubten Mitteln vergeblich strebt«, war C. G. Jung von der Existenz okkulter Träume überzeugt. Ausgehend von der Bildersprache des Unbewussten ging C. G. Jung von einem allgemeinen »Prinzip der Synchronizität« aus. Darunter ist das gleichzeitige Auftreten von zwei oder mehreren ursächlich nicht verbundenen Ereignissen zu verstehen, die von einem außen stehenden Beobachter in einen sinnhaften Zusammenhang gebracht werden. Der Sinn ergibt sich immer erst aus der intuitiven Deutung des Geschehens.

Jemand, der auf der Straße einen Leichenwagen sieht und am nächsten Tag erfährt, dass zur selben Zeit ein entfernter Verwandter gestorben ist, mag diesem Zusammentreffen eine Bedeutung geben. Für einen anderen ist es bloß Zufall.

Ich bin diesem Phänomen in meiner psychoanalytischen Tätigkeit schon mehrmals begegnet. Dabei fiel mir auf, dass Personen, die im Zweifelsfall paranormalen Erklärungen den Vorzug gaben, auch im sonstigen Leben einen Hang zum magischen Denken aufwiesen. Rückblickend sind es jedoch nur wenige Berichte, die bei mir Ungewissheit hinterlassen haben, ob nicht doch Telepathie im Spiel war.

Vor längerer Zeit begann Paul bei mir eine Analyse, weil er unter schweren Angstzuständen litt. Er war verheiratet, hatte ein noch nicht schulpflichtiges Kind und war damals gerade dabei, seine Ausbildung abzuschließen. Er kam viermal in der Woche und war an der analytischen Arbeit sehr interessiert. Relativ bald erkannte er, dass die quälenden Ängste mit seiner unglücklichen Lebensgemeinschaft zusammenhingen.

An einem Donnerstagmorgen begann er seine Analysestunde mit einer Traumerzählung. Es war Nacht und er befand sich auf einem Friedhof. Gemeinsam mit seiner Frau und seinem Kind stand er andächtig vor einem Grab. Etwas abseits, nur wenige Schritte entfernt, befand sich am Rande der Dunkelheit ein weiteres, frisch aufgeschüttetes Grab, das ein schlichtes Holzkreuz schmückte. Um das andere Grab aus der Nähe zu betrachten, trat er ein wenig zur Seite. Dabei empfand er ein kaltes unheimliches Gefühl, so als würde er aus einem schützenden, geborgenen Umfeld treten. Als er vor dem anderen Grab stand, konnte er deutlich die Aufschrift »Baby« lesen. Im selben Atemzug schreckte er aus dem Traum hoch.

Zum Friedhof fiel ihm ein, dass er zu Beginn seiner Ausbildung gerne einen großen Friedhof am Rande der Stadt aufsuchte, um dort zu lernen. Die alten Gräber aus dem vorigen Jahrhundert übten eine beruhigende Wirkung auf ihn aus. Während er so auf einer Bank saß und lernte, kreuzte hin und wieder ein Leichenzug sein Blickfeld. Dabei ertappte er sich einmal bei der Vorstellung, dass es sich bei der Beerdigung um die seiner Frau und seines Kindes handelte. Beide, so malte er sich aus, wären bei einem Autounfall verunglückt. Der Gedanke, ohne sie weiterleben zu müssen, rührte ihn so sehr, dass ihm auf der Stelle die Tränen in die Augen schossen.

Dieser Erinnerung in Verbindung mit einem anderen Traumstück »ein paar Schritte zur Seite treten« – der Tritt zur Seite ist eine Mischung aus Seitensprung, Fehltritt – erübrigte die Deutung des zweiten Grabes mit der Inschrift »Baby«, die ihm aus dem Traum hochschrecken ließ. Ohne Baby hätte er sich schon längst von seiner Lebensgefährtin getrennt und statt heimlich Seitensprünge zu begehen, sein Glück bei einer anderen versucht. Die Möglichkeit, dass er sich auch anders von seiner Familie trennen könnte, war für ihn damals noch undenkbar. Mit dem Gefühl einer gelungenen Traumanalyse verabschiedete er sich von mir bis zum folgenden Montag.

Kaum hatte er sich am Montag auf die Couch gelegt, sprudelte es aus ihm heraus, »sie werden nicht glauben, was passiert ist«. Als er am Wochenende seine Mutter besuchte, erfuhr er von ihr, dass in der Nacht von Mittwoch auf Donnerstag sein Lieblingsonkel aus der Kindheit unerwartet an einem Herzinfarkt verstorben war. Dieser Onkel, eigentlich sein Großonkel, hatte früher viel mit ihm unternommen. In Erinnerung blieben Paul vor allem gemeinsame Stadionbesuche. Ihm zuliebe wurde er sogar Anhänger des Vereins, für den sein Onkel früher als Stürmer aktiv gewesen war. Paul konnte sich auch noch an einen Urlaub erinnern, den er mit ihm und dessen Ehefrau an einem See verbrachte. Wehmütig wurde ihm klar, dass er seit gut zwanzig Jahren keinen Kontakt mehr mit diesem Onkel gehabt hatte. Er wusste nicht einmal, wann er das letzte Mal an ihn gedacht hatte. Wirklich erstaunlich an dieser Geschichte war aber der Spitzname dieses Onkels. Als Jüngster von mehreren Geschwistern wurde er von seiner Familie nur »Baby« genannt. Baby mutierte mit der Zeit im Dialekt von »Bäbi« zum lautsprachlichen »Babi« und dieser Spitzname blieb ihm bis zu seinem Tode treu. Auch für Paul war er immer nur der »Baby-Onkel«.

Der Umstand, dass der »Baby-Onkel« in der Nacht von Mittwoch auf Donnerstag verstarb und dass Paul annähernd zur selben Zeit seinen »Baby-Grab« Traum hatte, ist natürlich verblüffend und eröffnet Tür und Tor für Spekulationen. Handelt es sich dabei um ein zufälliges Zusammentreffen zweier Ereignisse oder ist der Traum nicht doch eine Bestätigung dafür, dass es telepathische Phänomene gibt?

Ich muss ehrlich gestehen, dass ich bis heute zu keinem Urteil gelangt bin. Meine Unentschlossenheit gegenüber diesem Phänomen ist noch weiteren Träumen geschuldet. Einen erzählte Max im April 1997 in der Mitte seiner Analyse. Er träumte von »Joschi« Holaubek. Josef Holaubek war von 1947 bis 1972 Wiener Polizeipräsident. Legendär wurde er mit seinem Ausspruch »I bins dein (da) Präsident«, mit dem er sich Geiselnehmern vorstellte, die er zur Aufgabe bewegen wollte.

Als Max als Schulkind dazu vergattert worden war, für das »Rote Kreuz« zu sammeln, traf er auf dem Rathausplatz zufällig auf Josef Holaubek, der sich mit dem damaligen Bürgermeister Bruno Marek und anderen Männern in einem Gespräch befand. Berechnend dachte Max, dass der Bürgermeister und der Polizeipräsident einem Schulkind in aller Öffentlichkeit wohl die Spende nicht verweigern könnten. Noch dazu, wo es sich bei den beiden doch um altgediente Sozialdemokraten handelte. Siegessicher streckte er ihnen die Spendenbüchse entgegen. Doch statt der erwarteten Münzen und dem gönnerischen Lächeln erhielt er eine derart schroffe Abfuhr, die ihn bis in die Zeit der Analyse kränkte. Trotz dieser Kränkung war Joschi Holaubek bis zum Zeitpunkt der Traumerzählung nie ein Thema.

Max träumte also von Josef Holaubek. Umso überraschter war er, als er diesen auf dem Weg zur Analyse vor einer Bäckerei vermeintlich begegnete. Bei genauerer Hinsicht im Geschäft stellte sich allerdings heraus, dass es sich dabei nur um einen alten Mann handelte, der Holaubek unglaublich ähnlich schaute.

In der anschließenden Stunde ging es ausschließlich um den ehemaligen Polizeipräsidenten, die Kränkung, die er Max zugefügt hatte und davon, wie leicht man sich verrückt machen könne. »Wäre ich dem Mann nur flüchtig auf der Straße begegnet und nicht wie er zum selben Bäcker gegangen«, reflektierte Max »würde ich jetzt sicher sein, dass es sich bei ihm um Joschi Holaubek gehandelt habe und dem Zusammentreffen eine rätselhafte Bedeutung geben«. Die restliche Stunde beschäftigen wir uns mit dem Aberglauben und der Leichtgläubigkeit der Menschen.

Als Max am nächsten Tag wieder zur Analyse kam, erzählte er, was ihm nach der Stunde am Vortag widerfahren war. Weil es sich um einen der ersten warmen Tage im Jahr handelte, hatte sich Max entschlossen, die Frühlingssonne zu genießen und den Heimweg zu Fuß zurückzulegen. Im Gedanken hing er noch der seltsamen Begegnung vom Morgen nach, als er beim Einbiegen in den Stephansplatz fast mit einem Mann zusammenstieß. Diesmal war es der »echte« Joschi Holaubek.

Sandras Großmutter war im Leben eine dominante Frau gewesen. Lange Zeit hatte Sandra nicht verstanden, warum sich ihre Mutter von ihr nicht lösen konnte. Sie selbst stand der Großmutter kritischer gegenüber und war nicht nur traurig gewesen, als diese im hohen Alter das Zeitliche segnete.

»Als ich diesen Traum hatte, lag meine Großmutter bereits seit drei Wochen im Krankenhaus. Ich wusste, dass es nicht besonders gut um sie stand. Sie war schon sehr schwach und hatte Probleme mit der Lunge. Keiner konnte zu diesem Zeitpunkt jedoch wissen, wie lange sie noch unter uns sein würde, ein paar Tage, Wochen oder sogar Monate. Wir wussten es nicht.

Ich habe zu dieser Zeit in England gelebt und nur über

Telefon von meinen Eltern Informationen über den Gesundheitszustand meiner Großmutter erhalten. Eines Nachts, kurz vor dem Aufwachen, hatte ich diesen Traum. Ich war im Haus meiner Eltern, noch als Kind, etwa zehn Jahre alt. Meine Oma saß auf einem Sofa im Wohnzimmer. Ich ging auf sie zu, kniete mich am Boden vor sie hin und umarmte sie fest. Ich verabschiedete mich von ihr innig. Nach dem Aufwachen rief mich meine Schwester an und teilte mir mit, dass meine Großmutter verstorben war. Meine zeitliche Rekonstruktion ergab, dass sie während oder kurz nach dem Traum von uns gegangen sein musste.«

Im Alltag hat vermutlich jeder schon eine ähnliche Erfahrung gemacht. Wir denken an eine bestimmte Person und im nächsten Augenblick ruft sie an. Im Traum begegnet uns ein Mensch, den wir schon lange nicht mehr getroffen haben, wenige Stunden später läuft er uns über den Weg. Wir reagieren stets überrascht und viele neigen dazu, diesem Zusammentreffen eine übersinnliche Bedeutung zuzuschreiben. Aber mit welchem Recht? Wie oft sinnieren wir über Menschen, ohne dass das Telefon läutet? Wie oft träumen wir von einer Person, der wir nicht am nächsten Tag begegnen?

Um zu verstehen, warum wir dem zeitgleichen Zusammentreffen von ähnlichen Ereignissen eine so große Bedeutung beimessen, ist es notwendig, die Funktionsweise unseres Gehirns ein wenig besser kennenzulernen. Die menschliche Gehirnrinde enthält etwa zehn Milliarden Neuronen (Nervenzellen). Jedes Neuron besteht aus einem Inputbereich, einem Informationsverarbeitungszentrum und einem Outputbereich. Den Inputbereich bilden Zehntausende Dendriten, verästelte Fortsätze einer Nervenzelle, über die Informationen von anderen Neuronen in den Zellkörper gelangen, wo sie verarbeitet werden. Über den Outputbereich, dem Axon, wird die Information zu anderen Neuronen weitergeleitet. Neuronen können auf zweierlei Weise miteinander verbunden sein. Neben festen neuronalen Verbindungen gibt es lose, synaptische. Synapsen sind eine Art Brückenkopf, der das Axon eines Neurons mit den Dendriten anderer Neuronen verbindet. Die synaptische Übertragung der Information kann auf elektrischem oder chemischem Weg erfolgen. Bei der chemischen Übertragung werden die elektrischen Signale vor der Weiterleitung in chemische umgewandelt.

Nach der Hebbschen Lernregel[59] wird die Verbindung zwischen zwei Neuronen umso stärker, je öfter sie gemeinsam aktiviert werden. Wenn ein Reiz unser Gehirn erreicht, sind es allerdings nicht nur zwei, sondern unzählig viele Neuronen, die gleichzeitig aktiv werden. Durch die Veränderungen in den Synapsen der zeitgleich aktivierten Neuronen wird in das neuronale Netz unseres Gehirns eine Art Muster eingraviert. Sie können sich das wie bei einer schneebedeckten Wiese in einem Park vorstellen. Am frühen Morgen, nachdem es geschneit hat, ist die Schneedecke noch unberührt. Später werden sie Menschen überqueren, die kreuz und quer ihre Spuren im Schnee hinterlassen. Einige Spuren werden häufig frequentiert, andere nur ein einziges Mal. Je häufiger eine Spur benutzt wird, umso ausgetretener ist der Pfad und umso schneller kommt man auf ihm weiter. Analog dazu gibt es in unserem Gehirn ausgetretene Neuronenpfade und solche, die nur höchst selten benutzt werden. Im Gehirn einlangende Reize aktivieren bestimmte neuronale Muster, ausgetretene Pfade, die unseren Vorstellungen, Gedanken, Erinnerungen zugrunde liegen.

Die wahrgenommenen Objekte in der Außenwelt werden im Sinne der Ähnlichkeit, Gegensätzlichkeit oder Gleichzeitigkeit zu Merkmalsklassen zusammengefasst und im neuronalen Netz unseres Gehirns verankert. Es wird also zum Beispiel nicht jeder Baum einzeln im Gehirn abgespeichert. Wann immer aber man einen Baum wahrnimmt, wird das Muster der zugehörigen Merkmalsklasse aktiviert und das Gehirn erkennt, dass es sich bei dem wahrgenommenen Objekt um eines der Merkmalsklasse Baum handelt. Die Fähigkeit, Ähnlichkeiten oder Gemeinsamkeiten zwischen Objekten zu erkennen und sie in einen sinnhaften Zusammenhang zu stellen, kann mithilfe von Intelligenztests sogar gemessen werden. Ohne diese Fähigkeit des menschlichen Gehirns hätte es keine Begriffsbildung und damit auch keine Sprachentwicklung gegeben. Wenn durch die Wahrnehmung zwei gleiche Muster knapp hintereinander aktiviert werden, unterstellt unser Gehirn diesem Zusammentreffen automatisch einen sinnhaften Zusammenhang. Stellen Sie sich vor, Sie würden an einem psychologischen Experiment teilnehmen, bei dem Sie mit von einem Zufallsgenerator ausgewählten Paaren von Lichtsignalen konfrontiert werden. Sie sollen durch Knopfdruck jene Paare auswählen, die aus Ihrer Sicht in einem sinnhaften Zusammenhang stehen. Die Lichtreize beginnen: rot-weiß, grün-violett, braun-blau, schwarz-ocker, rot-rot, türkis-gelb, weiß-blau, schwarz-grün, schwarz-weiß, gelb-pink, gelb-grün, grün-grün, orange-violett. Was wäre das Ergebnis?

Gleiche Farbsignale würden signifikant häufiger als sinnhaft zusammengehörig erlebt. Dann kämen mit einiger Wahrscheinlichkeit die Kombinationen von Komplementärfarben. Dasselbe Phänomen können Sie auch bei Würfelspielen beobachten. Jedes hintereinander gewürfelte Zahlenpaar hat die gleiche Auftrittswahrscheinlichkeit. Wenn nacheinander die Eins und die Drei fallen, wird das wohl kaum jemand außergewöhnlich finden. Sobald jedoch zweimal aufeinander dieselbe Augenzahl folgt, wird dem schon mehr Bedeutung beigemessen. Der Sinn, den wir zufällig zusammentreffenden Ereignissen zuschreiben, hat vermutlich weniger mit einem verborgenen übersinnlichen Ordnungsprinzip zu tun, wie C. G. Jung annahm, als mit der Funktionsweise unseres Gehirns. Nach dem Gesetz der Wahrscheinlichkeit müssten wir erst dann hellhörig werden, wenn solche seltsamen Zufälle nicht passierten. Ein bezeichnender Artikel zu diesem Thema findet sich in der Zeit-Online: »Beim Stichwort »Wunderheilung« denken viele an Lourdes. An diesem französischen Pilgerort fanden bis heute 69 kirchlich anerkannte und angeblich medizinisch überprüfte Wunder statt, davon vier spontane Heilungen von schweren Krebserkrankungen. Aber was lässt sich aus statistischer Perspektive dazu sagen?

In der Medizin gibt es das inzwischen seriös erforschte Phänomen der Spontanremission im Falle schwerer Krebserkrankungen. Hierbei bilden sich Metastasen und Tumore plötzlich selbstständig zurück, was in etwa bei einem von 100.000 bis 1.000.000 Fällen auftritt. Das ist extrem selten.

Doch muss bedacht werden, dass jedes Jahr rund fünf Millionen Pilger Lourdes besuchen. Rechnen wir konservativ, dass sich darunter fünf Prozent Krebskranke befinden, dann müsste wiederum konservativ gerechnet, im Schnitt alle vier Jahre eine solche Spontanheilung bei Krebs aufgrund eines Besuches in Lourdes zu verzeichnen sein. Doch in der 150-jährigen Geschichte des Wallfahrtsortes gab es davon nur vier, die offenbar einer medizinischen Prüfung standhielten.«[60]

Ungeachtet der statistischen Beweisführung betrachtet C. G. Jung solche Phänomene als Manifestation eines übersinnlichen Ordnungsprinzips. Das Zusammentreffen der Ereignisse wird erst durch die Bedeutung, die es für den Beobachter hat, zu etwas Außergewöhnlichem. Daher räumt C. G. Jung dem Beobachter in seinem Synchronizitäts-Modell einen besonderen Stellenwert ein.

Jenseits von Zufall und ursächlichem Zusammenhang wird hier eine verborgene Gesetzmäßigkeit behauptet, deren Existenz sich nur einem bewusstseinsfähigen Wesen enthüllt. Erst der Beobachter gibt dem zeitlichen Zusammentreffen zweier Ereignisse Sinn. Das wirft freilich die Frage auf, ob der Sinn schon a priori vorhanden ist und vom Beobachter nur enthüllt wird, oder ob die Sinngebung ausschließlich auf seiner intuitiven Deutung beruht und daher höchst subjektiv ist. Würde ein zweiter Beobachter dem Zusammentreffen der Ereignisse eine ähnliche Bedeutung beimessen oder zu einem gänzlich anderen Schluss kommen?

Der »Baby«-Traum, aber erst recht der »Joschi Holaubek«-Traum, liegen für mich in einem Grenzbereich. Sobald ich in mich hineinhöre, spüre ich, wie sehr sich mein Gefühl gegen meine rationale Analyse auflehnt. »Solche Merkwürdigkeiten gibt es zwangsläufig. Das verlangt das Gesetz der Wahrscheinlichkeit«, sagt der Verstand. »Diese Zusammentreffen ergeben doch einen Sinn. Das kann kein Zufall sein«, sagt das Gefühl und ich misstraue dem Gefühl. Zu gut ist mir bekannt, wie sehr das Wunschdenken in der Lage ist, die Sicht auf die Realität zu verzerren.

Aber ich muss ehrlich zugeben, dass mich die rationale Erklärung vor allem des zweiten Traumes auch nicht restlos überzeugt. Also halte ich es mit dem Agnostizismus. Überprüfen und beweisen lässt sich nur die rationale Sichtweise. Existiert darüber hinaus eine weitreichendere Deutung, die zurzeit unserem begrenzten Wissen nicht zugänglich ist, soll mir das auch recht sein. Es muss aber klar sein, dass es sich dabei um Spekulationen handelt. Man kann C. G. Jung und seinen Anhängern innerhalb und außerhalb der Esoterikszene den Vorwurf nicht ersparen, psychoanalytische Theorien und Konstrukte zu missbrauchen, um damit eigene okkulte Vorstellungen zu rechtfertigen. Wenn es um die Schändung der menschlichen Vernunft geht, stehen manche psychotherapeutische Schulen, Sekten, New Age und Esoterik den traditionellen Religionen um nichts nach. Esoterik-Jünger präsentieren ihre Unwissenheit gerne in selbstgefälliger Überheblichkeit, frei nach dem Motto: »Was ich glaube, kann ich zwar nicht beweisen, trotzdem weiß ich mehr als die Wissenschaft sich träumen lässt.«

Wie fragwürdig das von Jung postulierte »Synchronizitätsprinzip« ist, zeigt dessen Umkehrung in der Wahnstörung, wenn ein Mensch der Außenwelt willkürlich Zeichen entnimmt und diese in einen sinnhaften Zusammenhang mit schon vorhandenen seelischen Inhalten stellt.

Ein junger Mann lebte in der Gewissheit, von einer übernatürlichen Macht Zeichen zu empfangen. Insgeheim war er davon überzeugt, dass diese Macht über seinem Leben wachte und ihm mittels Zeichen kundtat, wie sie gerade zu ihm stand. Ob sie ihm wohlgesonnen war oder ihm ablehnend gegenüberstand, weil er Schuld auf sich geladen hatte.

Die Zeichen gehorchten keinem rationalen Ordnungsprinzip, sondern wurden von ihm willkürlich aus der Umgebung gegriffen. Intuitiv wusste er, wann er ein Geschehnis als Zeichen zu deuten hatte. Das Lächeln der Fernsehsprecherin konnte für ihn genauso bedeutsam sein wie eine bestimmte Handbewegung von ihr oder Worte, die er auf sich bezog. Zeichen offenbarten sich ihm auch in Form von Straßengeräuschen, Tierlauten oder Wortfetzen. Oft waren es spezielle Konstellationen – wenn ihm zum Beispiel auf einem engen Gehweg ein dicker Mensch den Weg verstellte oder drei gleichfarbige Autos hintereinander parkten –, die in seiner Vorstellungswelt eine besondere Bedeutung erhielten. Diese Zeichen standen für ihn stets in einem sinnhaften Zusammenhang mit aktuellen Alltagsereignissen oder Lebensproblemen. In gewisser Weise regelten die Zeichen sein Leben, indem er anstehende Entscheidungen von ihnen abhängig machte. Niemand anderer hätte in den von ihm als Zeichen bestimmten Vorkommnissen etwas Besonderes erblickt oder ihnen gar denselben Sinn zugeschrieben wie er.

Auf der anderen Seite berichten Menschen in der Analyse über Dinge, die sich vollkommen verrückt anhören, ohne dass die Erzähler einen verrückten Eindruck machen. Dabei denke ich an ein Paar, das wegen sexueller Probleme vor längerer Zeit meine Praxis aufsuchte. In den ersten Stunden sprachen Tomi und Anna ausführlich über die Zeit, wie sich kennenlernten und einander langsam näherkamen. Dabei kam auch ein merkwürdiges Vorkommnis zur Sprache. Als sie etwas länger als ein halbes Jahr zusammen waren, beging eine nahe Verwandte der Frau Selbstmord. Einige Monate später wollten sie nach einem Ausflug deren Grab besuchen. Weil sie vorher getrödelt hatten, war der Friedhof schon geschlossen, als sie hinkamen. Daher setzten sie sich außerhalb auf die Friedhofsmauer, genossen die Abendsonne und plauderten über eine unmittelbar bevorstehende Urlaubsreise. Plötzlich vernahmen sie unmittelbar hinter ihrem Rücken schwere menschliche Schritte. Sie dachten zuerst, dass sich ihnen ein Friedhofsarbeiter unbemerkt genähert hätte, konnten aber niemanden ausmachen. Es hörte sich so an, als würde eine Person unmittelbar hinter der Mauer auf und ab gehen, dazwischen kurz innehalten um danach den Gang wieder fortzusetzen. So sehr sie sich bemühten, sie konnten trotz der freien Sicht niemand ausmachen. Auch ihre Rufe blieben unbeantwortet. Da packte sie die Angst und sie verließen rasch ihren Rastplatz.

Bald danach führte sie ihre Urlaubsreise durch mehrere Länder Europas, unter anderem auch durch Frankreich. Weil ihre finanziellen Mittel beschränkt waren, verbrachten sie die Nächte im Zelt auf Campingplätzen oder schliefen im Auto. Weil sie an diesem Tag schon lange unterwegs waren, beschlossen sie bei Beaumetz-lès-Loges, einem kleinen Ort in der Nähe von Arras, im Auto zu nächtigen. Sie suchten einen abgelegenen Platz abseits der Hauptroute und folgten einem Feldweg, der links von der Straße abzweigte. Nach einigen Minuten fanden sie sich am Rand eines abgeernteten Feldes, drehten die Scheinwerfer ab und richteten sich auf die Nacht ein.

In der Stille konnten sie beide plötzlich wieder dieselben schweren Schritte vernehmen, die ihnen schon vor drei Wochen hinter der Friedhofsmauer so große Angst eingejagt hatten. Dieses Mal waren sie unmittelbar vor der Kühlerhaube zu hören. So, als würde ein Mensch langsamen Schrittes mit Unterbrechungen auf und abgehen. Sie vergewisserten sich noch einmal, dass sie beide dasselbe hörten, bevor Tomi gegen Annas Willen die Scheinwerfer wieder aufdrehte und vor das Auto trat. Er rief zuerst in französischer, dann in englischer und deutscher Sprache, ob jemand da wäre, ohne dass er eine Antwort erhalten hätte. Das Etwas schien nur kurz stehen zu bleiben, setzte dann aber seinen Gang in bekannter Weise fort. Jetzt unmittelbar vor Tomi. Obwohl er im Scheinwerferkegel das ganze Feld einsehen konnte, war da niemand. Dennoch waren die Schritte deutlich zu hören. Wie schon beim Friedhof gerieten sie beide in Panik und kehrten eilig auf die Straße zurück. Sie rätselten zwar noch einige Tage lang über das seltsame Phänomen, maßen ihm aber keine besondere Bedeutung bei. Wahrscheinlich waren es ja Tiere, die ihnen entgangen sind oder sie hatten sich die ganze Sache nur eingebildet.

Nach ihrer Rückkehr setzten die Hundstage ein. Drückende Schwüle lag auf den Häusern ihrer Stadt und brachte die Menschen um den Schlaf. Auch Tomi wälzte sich schlaflos auf ihrem Futon. Seiner Erinnerung nach lag er schon längere Zeit wach, als er plötzlich ein deutliches Klopfen auf der Matratze rechts neben sich vernahm. Verwirrt griff er in die Richtung, aus der das Geräusch kam, als er plötzlich spürte, wie seine Handoberfläche zärtlich gestreift wurde. Geschockt zog er seine Hand zurück. Sein Herz pochte wie wild. Mit zittrigen Fingern sucht er den Lichtschalter. Als das Licht anging, sah er seine Frau links neben sich liegen, wie sie gerade aus dem Schlaf gerissen ihre Augen vor dem grellen Licht schützte. Sie konnte es also nicht gewesen sein. Aufgeregt erzählte er ihr, was er gerade erlebt hatte. »Du wirst das geträumt haben«, meinte sie.

Möglicherweise hatte Anna recht. Wie wir wissen, gibt es Klarträume, bei denen die Träumer noch schlafen, obwohl sie das Gefühl haben, hellwach zu sein. Meine Mutter hatte einen solchen, von dem sie der Familie aufgeregt berichtete.

Sie sei am Morgen erwacht und hätte gesehen, wie Steffi, ihre beste Freundin, vor dem Schlafzimmerspiegel stehend, ihr langes Haar kämmte. Obwohl sie Steffi wiederholt mit ihrem Namen ansprach, reagierte sie nicht, sondern bürstete ruhig weiter. Danach hätte sich ihr Bild in Nebelschwaden aufgelöst. Ich ging zu dieser Zeit noch nicht in die Schule und war von dieser Erzählung ziemlich beeindruckt, zumal ich mir auf die Geschichte keinen Reim machen konnte. Wie war es möglich, dass jemand, der da war, sich einfach in Luft auflöste? Wenn sie aber gar nicht da war, wieso konnte meine Mutter sie dann sehen? Und warum antwortete Steffi nicht? Sie muss die Fragen meine Mutter ja gehört haben? Vielleicht gab es doch Gespenster! Möglicherweise wurde mein Interesse für Träume schon damals geweckt.

Auch das Erlebnis eines amerikanischen Naturwissenschaftlers, über das die »Welt« berichtete, könnte ein Wachtraum gewesen sein. »Gewöhnlich nur im engsten Freundeskreis berichtet der amerikanische Chemiker James Grant, der mehrere Jahre in Deutschland an einem Max-Planck-Institut tätig war, über ein sonderbares Erlebnis während seines Studiums. Da im Studentenheim kein Platz mehr frei gewesen sei, habe er sich gleich nach seiner Ankunft in eine Warteliste eingetragen. Unerwartet rasch sei jedoch ein Zimmer frei geworden.

Kurz nach dem Einzug sei er eines Nachts aufgewacht und habe in seinem Zimmer im Schein einer Straßenlaterne einen jungen Mann mit schwarzem, lockigem Haar bemerkt. Er habe sich furchtbar erschreckt und dem vermeintlichen Nachbarn gesagt, dass er sich wohl im Zimmer geirrt habe. Doch dieser habe überhaupt nicht reagiert, sondern ihn nur tieftraurig angeschaut. Nach dem Einschalten des Lichtes sei die Gestalt nicht mehr wahrnehmbar gewesen. ›Da ich mir absolut sicher war, dass ich nicht geträumt hatte, erzählte ich am nächsten Morgen der Heimleiterin von der seltsamen Begegnung und beschrieb ihr genau, wie der junge Mann ausgesehen hat‹, berichtet Grant. Daraufhin habe diese kurz im Archiv gesucht und ihm ein Foto gezeigt, auf dem er sofort den jungen Mann erkannt habe. Das schier Unglaubliche beschreibt Grant wie folgt: ›Als ich sie fragte, um wen es sich handle, erwiderte sie mit bebender Stimme, dass es mein Vormieter gewesen sei, der sich kurz zuvor das Leben genommen habe.‹«[61]

Selbst wenn wir Grants Traum als Wahrtraum deuten, erklärt das nicht, warum er von seinem Vormieter träumte, der sich kurz davor das Leben genommen hatte. Aus Erfahrung stehe ich scheinbar unerklärlichen Berichten eher skeptisch gegenüber. Wie sehr man sich täuschen kann, habe ich am eigenen Leib erfahren. In der Zeit meiner zweiten Analyse hatte ich eines Nachts einen Alptraum von einem jungen Mann, der sich an einem Ast erhängt hatte. Mein Herz raste wie wild, als ich aus diesem Traum hochschreckte und ich brauchte einige Zeit, um mich wieder zu beruhigen.

Damals befand sich meine Praxis noch in meiner Wohnung, durch zwei lange Vorräume vom Wohnbereich getrennt. Meine eigenen Analysetermine lagen alle in der Früh. Bevor ich die Wohnung zur Analyse verließ, hörte ich immer den Anrufbeantworter im Praxisraum ab, um über etwaige Terminabsagen rechtzeitig informiert zu sein. An diesem Morgen traute ich meinen Ohren nicht. Völlig außer sich und mit überschlagender Stimme schrie mir eine Drogenpatientin aufs Band, dass sie unbedingt noch heute einen Termin bräuchte, weil sich ihr Lebensgefährte in der Nacht an einem Parkbaum erhängt hätte. Ich war wie vom Blitz getroffen. Das konnte jetzt aber nicht wahr sein. Ich war froh, dass ich mit meinem Analytiker gleich über diese mysteriöse Geschichte sprechen konnte.

Zu dieser Zeit brachte ich vor der Analyse immer meine Tochter in den Kindergarten, der nahe unserer Wohnung in einem Park lag. Dieses Mal wurde der Weg dorthin durch ein Hindernis blockiert. Vor uns lag ein vom Sturm geknickter großer Ast. Sie können sich vorstellen, dass der geknickte Ast unter diesen Umständen für mich eine weitere Bestätigung dafür war, dass hier irgendetwas Unheimliches vor sich ging.

In der Analysestunde legte ich sofort los und muss sagen, dass sich auch mein Analytiker, der es sonst mit der Abstinenz sehr ernst nahm, von meiner Schilderung sehr beeindruckt zeigte. Wir rätselten lange über die Ursache dieser außergewöhnlichen Verkettung, bis mir gegen Ende der Stunde plötzlich mein Anrufbeantworter im Praxisraum einfiel. Der war zwar durch mehrere Zimmer vom Schlafzimmer getrennt, aber in der Nacht, wenn ich vergessen hatte ihn wieder auf lautlos zu stellen und wenn alle Türen offen waren?

Noch am selben Abend führte ich in meiner Wohnung ein Experiment durch. Tatsächlich war es auch im Schlafzimmer möglich, Nachrichten, die auf den Anrufbeantworter gesprochen wurden, zumindest teilweise mitzuhören, sofern das Gerät auf laut gestellt war. Dazu musste es allerdings in der Wohnung ganz still sein, was mitten in der Nacht üblicherweise der Fall ist und alle Zwischentüren offen stehen. Leider hatte ich weder die Einstellung des Anrufbeantworters an diesem Abend in Erinnerung, noch wusste ich, ob in der Nacht Zwischentüren geschlossen waren. Aber alles spricht dafür, dass mir die aufgeregte Stimme meiner Patientin zu Ohren kam, während sie das Band besprach und mein Alptraum erst durch den Inhalt ihrer Nachricht hervorgerufen wurde.

Ohne den Einfall mit dem Anrufbeantworter wäre ich bis heute überzeugt gewesen, es mit einem unerklärlichen okkulten Phänomen zu tun zu haben. Ich vermute, dass es auch für Grants Geschichte eine natürliche Erklärung gibt, der jedoch der Zugang zum Bewusstsein verwehrt geblieben ist. Das kann das Bild des Selbstmörders in einer alten Campuszeitung in der Mensa gewesen sein, oder ein Nachruf, der auf einer Pinnwand im Institut verblieben ist. Die Information kann seiner bewussten Aufmerksamkeit zwar entgangen sein, unbewusst könnte er sie aber dennoch wahrgenommen haben. Da es aber keinen Sinn macht, über eine Begebenheit zu spekulieren, die nicht überprüft werden kann, beschäftigen wir uns jetzt lieber mit Träumen, die nicht an den Schlaf gebunden sind, den Tagträumen.

Das weite Land der Tagträume

Der rätselhaften Welt, die wir im Traum betreten, wird seit Urzeit große Beachtung geschenkt. Im Gegensatz zu den Tagträumen, den nächsten Verwandten der nächtlichen Träume. Lange Zeit maß man diesem Phänomen in der Psychologie keine besondere Bedeutung bei. Die Psychoanalyse erkannte als Erste die fundamentale Bedeutung der Fantasie für das menschliche Seelenleben, steht mit dieser Erkenntnis jedoch nach wie vor allein auf weiter Flur. Das überrascht, denn die menschliche Fähigkeit, Fantasien zu entwickeln, die Realität in Gedanken nach den eigenen Vorstellungen umzuformen, Ereignissen eine subjektive Bedeutung zuzuschreiben und Erinnerungsstücke neu zu kombinieren, waren enorme Schritte in der Evolution und wesentliche Voraussetzungen für die Ausbildung von Intelligenz, Kreativität und originellem Problemlösungsverhalten. Letztlich sind Fantasien immer Variationen, die sich aus der Neuanordnung vorhandener Gedächtnisinhalte ergeben. Im geistigen Bereich sind sie die eigentlichen Schöpfer des Neuen.

Die inneren und äußeren Reize, denen wir im Alltag ununterbrochen ausgesetzt sind, rufen assoziative Bilder und Gedanken hervor, die aber nur selten bis ins Bewusstsein vordringen. Im Normalfall werden sie von den Vorgängen auf der bewussten Ebene überlagert und bleiben in einer Art vorbewusstem Zustand. Wie wir die Vorgänge in der

Realität interpretieren, hängt nicht zuletzt von den Fantasien ab, die unseren Zuschreibungen zugrunde liegen. Wie im nächtlichen Traum schaffen wir uns auch im Tagtraum eine Welt, die unseren Wünschen entspricht. Wenn wir zum Beispiel auf einer Gesellschaft einem fremden Menschen begegnen, ist der, selbst wenn wir von ihm nichts wissen, kein unbeschriebenes Blatt. Noch bevor wir ein Wort mit dieser Person wechseln, haben wir Vorstellungen von ihr. Auf der Grundlage dieser fiktiven Zuschreibungen entsteht ein Bild, das allerdings, wie der folgende Tagtraum zeigt, mehr über einen selbst als über die andere Person aussagt.

Markus wurde gemeinsam mit einer Kollegin und einigen Personen aus ihrem beruflichen Umfeld zu einer Projektbesprechung bei einem Arbeitsfrühstück eingeladen. Der Gastgeber, der das Projekt leiten sollte, war eine anerkannte, gleichzeitig aber auch sehr schwierige Persönlichkeit. Markus hatte ihn über seine Kollegin kennengelernt und bereits einige Projekte mit ihm erfolgreich abgewickelt. Im Laufe ihrer beruflichen Zusammenarbeit waren sie sich persönlich nähergekommen. Das Frühstück sollte nicht zuletzt auch die freundschaftliche Beziehung zwischen den beiden Männern intensivieren.

Bei der Einladung wurde Markus einer Frau vorgestellt, von der er sofort hingerissen war. Leider erfuhr er nur ihren Vornamen und nicht, wer sie war und zu wem sie gehörte. Also wollte er bei seiner Arbeitskollegin mehr über sie in Erfahrung bringen. Sie war sich nicht sicher, meinte aber, dass es sich bei ihr um die Schwester des Gastgebers handeln müsse. Obwohl diese Frau sehr zurückgezogen agierte, sich kaum an der Unterhaltung beteiligte und auch sonst keine ermutigenden Zeichen setzte, fühlte sich Markus extrem stark zu ihr hingezogen. Während er noch überlegte, wie er ihr näherkommen könnte, entnahm er dem Tischgespräch, dass sie die Lebensgefährtin des Gastgebers war. Markus sah seine Chancen schlagartig schwinden. Als Reaktion auf diese Enttäuschung lief unversehens ein Film in seinem Kopf ab. In seiner Fantasie unterstellte er ihr, dass sie nur aus berechnenden Gründen mit diesem Mann zusammen wäre. Ohne auch nur das Geringste über sie und ihre Lebensumstände zu wissen, malte er sich die beruflichen und ökonomischen Vorteile aus, die ihr aus dieser Beziehung erwüchsen. Er entwertete sie in seiner Vorstellung und dichtete ihr darüber hinaus noch zusätzlich schlechte Eigenschaften an. Frauen wie sie, dachte er voll Neid, bekämen alles, ohne sich anstrengen zu müssen.

Es liegt auf der Hand, dass sich Markus in diesem Tagtraum die Realität zurechtgebogen hatte, und zwar so, dass er am Ende wieder gut dastehen konnte. Wenn die Frau ohnedies so schlecht war, wie er sie in seiner Vorstellung machte, brauchte er ihr keine Träne nachzuweinen. Die Möglichkeit, dass seine Fantasie möglicherweise Blüten trieb, existierte für ihn nicht. Ganz im Gegenteil. In seiner Vorstellung verfügte sein Widersacher über schier unbegrenzte Ressourcen. Dagegen nahm er sich wie ein Würstchen aus. Keine angenehme Vorstellung. Wie als Bub in der Rivalität mit dem übermächtigen Vater um die Gunst der Mutter, fühlte er sich ihrem Lebensgefährten hoffnungslos unterlegen. Als Kind war er seinem Vater in der Rivalität um die Mutter ja wirklich unterlegen. Ein Fünfjähriger kann einer Frau nicht dasselbe bieten wie ein erwachsener Mann. Er kann sich nur mit dem Gedanken trösten: »Irgendwann, wenn ich groß bin.« In der Einschätzung seiner Chancen bei dieser Frau folgte er derselben Logik. »Eine solche Frau würde niemals jemanden wie dich begehren«, suggerierte ihm eine innere Stimme und: »Bei der hast du doch nicht die geringste Chance.« Zum Glück kam ihm eine andere Eingebung zu Hilfe. »Klar, dass sie sich dem an dem Hals wirft, bei den Vorteilen, die sie durch ihn hat. Ganz schön berechnend. Lass es sein, bei der versäumst du nichts …«

Als sie Jahre später ein Paar wurden, war Markus längst

klar, wie falsch er mit seiner ursprünglichen Annahme gelegen hatte. Die aktuelle Rivalität mischte sich mit einer früheren, in der er als Kind tatsächlich noch chancenlos war. Als erwachsener Mann hätte er damals genauso gut in den Ring steigen und mit offenen Visier um sie kämpfen können. Stattdessen entzog er sich der Rivalität, indem er die Frau, die er liebte, entwertete. Als Kind ersparte er sich auf diese Weise, den übermächtigen Revierverteidiger (ursprünglich der Vater) herauszufordern, und konnte weiter an der Illusion von der eigenen Überlegenheit festhalten. »Wenn ich wirklich wollte, würde ich sie auch kriegen. Aber jemanden wie sie will ich ja gar nicht.« Wer im Leben Erfolg haben will, muss sich den Herausforderungen stellen, auch wenn er dabei gelegentlich Schiffbruch erleidet.

Der Großteil unserer Fantasien dreht sich um sexuelle Inhalte. Abgesehen von den erotischen Tagträumen und Masturbationsfantasien sind wir im Alltag unzähligen sexuellen Reizen ausgesetzt, die nahezu reflexartig Wunschvorstellungen auslösen. Die meisten bleiben nur für den Bruchteil einer Sekunde im Bewusstsein. Manche tauchen in den nächtlichen Träumen wieder auf. Das Überwiegen der sexuellen Fantasien hat mit dem Algorithmus zu tun, der unser Gehirn steuert. Unsere grauen Zellen wurden von der Evolution auf Sex (Fortpflanzung) und Macht (Selbsterhaltung) programmiert, Lust zu maximieren und Unlust zu vermeiden. Stets wird erfolgreiches Handeln von Lust, erfolgloses von Unlust oder Schmerz begleitet. Die natürliche Auslese hat dazu geführt, dass die intensivste Lust des Menschen, der Orgasmus, an die Fortpflanzungsfunktion angelehnt ist. Ohne diese Koppelung von sexueller Lust und Fortpflanzung würden wir gar nicht existieren. Die Tatsache, dass die erotischen Tagträume von Frauen eher passiv, masochistisch und die von Männer aktiv, sadistisch ausgerichtet sind, ergibt sich aus den unterschiedlichen biologischen Voraussetzungen. In Übereinstimmung mit der Beschaffenheit der Geschlechtsorgane – die Frau verfügt über das aufnehmende, der Mann über das eindringende Sexualorgan – sind auch die männlichen und weiblichen Sexualfantasien komplementär auf einander abgestimmt.

Sexuelle Tagträume spielen bei der Selbstbefriedigung eine wichtige Rolle. Was wir dabei uns ausmalen, wünschen wir uns auch. Gäbe es keine kulturellen Triebschranken, würde all das, was sich in den Masturbationsfantasien abspielt, in Wirklichkeit passieren. Selbst was sexuelle Triebtäter ausleben, steckt in jedem Menschen. Wenn auch tief vergraben in der geheimen Welt des Unbewussten. Der Unterschied zwischen normalem und gestörtem Verhalten, besteht lediglich in der Fähigkeit zur Kontrolle der sexuellen Impulse. Dabei geht es nur in den seltensten Fällen um die erwachsene, genitale Sexualität. In der überwiegenden Mehrzahl sind es Triebregungen aus der frühen Kindheit, die von der Befriedigung abgehalten werden müssen. Wenn ein drei-, vierjähriges Kind einem Insekt die Beine ausreißt, empfinden wir das als keine Katastrophe. Wir sozialisieren unsere Kinder, damit sie auf das Ausleben ihrer grausamen Triebregungen verzichten. In den meisten Fällen werden sie dauerhaft aus dem Bewusstsein gedrängt, so dass wir als Erwachsene keine Kenntnis mehr davon haben. Nur dort, wo die Verdrängung unzureichend oder der Triebdruck zu groß ist, bleiben diese Wünsche im Bewusstsein und drängen auf Erfüllung. Um die daraus resultierende Bedrohung für die Gesellschaft zu verringern, werden die asozialen, gewalttätigen Komponenten des menschlichen Sexualtriebes einem strengen Tabu unterworfen. Wer als Erwachsener ein solches Sexualtabu bricht, wird – je nach Schwere – geächtet, eingesperrt, in manchen Staaten sogar getötet. In den sexuellen Tagträumen tauchen diese unterdrückten sexuellen Begierden wieder auf.

Das Internet ist voll von Inhalten, denen dunkle Sexualfantasien zugrunde liegen. Kindliche sexuelle Triebimpulse, auf deren Befriedigung der Mensch im Laufe seines Zivilisationsprozesses zu verzichten lernte.

Wünschen wir uns das, was wir uns in den Masturbationsfantasien ausmalen? Für die männlichen Sexualfantasien ist der Beweis relativ schnell erbracht. Natürlich wünscht sich ein Mann das, was er sich in seinen geheimsten sexuellen Träumen ausmalt. Der Zusammenhang zwischen den aggressiv gefärbten, triebhaften Spielen kleiner Jungen, einschlägigen »Stammtischwitzen«, männlich geprägter Pornografie, sexueller Gewalt unter Alkoholeinfluss oder im Krieg und den männlichen Masturbationsfantasien ist so eklatant, dass er nur schwerlich verleugnet werden kann. Keine Zivilisation darf es dulden, dass schwächere Mitglieder sexuell unterdrückt und vergewaltigt werden. Das bedarf keiner weiteren Begründung. Die Zähmung der asozialen, gewalttätigen Komponenten des männlichen Sexualtriebes war eine der wichtigsten Voraussetzungen dafür, dass Kultur, so wie wir sie heute kennen, überhaupt möglich wurde.

Wie sieht es mit den Sexualfantasien der Frauen aus? Wünschen sich auch Frauen wirklich das, was sie sich in ihren erotischen Tagträumen ausmalen? Der folgende Tagtraum von Ina wirft Fragen auf. Seit ihrer Pubertät stellt sie sich bei der Masturbation am liebsten eine Szene vor, die im Mittelalter spielt: Sie lebt als armes Bauernmädchen in einem Dorf. Jeden Morgen muss sie frische Milch und Brot in die benachbarte Burg bringen. Eines Tages begegnet sie dort dem jungen Burgherrn, der sich sofort in sie verliebt. Obwohl er verlobt ist, zögert er keine Sekunde. Er löst die Verlobung auf und bittet Ina, seine Frau zu werden. Doch die Verstoßene, eine neidische, rachsüchtige Adelige, missgönnt ihr das Glück. Sie bringt das Gerücht auf, Ina hätte den Burgherrn mit dem Jäger betrogen. Außer sich vor Wut zerrt der Burgherr Ina daraufhin an den Haaren ins Verlies, schlägt und vergewaltigt sie. Danach legt er sie in Ketten. Erst nach Wochen stellt sich ihre Unschuld heraus. Außer sich vor Verzweiflung über das, was er Ina angetan hat, erfleht er ihre Verzeihung. Die böse Verleumderin aber erhält ihre gerechte Strafe. Vor Inas Augen wird Gleiches mit Gleichem vergolten. An diesem Punkt ihres Tagtraumes erreicht Ina regelmäßig ihren Orgasmus.

Vordergründig geht es in diesem Tagtraum natürlich um ein klassisches Rivalitätsverhältnis. Dahinter lassen sich jedoch unschwer sadomasochistische Motive ausmachen. Wobei uns in diesem Zusammenhang vor allem jener Teil interessiert, wo sich Ina ausmalt, wie sie vom Prinzen gedemütigt, geschlagen, vergewaltigt und ins Verlies gesperrt wird. Wünscht sich Ina wirklich, so behandelt zu werden? Die Antwort kann nur lauten: Ja, sonst würde sie diese Fantasie ja nicht zur Masturbation benutzen. Aber wohin führt diese Schlussfolgerung? Ist sie nicht gleichzeitig ein Freibrief zur Gewalt gegen Frauen? Wird hier nicht Wasser auf die Mühlen jener Männer gegossen, die nach einer Vergewaltigung noch feist behaupten, der Frau hätte es ja Spaß gemacht? Das ist mit Sicherheit nicht der Fall. Überlegen Sie doch einmal, was das Charakteristische an einer Vergewaltigung ist? Bestimmt nicht die Gewalt, wie Sie vielleicht glauben. Sondern, dass der Akt immer gegen den Willen des Opfers vollzogen wird. Würde die Aktion mit seiner Zustimmung erfolgen, wäre es keine Vergewaltigung mehr. Nachdem jede Frau Drehbuchautorin und Regisseurin ihrer sexuellen Fantasien ist, können auch die Demütigungen und Vergewaltigungen, die darin vorkommen, niemals gegen ihren Willen geschehen. Sie legt ja die Rollen, die darin vorkommen, fest und sie bestimmt den Handlungsspielraum der Akteure. Auch der Mann, von dem in der Fantasie die Gewalt ausgeht, macht ja nur das, was ihn die Frau in ihrer Fantasie tun lässt und er kann niemals weiter gehen, als sie es sich wünscht.

Anders als bei den männlichen Vergewaltigungsfantasien, wo die Frau eindeutig zum wesenlosen Sexualobjekt degradiert wird, ist es bei den erotischen Tagträumen einer

Frau häufig so, dass sie beide Rollen spielt, die des Täters und des Opfers. Wie anders hingegen läuft eine wirkliche Vergewaltigung ab, wo die Frau dem Wollen des Mannes unterworfen ist und keine Kontrolle mehr über das hat, was mit ihr geschieht. Das Erniedrigende dabei ist ja, dass die sexuelle Handlung bewusst gegen ihren Willen stattfindet und ihr in diesem Augenblick der Demütigung ihre ganze Hilflosigkeit und Ohnmacht vor Augen geführt wird. Es ist also geradezu ein Zynismus, aus den sexuellen Fantasien der Frauen schließen zu wollen, dass diese sich insgeheim nichts sehnlicher wünschen, als von einem Mann vergewaltigt zu werden.

Gerade die sexuellen Tagträume erübrigen jeglichen Zweifel, dass die menschliche Fähigkeit Fantasien zu entwickeln im Dienste des Lustprinzips steht. Erotische Fantasien sind ein Ersatz für nicht ausgelebte sexuelle Handlungen. Die sexuelle Versagung kann vorübergehend sein, wenn gerade kein geeignetes Sexualobjekt zur Verfügung steht. Es gibt aber auch sexuelle Wünsche, auf deren Erfüllung in unserer Kultur für immer verzichtet werden muss – Triebwünsche aus der Welt des Sadomasochismus oder pädophile Begierden.

Im Tagtraum können wir die Lust uneingeschränkt auskosten, ohne in der Realität die Verantwortung für unser Tun übernehmen zu müssen. Wir haben also guten Grund, unsere Fantasien vor anderen geheim zu halten. Wie alle anderen Arten von Träumen sind auch Tagträume halluzinierte Wunscherfüllungen. Am deutlichsten tritt dieser Zusammenhang in den Vordergrund, wenn das Leid im Leben eines Menschen die Grenze des Erträglichen erreicht. In einer solchen Situation führt die Flucht aus der Realität in die Wunschwelt der Fantasie zumindest zu einer vorübergehenden Entlastung. »Endstation Sehnsucht« steht meist dann auf dem Spielplan, wenn kein realer Ausweg mehr in Sicht ist. Was für den hungrigen Säugling die Brust, ist für den Verdurstenden die Fata Morgana. Gefangene träumen sehnsüchtig von der Freiheit, Todkranke von einem Behandlungswunder. Immer ist der Wunsch Vater des Gedankens. Fantasien bilden sich dort, wo reale Wunscherfüllung unterbleibt.

Narzisstische Sehnsüchte und Machtwünsche äußern sich gerne in Tagträumen von großer Karriere oder Berühmtheit. Mitunter führen wir in der Fantasie Streitgespräche, in denen wir einen gehassten Widersacher in Grund und Boden argumentieren. Es ist bezeichnend, dass wir in diesen Fantasien über Personen triumphieren, die uns im Leben die eine oder andere Niederlage zugefügt haben. Auf diese Weise rächen wir uns an unseren Feinden, ohne dabei etwas riskieren zu müssen.

Judith kam ihrem Partner bei einer außerehelichen Affäre auf die Schliche. Es handelte sich dabei um eine Frau aus ihrem Bekanntenkreis, an der Judith schon früher kein gutes Haar gelassen hatte. Dass er sie gerade mit der betrog, die weder intelligent noch schön war, empfand sie als zusätzliche Demütigung. Ihrem Mann gegenüber verhielt sie sich so, als wüsste sie von nichts, kontrollierte aber heimlich sein Handy und seine E-Mails. Dadurch erfuhr sie, dass er mit seiner Geliebten in zwei Tagen an einem Charity-Ball teilnehmen wollte. Dieses Wissen nagte an ihr. Noch dazu, wo er sie im Glauben ließ, bis zum nächsten Wochenende auf einer Geschäftsreise zu sein. Wollte er sie für blöd verkaufen? Noch in derselben Analysestunde entwickelte sie folgenden Tagtraum.

In einem Café lernt sie Hugh Grant kennen. Er ist in ihre Stadt gekommen, um als Ehrengast bei dem Charity-Ball aufzutreten. Während sie plaudern und scherzen vergeht die Zeit im Nu. Hugh Grant ist äußerst charmant und verführerisch. Judith genießt es, von ihm erobert zu werden, und ihr Flirt endet in einer heißen Liebesnacht. Am Morgen danach lädt Hugh Grant sie beim Frühstück ein, ihn am nächsten Tag auf den Ball zu begleiten. Noch am Vormittag besorgen sie im schicksten Haute-Couture-Salon der Stadt ein traumhaftes Ballkleid und passende Schuhe. Als sie sich in den Spiegel blickt, ist Judith von sich selbst hingerissen. Zur Galanacht am nächsten Abend fahren sie im Rolls-Royce vor. Schwarz livrierte Diener mit Zylinder öffnen die Wagentür und helfen ihnen beim Aussteigen. Am Arm von Hugh Grant geht sie über einen roten Teppich durch ein Spalier von Schaulustigen und Fotografen. Sie genießt das Blitzlichtgewitter und die Aufmerksamkeit, die ihnen zuteilwird. Während der Eröffnung sitzt sie mit ihrem berühmten Begleiter am Ehrentisch. Irgendwann sieht sie aus dem Augenwinkel ihren Mann, wie er gerade mit seiner Freundin das Tanzbein schwingt. Als könne er Gedanken lesen, fordert Hugh Grant sie ebenfalls zum Tanzen auf. Als sie beide die Tanzfläche betreten, richten sich alle Blicke auf sie. Sie vermeint zu erkennen, wie ihrem Mann die Kinnlade herunterfällt und seine Geliebte vor Neid erblasst. Morgen werden die Fotos von uns in allen Klatschspalten sein, freut sich Judith, während sie in den Armen von Hugh Grant Walzer tanzt.

Judith entschädigt sich in diesem Tagtraum eindrucksvoll für die narzisstische Kränkung durch ihren Mann. Die Demütigung, die er ihr zugefügt hat, wird ihm dort tausendfach zurückgezahlt.

Im Gegensatz zum nächtlichen Verwandten liegt der wunscherfüllende Charakter beim Tagtraum relativ offen. Darüber hinaus unterscheiden sich Tagträume von gewöhnlichen Träumen durch den Grad der Bewusstheit und das Wirklichkeitsempfinden. Im Normalfall ist einem Menschen bewusst, dass die Vorstellungen, die vor seinem inneren Auge ablaufen, nur Fantasieprodukte sind. Es gibt allerdings auch ein Phänomen, bei dem die Wunscherfüllung nicht in der Fantasie, sondern durch ungewollte Handlungen erfolgt.

Fehlleistungen – in Szene gesetzte Wunscherfüllungen

Neben den Träumen waren es vor allem die Fehlleistungen wie sich zu versprechen, etwas zu vergessen oder zu verlegen, die Freud veranlasst haben, anzunehmen, dass es eine zweite, unbewusste psychischen Motivationsebene gibt. Die bis zu Freud unbeachtet gebliebenen Fehlleistungen erweisen sich in der Tat als ungewollte Sichtbarwerdungen des Unbewussten. »Das Vergessen von Vorsätzen lässt sich ganz allgemein auf eine gegensätzliche Strömung zurückführen, welche den Vorsatz nicht ausführen will«, formuliert es Freud.[62]

Selbst wenn der Verlust einen sehr wertvollen Gegenstand betrifft, steckt in der Regel eine unbewusste Absicht dahinter. »Allen Fällen gemeinsam ist, dass man etwas verlieren wollte, verschieden aber, aus welchem Grund und zu welchem Zweck. Man verliert eine Sache, wenn sie schadhaft geworden ist, wenn man die Absicht hat, sie durch eine bessere zu ersetzen, wenn sie aufgehört hat, einem lieb zu sein, wenn sie von einer Person herrührt, zu der sich die Beziehungen verschlechtert haben, oder wenn sie unter Umständen erworben wurde, denen man nicht mehr gedenken will. Denselben Zweck kann auch das Fallenlassen, Beschädigen, Zerbrechen der Sache dienen«, sagt Freud dazu.[63]

Die Analyse der Fehlleistungen führte Freud zu der Erkenntnis, dass der realen, bewussten Handlungsebene eine zweite, unbewusste Bedeutungsebene zugrunde liegt. Während die bewussten Handlungsmotive dem Menschen jederzeit zugänglich sind, liegt die unbewusste Bedeutung seines Denkens und Tuns meist im Dunkel der geheimen Welt im Schlafen und im Wachen verborgen. Kein psychischer Vorgang ist frei von unbewussten Anteilen. Das Gehirn verfügt über vielfältige Möglichkeiten, dem Bewusstsein die eigentlichen Beweggründe für sein Verhalten vorzuenthalten.

In einem Sketch hat der legendäre österreichische Kabarettist Karl Farkas vorgeführt, wie eine Party verliefe, auf der die Gastgeber von ihren Gästen wissen wollen, was sie wirklich über sie denken. Zu diesem Zweck verabreichen sie ihnen eine »Wahrheitsdroge«, die deren unbewusste Gedanken, Wünsche und Absichten offenlegte. Weil plötzlich alle sagen, was sie wirklich denken und wollen, mündet die Gesellschaft bald in heilloses Chaos. Die Fähigkeit, unsere wahren Verhaltensmotive auch vor uns selbst zu verschleiern, erspart uns in der Tat viele Schuldgefühle und Konflikte mit unseren Mitmenschen.

Ebenso wie Träume werden Fehlleistungen durch unbewusste Wünsche hervorgerufen. Während Träume lediglich halluzinierte Wunscherfüllungen sind, wird der unbewusste Impuls (der Wunsch) bei den Fehlleistungen ausgelebt, wie das Beispiel eines Lehrers zeigt. Dieser befand sich auf dem Rückflug von einem Kongress, bei dem er einen Vortrag gehalten hatte. Mit seiner Leistung zufrieden und entspannt blätterte er in einer Tageszeitung. Dabei stieß er auf eine Anzeige, mit der ein neu auf den Markt gekommenes Notebook beworben wurde. Dieser Computer gefiel ihm um einiges besser als seiner, den er erst vor zwei Monaten im Abverkauf erstanden hatte. Es ärgerte ihn, dass er sich mit dem Kauf nicht länger Zeit gelassen hatte. Wohl oder übel musste er die nächsten Jahre mit seinem ungeliebten Gerät im Handgepäck vorliebnehmen. Die Strecke vom Flughafen ins Stadtzentrum legte er mit dem Taxi zurück. Er dachte längst nicht mehr an die Werbung, sondern freute sich schon auf seine Familie. Das Aussteigen aus dem Taxi gestaltete sich ziemlich umständlich, da er in jeder Hand mehrere Plastiktüten mit Geschenken für seine Frau und die Kinder trug. Als er endlich im Freien stand und das Taxi abfahren sah, bemerkte er plötzlich voll Entsetzen, dass er die Tasche mit seinem Notebook im Taxi vergessen hatte. Trotz sofortiger Bemühungen, den Taxifahrer ausfindig zu machen, blieb das Gerät verschwunden. Der Schaden, der ihm aus seiner Fehlleistung entstand, war beträchtlich. Trotzdem lässt sich die unbewusste Absicht, die zum Vergessen führte, nicht leugnen. Sein Unbewusstes suggerierte ihm: »Lass die Notebooktasche einfach im Taxi stehen. Dann brauchst du einen neuen Computer und kannst dir mit gutem Gewissen den aus der Werbung kaufen.« Bewusst hätte er seiner Gier nach einem neuen Computer nicht nachgegeben. Die Vernunft hätte ihm einen Riegel vorgeschoben. Über den Umweg der Fehlleistung konnte der unbewusste Impuls die rationalen Hürden jedoch umschiffen. Nun war der Weg zum Wunschcomputer zwar frei, aber der Preis dafür beträchtlich.

Auch wenn die Geschichte vom verlorenen Computer eher für das Gegenteil spricht, verbinden die meisten Menschen mit der Erfüllung eines Wunsches doch positive Gefühle. Wir wünschen uns und unseren Lieben Gesundheit, ein langes Leben, Wohlergehen, Erfolg, Ansehen, Reichtum und Macht. Dagegen ist nichts einzuwenden. Wünsche wie diese unterliegen daher auch nicht der Verdrängung. Im Gegenteil, nichts wird sehnlicher begehrt, als dass sie in Erfüllung gehen. Doch gibt es mindestens ebenso viele Wünsche, deren Befriedigung nicht so unproblematisch ist. Asoziale, triebhafte Wünsche, die dazu führen, dass Menschen schreckliche Dinge tun. Allein der eifersüchtige Wunsch, »wenn ich dich schon nicht haben kann, dann soll dich auch niemand anderer besitzen«, hat schon viele Menschen das Leben gekostet.

Wer würde sich nicht entrüstet dagegen zur Wehr setzen,

unterstellte man ihm die gleichen habgierigen, egoistischen, aggressiven Wünsche, wie sie Kriminelle auf der ganzen Welt tagtäglich ausleben. Das überrascht nicht. Verwechseln die meisten doch den Zustand nach der Verdrängung ihrer asozialen, infantilen, triebhaften Begierden mit ihrem eigentlichen und sehen sich auf der Seite der »Engel«. Kein Wunder also, dass die dunklen Fantasien, die ein jeder in sich trägt, so häufig geleugnet werden und in der Schattenwelt des Unbewussten auf eine gute Gelegenheit warten, um Befriedigung zu erfahren. »Die anderen schon, ich nicht …« Doch die Verleugnung ändert nichts an der Realität. Keiner von uns ist frei von asozialen Regungen.

Warum? Weil wir alle einmal Kinder waren und kindliche Wünsche sich größtenteils durch ihren rücksichtslosen, nur auf die eigene Befriedigung bedachten, triebhaften Charakter auszeichnen.

Ohne Bändigung der menschlichen Triebnatur wäre Kultur, wie wir sie heute kennen, nicht vorstellbar. Finden die verdrängten Triebregungen jedoch ein geeignetes Vehikel, mit dem sie die bewusste Kontrolle umgehen können, gelingt es ihnen mühelos, unser Verhalten in die von ihnen gewünschte Richtung zu lenken.

Dass selbst ein bedeutender Psychoanalytiker nicht vor der Heimtücke einer Fehlleistung gefeit ist, zeigt das Beispiel von Hans Strotzka, dem Gründungsvorstand der Universitätsklinik für Tiefenpsychologie und Psychotherapie an der Medizinischen Fakultät der Universität Wien, der 1994 auf tragische Weise ums Leben kam. Strotzka hatte den weltweit anerkannten US-amerikanischen Psychoanalytiker Rudolf Ekstein zu einem Vortrag ins Neue Institutsgebäude (NIG) der Universität Wien eingeladen. Aufgrund der Prominenz des Gastes war der Hörsaal schon zum Bersten voll und es strömten immer noch Zuhörer ins NIG, die Eksteins Vortrag hören wollten. Da unterlief dem verzweifelten Hans Strotzka am Mikro die legendäre Fehlleistung. »Jessas«, stöhnte er, »so viele Leut. Ich weiß gar ned, wo ich euch alle ›umbringen‹ soll!« Unterbringen wollte er sagen, umbringen entschlüpfte ihm. Ein Schelm, wer Böses dabei denkt.

Wunschfantasien hinter psychischen Symptomen

Lukas ist ein überdurchschnittlich intelligenter Mann. Er begann eine Psychoanalyse, weil er unter sexuellen Hemmungen, Zwängen, der Angst vor Dunkelheit und Höhenängsten litt. Die Hemmungen schränkten seine sexuellen Möglichkeiten massiv ein. Es war ihm unmöglich, eine Frau anzusprechen, die ihm gefiel. Unter Alkoholeinfluss waren seine Hemmungen allerdings wie weggeblasen. Er fühlte sich dann frei, war im Umgang mit anderen selbstsicher, verhielt sich Frauen gegenüber charmant und witzig. Ein Symptom trotzte allerdings selbst dem Alkohol. Seit seinem ersten Mal in der Lehrzeit litt Lukas beim Geschlechtsverkehr an einer Ejaculatio praecox (vorzeitigem Samenerguss). Schon wenige Sekunden nach dem Eindringen hieß es bei ihm immer »Game over«. Im Wissen um den bekannten Ausgang, vermied Lukas selbst sexuelle Begegnungen mit Frauen, die er im berauschten Zustand kennenlernte und ging immer häufiger zu Prostituierten. Die waren ohnedies nicht auf sexuelle Befriedigung, sondern nur auf sein Geld aus. Aus Scham machte er im nüchternen Zustand allerdings auch um Dirnen einen großen Bogen. Sobald er jedoch etwas getrunken hatte, spürte er den unwiderstehlichen Zwang in einschlägige Etablissements zu gehen. Diese Leidenschaft hätte ihn fast seine Existenz gekostet.

Als Kind war Lukas immer wieder psychischen und körperlichen Misshandlungen ausgesetzt. Seine Mutter war eine infantile zur Abhängigkeit neigende, leicht kränkbare, etwas zwanghafte, überkontrollierende Persönlichkeit mit gelegentlichen emotionalen Ausbrüchen. Sein Vater ein erfolgreicher Unternehmer und Lebemann, der nichts anbrennen ließ. Vom Wesen her eher durchlässig, großzügig, mit einem gewissen Hang, über die Stränge zu schlagen. Die Eifersuchtsanfälle seiner Frau konnten ihn nicht abhalten, hin und wieder zu tief ins Glas zu schauen und heimlich in Bordellen zu verkehren. Die Großmutter mütterlicherseits war in die Erziehung von Lukas stark eingebunden. Sie war abergläubisch, darüber hinaus eine ziemlich boshafte Person. Sie fand Gefallen daran, Lukas mit ihren »wahren Geschichten« Angst einzuflößen. Mit ihrem Aberglauben setzte sie seinen Wirklichkeitssinn schon früh einer harten Bewährungsprobe aus.

Im Laufe der Analyse hörte Lukas mit dem Trinken auf und stellte seine Prostituiertenbesuche ein. Seine Hemmungen und Zwänge allerdings trieben seltsame Blüten und bewirkten, dass er sich immer stärker zurückzog. Nachdem er sein wildes Leben aufgegeben hatte, stürzte er sich in die Arbeit. Lange Zeit hindurch blieb er stabil, ohne dass sich an seinen Symptomen etwas änderte.

Da Lukas mit seiner Freizeit nichts Besseres anzufangen wusste, sah er Fernsehserien. Eine Politserie hatte es ihm besonders angetan. Darin ging es um einen Abgeordneten, der Probleme mit Alkohol und Prostituierten hatte, so wie er in früheren Zeiten. Um seine Wahlchancen für die Kandidatur eines wichtigen politischen Amtes zu erhöhen, sollte der Abgeordnete in aller Öffentlichkeit mit seiner Vergangenheit reinen Tisch machen. Diese Forderung rief bei dem Mann verständlicherweise beträchtliche Widerstände hervor und er war unentschlossen, was er tun sollte.

Nach dieser Folge hatte Lukas folgenden *Traum*, in dem er selbst ein Volksvertreter war: Irgendwer, vielleicht sein Klubobmann, auf jeden Fall ein wichtiger Politiker und fast so etwas wie ein väterlicher Freund, verlangt von ihm eine Entscheidung. Wobei es unklar bleibt, worum es geht. Lukas kann diesen Mann nicht sehen, weiß aber, dass er über seine psychischen Probleme bis ins kleinste Detail informiert ist. Von irgendwo her weiß er auch, dass Lukas vor Abstimmungen heimlich zu Wahrsagerinnen geht und selbst wichtige politische Entscheidungen deren Gutdünken überlässt. Wenn er für Wahrsagerinnen gerade kein Geld hat, verlässt er sich auf den zufälligen Ausgang eines Würfelwurfs. Eine gerade Augenzahl heißt »dafür« eine ungerade »dagegen«.

Sein väterlicher Freund nimmt ihn ins Gebet und zwingt ihn mehr oder weniger, die Besuche bei Wahrsagerinnen und das Würfeln zu unterlassen. Er bringe sich damit um die größte Macht, meint er bedeutungsschwer, nämlich frei nach seinen Wünschen zu leben. Die Entscheidung über Sein oder Nichtsein läge doch in seiner Macht.

Bei der Vorstellung, von seiner Macht Gebrauch zu machen und seinen Wünschen freien Lauf zu lassen, spürt er im Traum eine so starke Hemmung, wie er sie aus dem Wachleben nicht kennt. Er merkt, dass sich der Wunscherfüllung etwas mit aller Gewalt entgegenstellt, weiß aber nicht was.

Die Traumanalyse führte relativ rasch zu der Erkenntnis, dass die Wahrsagerinnen für die Prostituierten stehen, zu denen er früher gegangen ist, weil er sich allen anderen Frauen gegenüber befangen fühlte. Der Klubobmann, meinte er, würde mich repräsentieren, weil ich ihn dazu dränge, alles auszusprechen, was ihm durch den Kopf ging, seinen Gedanken freien Lauf zu lassen. Zur Hemmung fiel ihm ein, dass er in der Vergangenheit unter Alkoholeinfluss Handlungen gesetzt habe, die er in der Öffentlichkeit nie zugeben würde. Nach und nach wurde klar, dass es dabei nicht nur um die Öffentlichkeit geht, sondern dass er selbst mit diesen Erinnerungen auf keinen Fall mehr in Berührung kommen wollte und dazu neigte, seine Vergangenheit vor sich selbst zu beschönigen.

Eine Erinnerung, die ihm besonders zusetzte, betraf einen Tabubruch, der zwar rechtlich gedeckt war, ihn aber moralisch in eine äußerst prekäre Situation gebracht hätte, wäre er öffentlich geworden. Zu diesem Tabubruch fiel ihm nun ein anderer *Traum* ein, den er schon vor Jahren einmal geträumt hatte. Darin kam eine Frau vor, mit der er vor langer Zeit einmal ein Hotelzimmer geteilt hatte. Sie lagen in der Nacht damals beide ausgezogen nebeneinander und Lukas spürte die Erwartung der Frau, dass er sexuell aktiv werden solle. Er aber war wie paralysiert. So verstrich die Nacht, ohne dass zwischen ihnen etwas passiert wäre.

In diesem Traum stieg Lukas eine Feuerleiter hoch, die weit in den Himmel hinaufragte. Auf dieser Feuerleiter schon in schwindelnder Höhe lag diese Frau völlig nackt und Lukas hätte über sie steigen müssen, um seinen Weg fortzusetzen. Als er sich dazu anschickte, überfiel ihn panische Angst, dass er das Gleichgewicht verlieren und in die Tiefe stürzen könnte. Schweißgebadet wachte er auf.

Es braucht nicht viel Einfallsreichtum, um zu verstehen, wofür das Sprachbild »über eine Frau drübersteigen« steht. Im Lexikon[64] finden wir für die Redensart »über jemanden drübersteigen« die Bedeutung »als Mann mit einer Frau Geschlechtsverkehr haben«. Die Feuerleiter steht zunächst einmal für die steigende Erregung und der drohende Verlust des Gleichgewichtes für den Kontrollverlust, würde er seiner Begierde nachgeben. Was aber ist der Hintergrund der Angst, die Lukas vor dem Kontrollverlust empfindet? Dazu müssen wir uns die zweite Bedeutung des »Drübersteigens« in Erinnerung rufen. Nämlich sich »über jemanden hinwegsetzen«, »über den Kopf eines anderen hinweg«, was so viel bedeutet wie »ohne jemandes Entscheidung, Einwilligung abzuwarten«, also sich über den Willen einer anderen Person hinwegsetzen. Davon konnte im Hotelzimmer aber keine Rede sein. Lukas Partnerin hoffte sogar darauf, dass er über sie »drübersteigen« würde. Was also rief die Panik hervor?

Dazu fiel Lukas ein, dass er bis zu seinem zwölften Lebensjahr, immer wieder bei seiner Mutter geschlafen hatte. Die war dann nur mit einem dünnen Nachthemd bekleidet und darunter nackt. Lukas konnte ihre Rundungen gut spüren, wenn er sich an ihren Körper schmiegte, vielleicht sich manchmal auch daran rieb. Einmal brach seine Erregung durch und es bildete sich bei ihm eine Erektion aus. Seine Mutter war entsetzt und schmiss ihn mehr oder weniger aus dem Bett.

Hätte Lukas in diesem Augenblick nicht der Aufforderung seiner Mutter Folge geleistet, sondern seiner Erregung nachgegeben, wäre er über sie »drübergestiegen«, hätte sich aber gleichzeitig über ihren Willen hinweggesetzt, sie also vergewaltigt. Um sich vor der drohenden Inzestkatastrophe zu schützen, hemmte sein Gehirn im gleichen Atemzug die sexuelle Erregung. Das Ausmaß seiner Hemmung entsprach danach dem Ausmaß seiner sexuellen Erregung. Je stärker die Versuchung, umso stärker der innere Widerstand. Lukas Sexualleben war auf diese Weise mehr oder weniger lahmgelegt. Nur unter Alkoholeinfluss konnten sich die inzestuösen Vergewaltigungswünsche bei Prostituierten durchsetzen. Auch wenn er sich die Frauen in diesen Situationen nicht mit körperlicher Gewalt, sondern mit der Macht des Geldes gefügig machte.

Doch nicht nur das »Drübersteigen« ist doppeldeutig, auch das Bild der Feuerleiter weist eine Verbindung zu sexuellen und aggressiver Triebimpulsen auf. Die Errichtung einer Feuerleiter ist Teil der üblichen Brandschutzvorkehrungen. Im Brandfall dient sie als Fluchtweg. Wovor aber schützt sie im Traum? Offensichtlich geht die Gefahr von der nackten Frau aus, die auf der Feuerleiter liegt. Der Anblick einer nackten Frau stellt für einen heterosexuellen Mann ohne Frage eine Verführung dar. Für die dadurch hervorgerufene sexuelle Erregung kennt der Sprachgebrauch die Redewendungen, »Feuer fangen«, »von Leidenschaft entbrennen«, »entflammen«. Feuer weist jedoch nicht nur eine enge Beziehung zur Liebe und Sexualität auf, sondern ebenso zum Hass. Sie kennen sicher die Redensarten »lodernder Hass« oder »brennender Hass«. Hass kann auch entflammen.

Die Verführung, der Lukas bis zum zwölften Lebensjahr ausgesetzt war, lässt sich leicht mit der eines Haremswächters vergleichen. Ein Haremswächter befindet sich von Haus aus in keiner beneidenswerten Position. Wird sein Verlangen durch das Verführungsspiel einer gelangweilten Haremsdame zusätzlich gesteigert, gerät er in eine bedrohliche Lage. Er kann unter Lebensgefahr seiner Versuchung nachgeben und sich selbst gegen deren Willen auf sie stürzen oder er kann sich wie Lukas selbst kastrieren und sein Begehren hemmen, bis es ihn nicht mehr gefährdet. Fällt die Entscheidung zugunsten der Selbstkastration, stagniert die psychosexuelle Entwicklung auf dem frühkindlichen Niveau. Sexuelle Versuchung im späteren Leben ruft zwangsläufig Ängste und Aggressionen hervor, weil durch sie die ursprüngliche Gefahr wieder heraufbeschworen wird.

Welche Rückschlüsse können wir aus Lukas Träumen auf die geheime Welt ziehen, die unser Verhalten im Verborgenen steuert? Rein biologisch baut unser Organismus fortlaufend Spannung auf, die auf Abfuhr drängt. Freud definiert den Trieb daher als »die psychische Repräsentanz einer kontinuierlich fließenden, innersomatischen Reizquelle ...«[65] Der Zuckerabfall verursacht körperlichen Stress, der als Hunger wahrgenommen wird, der sich wiederum in Form von Bildern bemerkbar macht. Die geheime Welt des Unbewussten ist die Schnittstelle zwischen Soma und Psyche, Körper und Seele. In dieser Welt existieren weder Zeit noch Grenzen. Alles ist mit allem verbunden. Ein Ich gibt es nicht. Diese Welt kennt auch keine Sprache. Sie ist bildhaft assoziativorganisiert, wobei die Bilder in Abhängigkeit vom körperlichen Mangelzustand auf der Gefühlsebene unterschiedlich stark geladen sein können. Direkt proportional zu der Spannung, die ihnen anhaftet, drängen die Bilder in Form von Wünschen auf Abfuhr.

Ob ein Wunsch zur Befriedigung zugelassen wird, hängt von der Realitätsprüfung ab, die von äußeren Regionen des Gehirns, die für Ratio und Logik zuständig sind, gewährleistet wird. Nach Libet könnten diese Gehirnareale eine Vetofunktion ausüben und Handlungen bis 50 Millisekunden vor der Muskelaktivierung unterbinden. Wenn Sie also ein anstößiger Triebimpuls überkommt, haben Sie immerhin noch bis 50 Millisekunden vor der Ausführung Zeit, um die Notbremse zu ziehen.

Unser Verhalten könnte auch völlig ohne Ich-Beteiligung durch einen Lust-Unlust-Algorithmus gesteuert werden. Sofern der unbewusste Realitätscheck ergibt, dass die Befriedigung eines Wunschs unmittelbar oder längerfristig zu größerer Unlust führt als der Verzicht, wird der Impuls unterdrückt. Im anderen Fall wird er zur Befriedigung freigegeben.

Überlegen wir kurz, welche Konsequenzen sich aus dieser Art von Kräfteparallelogramm für das Verhalten ergeben. Sind die kontrollierenden, hemmenden Kräfte aus genetischen oder lebensgeschichtlichen Gründen in ihrer Funktionsfähigkeit eingeschränkt, kommt es unweigerlich zu einer mangelnden Impulskontrolle. Im Extremfall kann das Verhalten psychopathische Züge annehmen.

Ist das Kontrollsystem intakt, die Wünsche aber mit den gesellschaftlichen und kulturellen Normen unvereinbar, werden sie unterdrückt. Der Spannungslevel steigt und der Druckzuwachs wird von der inneren Alarmanlage in Form von Angst angezeigt. In weiterer Folge werden die Abwehrmaßnahmen der kontrollierenden Instanzen verstärkt. Das Ergebnis ist ein neurotischer Konflikt, der unterschiedliche Symptome hervorbringen kann. Bei den meisten Symptomen handelt es sich daher um eine Kompromissbildung aus den drängenden und verdrängenden Kräften.

Ilse, eine vierzigjährige Frau, entwickelt bereits als Kind einen Zwang beim Gehen. In regelmäßigen Abständen verspürt sie den Impuls, mit dem rechten Fuß »fester« aufzutreten. Dieser Gehtick wäre an und für sich nicht störend gewesen, hätten ihn die Menschen in ihrer Umgebung nicht wahrgenommen und sie nach der Ursache des seltsamen Verhaltens gefragt. In der Analyse stellte sich heraus, dass sich hinter dem Zwang, fester aufzutreten, ein frühkindlicher, der Mutter geltender, aggressiver Impuls verbarg. Als Kleinstkind, als sie ihre Wut noch nicht kontrollieren konnte, verlieh sie ihr dadurch Ausdruck, dass sie mit dem rechten Fuß mehrmals heftig aufstampfte. Das brachte ihr auch den Spitznamen »Rumpelstilzchen« ein. Ihre Mutter, eine nicht gerade einfühlsame, reizbare Frau, quittierte die Wutausbrüche ihrer Tochter gewöhnlich mit ein paar »gesunden Watschen«. In der Folge unterdrückte Ilse zwar ihre Wutausbrüche der Mutter gegenüber, entwickelte aber eine Zwangsstörung, die sich später als Tick beim Gehen bemerkbar machte. Den Impuls, mit dem Fuß aufzustampfen, hat sie nie aufgegeben. Der wurde über die Symptomatik nach wie vor ausgelebt. Allerdings erfolgte die Wunscherfüllung nunmehr so, dass die Bedeutung des Gehticks dem Verständnis der Mutter aber auch dem eigenen Bewusstsein entzogen war. In diesem Sinn sind neurotische Symptome nicht anders als Träume versteckte Wunscherfüllungen in der Art eines Kompromisses zwischen den auf Befriedigung drängenden Triebimpulsen und den Kräften, die das Ausleben unterbinden wollen.

Der wunscherfüllende Charakter gilt auch für die ganze Palette phobischer Symptome, bei denen die gefürchtete Triebregung an passenden äußeren Objekte (Insekten, Spinnen, Ratten, Schlangen, Hunde etc.) oder Situationen (enge Räume, öffentliche Plätze, Höhe etc.) festgemacht wird. So sehr sich die einzelnen Krankheitsbilder nach außen hin unterscheiden, ist allen Phobien eines gemeinsam: die Angst vor dem Kontrollverlust, dem Triebdurchbruch.

Kurt ekelt es vor Tauben. Wenn er ihnen zu nahe kommt, packt ihn die Angst, dass sie ihn beim Wegfliegen am Kopf streifen könnten. Gleichzeitig graust ihm vor toten Tauben, weil deren Anblick bei ihm die Zwangsvorstellung auslöst, er müsse sie in den Mund nehmen. Im Laufe der Analyse klärt sich der Hintergrund der seltsamen Taubenphobie. Er erinnerte sich daran, dass er im Alter von vier oder fünf Jahren beinahe mit seinem Vater zusammengestoßen wäre, als dieser gerade nackt aus dem Badezimmer kam. Einen Augenblick lang baumelte dessen Gemächt in Gesichtshöhe unmittelbar vor seiner Nase. Die Größe und das Aussehen, vor allem aber die bräunlich rote Färbung seines »Vogerls« hinterließ bei Kurt ein seltsam widersprüchliches Gefühl, das er sich damals nicht erklären konnte. Der Eindruck war in gleicher Weise erregend wie abstoßend.

Verunsichert fragte er seine Cousine, die gerade zu Besuch war, etwas später welches »Spatzi« sie schöner fände, seines oder das der erwachsenen Männer? Leider fiel ihre Entscheidung zu seinen Ungunsten aus. Gekränkt lief er davon und hielt aus dem Kinderzimmerfenster im Hochparterre Ausschau nach anderen Spielkameraden auf der Gasse. Dabei fiel sein Blick auf eine im Rinnsal liegende tote Taube.

Einige Wochen später gab es am Sonntag Geflügel zum Mittagessen. Die Überreste des tranchierten Huhns riefen ihm den zerquetschten Korpus der überfahrenen Taube in Erinnerung. Unvermittelt stellte sich bei ihm der Zwangsgedanke ein, er müsse statt dem Hühnchen die tote Taube in den Mund nehmen. Dabei spürte er förmlich, wie seine Zunge über den dreckigen Asphalt schleckte und wie sich die Federn und Knochen in seinem Mund anfühlten. Diese Vorstellung rief bei ihm augenblicklich ein derartiges Ekelgefühl hervor, dass er nicht mehr weiteressen konnte.

Als er einmal mit offenem Hosentor zur Analysestunde kam, fiel ihm dazu ein Spruch seiner Tante ein, den sie für solche Situationen parat hatte: »Wo ein Toter ist, muss gelüftet werden.« (Mit dem Toten meinte sie frotzelnd den schlaffen, leblosen, also den impotenten Penis.) Mit der Erinnerung an diese Redewendung aus seiner Kindheit kam ihm plötzlich der Einfall »toter Vogel« und damit die Verbindung zwischen toter Taube und Penis. Im Laufe der nächsten Stunden stellten sich auch wieder die Gefühle ein, die er beim unverhofften Anblick des entblößten väterlichen Penis damals verspürt hatte. Einerseits den archaischen Reflex, ihn in den Mund zu nehmen, ihn mit der Zunge abzuschlecken, auf der anderen Seite aus seinem kindlichen Neid heraus der feindselige Impuls, das Konkurrenzorgan zu zerstören. Seine Angst vor dem unkontrollierten Aufflattern und Wegfliegen der Tauben stand stellvertretend für seine Angst vor dem Triebdurchbruch.

Obwohl er noch bis in die Pubertät versuchte, seinen eigenen Penis in den Mund zu nehmen, um sich auf diese Weise selbst zu befriedigen, wollte er mit der Vorstellung, Fellatio an einem anderen Mann zu verrichten, gedanklich nicht in Berührung kommen. An diese Erinnerung wollte er, wie an die wegflatternden Tauben auf der Straße, nicht mehr »anstreifen«. Der ursprüngliche Impuls wurde auf das Bild der toten Taube im Rinnsal verschoben, einhergehend mit der Zwangsvorstellung, dieses »Vogerl« in den Mund nehmen zu müssen. Die Intensität des Ekelgefühls war proportional zur Stärke des ursprünglichen Triebimpulses.

Wunsch, Traum, Wahn, Wirklichkeit

Unsere geheime Welt im Schlaf bevölkern zum größten Teil Wünsche, die im Laufe des Sozialisationsprozesses von den Kontrollinstanzen unseres Gehirns auf die schwarze Liste gesetzt wurden. Von der Erfüllung dieser Wünsche handeln viele unserer Träume und Tagträume. Die Abläufe in der Traumwelt unterscheiden sich grundlegend vom logischen Denken in der Wachwelt. Freud nannte das Geschehen im Unbewussten »Primärvorgang« und unterschied diesen »von dem für unser normales Wachleben gültigen Sekundärvorgang.«[66]

Nach Freud kennt das Unbewusste keine Logik. »*Im Unbewusten gibt es nur mehr oder weniger stark besetzte Inhalte. Es herrscht eine weit größere Beweglichkeit der Besetzungsintensitäten. Durch den Prozeß der Verschiebung kann eine Vorstellung den ganzen Betrag ihrer Besetzung an eine andere abgeben, durch den der Verdichtung die ganze Besetzung mehrerer anderer an sich nehmen. Ich habe vorgeschlagen, diese beiden Prozesse als Anzeichen des sogenannten psychischen Primärvorganges anzusehen. …*

Widerspruchslosigkeit, Primärvorgang (Beweglichkeit der Besetzungen), Zeitlosigkeit und Ersetzung der äußeren Realität durch die psychische sind die Charaktere, die wir an zum System Ubw (Unbewussten) gehörigen Vorgängen zu finden erwarten dürfen.«[67]

Für Freuds Hypothese spricht, dass Emotionen laufend vom limbischen System ohne Kontrolle des Bewusstseins hervorgebracht werden. Das limbische System dient u.a. der Verarbeitung von Emotionen und bringt unser Triebverhalten hervor.

Die Kontrolle kommt erst durch die höheren Hirnfunktionen der Hirnrinde ins Spiel. Von den meisten unserer Emotionen und daran anknüpfenden Wünsche merken wir im Wachzustand nichts, weil sie die Bewusstseinsschranke nicht passieren dürfen. Sie bleiben unbewusst, solange die Kontrollfunktion im Gehirn aufrecht ist. Erst wenn wir träumen, oder die Kontrolle auf andere Weise außer Kraft gesetzt sind, z.B. unter Alkoholeinfluss, oder in Ausnahmesituationen wie im Krieg, kommen die Prinzipien des Primärvorganges ungehindert zum Tragen.

Wie vieles aus der Psychoanalyse stieß auch Freuds Traumtheorie lange Zeit auf ideologisch motivierten Widerstand. Durch den Fortschritt der Neurowissenschaften in den letzten Jahren mehren sich allerdings die Hinweise, dass das psychoanalytische Persönlichkeitsmodell in fundamentalen Bereichen zutreffend ist. Das betrifft Freuds Kritik an der uneingeschränkten Macht des freien Willens genauso wie seine Annahme eines dynamischen Unbewussten, das unser Verhalten weitgehend beeinflusst.

Die neurowissenschaftliche Erkenntnis, dass in den Traumphasen das Lustzentrum auf Hochtouren arbeitet, während die Kontrollfunktionen stark herabgesetzt sind, spricht für Freuds Annahme, dass im Traum selbst verdrängte Wünsche als erfüllt dargestellt werden. Bei den Tagträumen erfolgt die Wunscherfüllung offen und ungeniert, im Schlaf hingegen ist die Bildersprache des Traumes chiffriert. Wegen seiner Fähigkeit, die Wunscherfüllung so zu maskieren, dass sie bei den verbliebenen Kontrollinstanzen keinen Anstoß erregt und unsere Nachtruhe durch sie nicht gestört wird, hat Freud den Traum als Hüter des Schlafes bezeichnet.

Im Gegensatz zum Träumen im Wach- oder Schlafzustand findet die Wunscherfüllung bei Fehlleistungen oder psychischen Symptombildungen nicht mehr auf der Vorstellungs- sondern auf der Handlungsebene statt. Allerdings immer so, dass auch hier die bewusste Kontrolle umgangen oder getäuscht wird. Es gibt keinen Grund, warum die Aktivitäten des Unbewussten lediglich in Träumen, Fehlleistungen und der Schaffung psychischer Symptome in Erscheinung treten sollten. Nichts spricht für eine solche Einschränkung. Im Gegenteil. Eine tiefergehende Analyse des menschlichen Verhaltens im Alltag legt den Schluss nahe, dass auch sonst die rationalen Motive die irrationalen oft nur maskieren.

Erinnern Sie sich noch an die Geschichte der jungen Epileptikerin, die als Folge einer elektrischen Stimulation ihres Gehirns in schallendes Gelächter ausbrach? Eigentlich hätte die Frau auf die Frage der Ärzte, worüber sie denn so herzhaft lache, antworten müssen: »Ich weiß es nicht, aber mir ist plötzlich nach Lachen zumute.«[68] Stattdessen setzte ihr Gehirn auf der Bühne des Bewusstseins ein anderes Stück in Szene, in dem sie lachte, weil ihr das Bild eines komischen Pferdes gezeigt wurde. Davon konnte in Wirklichkeit natürlich keine Rede sein. Weder war das Pferd komisch, noch war es der Grund für ihre Heiterkeit. Um die Übereinstimmung in der Selbstwahrnehmung zu wahren, ersetzte das Gehirn den fehlenden Sinneseindruck durch einen erdachten. Ein Lachreiz ohne erkennbaren Grund hätte zu einer »unauflösbaren kognitiven Dissonanz« geführt. Damit ist ein Gefühlszustand gemeint, der als unangenehm empfunden wird, weil das Gehirn zumindest zwei einander widersprechende Wahrnehmungen, Gedanken, Meinungen, Einstellungen, Wünsche oder Absichten verarbeiten soll. (»Grün ist nicht grün«) Dieser Zustand versetzt das Gehirn so lange in einen chaotischen Zustand, bis es eine passende Erklärung gefunden hat. Solche Rationalisierungen finden sich in allen Bereichen des Lebens.

Wer Menschen im Alltag aufmerksam beobachtet, wird vielleicht schon bemerkt haben, dass in vielen Lebenssituationen die vorgegebenen Motive die wahren Beweggründe des Handelns verschleiern. Der bewussten Handlungsebene liegt immer eine unbewusste Bedeutungsebene zugrunde. Kein menschliches Verhalten, keine zwischenmenschliche Interaktion ist frei von unbewussten Anteilen. Das gilt für unsere privaten Beziehungen genauso wie für die in der Arbeit. Gerade die Bedingungen am Arbeitsplatz, die vorgegebene Rangordnung, die Konkurrenzsituation, laden dazu ein, verdrängte Emotionen in einer aktuellen zwischenmenschlichen Beziehung erneut in Szene zu setzen. Die Analyse konkreter Alltagssituationen vermag sehr schnell, deren verborgene Bedeutung offenzulegen. Menschen, denen die eigentlichen Beweggründe ihres Verhaltens nicht bewusst sind, laufen leicht Gefahr, sich selbst und andere in Konflikte zu verstricken. Nur vordergründig geht es bei diesen Konflikten um sachlich begründete Standpunkte. Dahinter finden sich meist feindselige Gefühle wie infantile Machtansprüche, den Anspruch »Recht zu haben«, Rivalität, Neid, Missgunst oder Eifersucht.

Doch nicht nur im Kleinen, auch im Großen beeinflusst das Unbewusste den Lauf der Dinge. Ein Blick auf die aktuelle Weltlage genügt, um zu begreifen, dass selbst Entscheidungen, die für die Zukunft unseres Planeten lebenswichtig sind, unbewussten Einflüssen unterliegen, die rationale Lösungen erschweren oder gänzlich unmöglich machen. Kein ernstzunehmender Mensch wird bestreiten, dass wir zurzeit vor gewaltigen Herausforderungen stehen. Interessenskonflikte, der Zusammenprall der Kulturen, die religiösen Konflikte, Terrorismus, die Umweltverschmutzung, Vergeudung der Ressourcen, extreme Ungleichverteilung der Vermögen, Armut, Arbeitslosigkeit, weltweite Korruption, fehlende Bildung, Chancen- und Hoffnungslosigkeit in den ärmsten Regionen der Welt. Als größte Bedrohung aber die globale Klimaerwärmung.

Ein rationales Wesen würde sofort gegensteuern, um das Schlimmste zu verhindern. Was aber macht der Mensch, ein Wesen, dass sich als das Ebenbild Gottes, die Krönung der Schöpfung preist? Es wählt Donald Trump zum Präsidenten der Vereinigten Staaten, der zum Beispiel den Klimawandel leugnet und an eine Verschwörungstheorie glaubt. Niemand kann sich also darauf ausreden, dass er nicht wusste, wen er in dieses Amt wählte und welche Konsequenzen seine Wahl haben würde.

Trump selbst, wie viele seiner Wähler haben Kinder und Enkelkinder. Diese sind die Leidtragenden der Klimaerwärmung. Wer jetzt nichts gegen die Treibhausgase unternimmt, setzt sie einer enormen Bedrohung aus und gefährdet ihre Zukunft. Wenn wir nicht davon ausgehen, dass der Hälfte der US-Amerikaner die heranwachsenden Generationen egal sind, frei nach dem Motto »hinter mir die Sintflut«, muss es für ihr Verhalten eine andere Erklärung geben. Die gibt es tatsächlich und es handelt sich dabei um eine Verschwörungstheorie. Es gäbe gar keinen Klimawandel. Diese Behauptung sei eine Fiktion »linkslinker« Sozialisten um die Freiheiten der Bürger und der Wirtschaft durch den Staat einzuschränken. Die Wissenschaft würde dabei mitspielen, weil sie mehr Fördergelder erhielte. Auf die Absurdität von Verschwörungstheorien einzugehen lohnt nicht. Alleine bei dem Ausmaß der Konspiration ist die Wahrscheinlichkeit, dass ein Mitwisser nicht dichthält und das Komplott aufdeckt, extrem hoch.

Menschen wie Trump und seine Wählerschaft glauben jedoch an solche Verschwörungstheorien. Da sie mehr von unbewussten Impulsen als von der Großhirnrinde gesteuert werden, sind sie von einer realitätsgerechten Einschätzung der Probleme weit entfernt. Sobald das Unbewusste Oberhand gewinnt, wird das reflexive Denken vom Wunschdenken in den Hintergrund gedrängt. Narren werden zum ersehnten Messias, schwerst gestörte Persönlichkeiten in verantwortungsvolle politische Ämter gewählt. Ihr unvermeidliches Scheitern bildet den Nährboden für weitere Verschwörungstheorien.

Als der frühere Kärntner Landeshauptmann Jörg Haider Oktober 2008 mit 1,8 Promille im Blut und 142 km/h im Ortsgebiet, in den Tod raste, fiel für viele »die Sonne vom Himmel«, so sehr hatten sie ihn geliebt. Bald nach Bekanntwerden seines Ablebens kursierten die ersten Verschwörungstheorien. Haider wäre nicht seinem irrwitzigen Verhalten, sondern einem Mordanschlag des Mossads (israelische Geheimdienst) zum Opfer gefallen.

Oftmals ranken sich Verschwörungstheorien um charismatische Menschen, die schon zu Lebzeiten von ihrem Umfeld idealisiert wurden und ein tragisches Ende fanden. Denken Sie nur an John F. Kennedy, Marylin Monroe, Elvis Presley, Michael Jackson. Wer den Tod seines Idols nicht verwinden kann, ist schnell bereit, die Realität mithilfe einer Verschwörungstheorie zu verleugnen.

Auch nach Haiders Ableben hat sich für viele seiner Anhänger die Welt verfinstert. Nachdem die näheren Umstände von seinem Unfalltod bekannt wurden, standen Idealisierung und Realität plötzlich in krassem Gegensatz. Die Mitteilung, dass ihr Idol mit überhöhter Geschwindigkeit betrunken in den Tod gerast und dazu noch homosexuell sein sollte, passte so gar nicht zu der Vorstellung, die sie von ihm hatten. Zwar konnte der Tod Jörg Haiders nicht verleugnet werden, wohl aber die Umstände, die dazu führten. In der fiktiven Realität seiner Anhängerschaft wurde der Täter zum Opfer.

Verschwörungstheorien erfüllen dieselbe Aufgabe wie der Traum im Schlaf. Während Träume die Nachtruhe bewahren, verhindern Verschwörungstheorien genauso wie

Vorurteile das Aufwachen im übertragenen Sinn. Die Redewendung, »... dann bin ich aufgewacht« im Sinne von, »dann gingen mir die Augen auf«, veranschaulicht die Funktion von Realitätsverleugnung. Sie setzt die Fakten außer Kraft und ermöglicht das Festhalten an einer Illusion. Nicht anders verhalten sich Kinder, die ein Spiel verlieren und ihre Niederlage nicht eingestehen können. Sie legen sich eine Erklärung zurecht, die ihnen hilft, der kränkenden Realität die Anerkennung zu verweigern. Immer ist etwas anderes schuld, nur nicht das Kind selbst. Auch wenn es rein vernunftgemäß seinen Selbstbetrug durchschaut, hält es emotional an ihm fest. Wie im Traum bedient sich das Gehirn auch im Wachzustand der illusionären Wunscherfüllung, um unliebsamer Wahrheiten zu leugnen. »Der Jörgl ist nicht volltrunken in den Tod gerast, der Mossad war's.«

Dani ist noch nicht ganz fünf Jahre alt. Er liebt es, an den Knöpfen der Stereoanlage seiner Eltern im Wohnzimmer zu drehen. Natürlich weiß er, dass er das nicht soll. Doch die Verführung ist zu einfach groß. Als er es einmal übertreibt, hat er plötzlich einen Drehknopf in der Hand. Abgebrochen. Dani erschrickt, lässt den Knopf fallen und macht sich aus dem Staub. »Ich war es nicht« brüllt er, als seine Mutter ihn zur Rede stellt, um kurz darauf weinend aus dem Zimmer zu stürmen. Natürlich wusste er vom Intellekt her, dass er es gewesen war, und schämte sich deswegen. Gleichzeitig fühlte er sich aber furchtbar ungerecht behandelt. In seiner Innenwelt setzte er der Realität ein anderes Bild entgegen. In dem verhielt sich alles so, wie er es gerne gehabt hätte. Nicht er, sondern die Mutter war im Unrecht, weil sie ihn für etwas beschuldigte, was er gar nicht getan hatte. So war es zwar nicht, aber so *hätte* es sein können. Und wenn es so hätte sein können, wieso konnte sie sich so sicher sein, dass es nicht so war? Danis Mutter reagierte verständnisvoll, wartete ab, bis er sich beruhigt hatte und redete dann mit ihm. Sie hätte seine Rechtfertigung leicht mit rationalen

Argumenten widerlegen und ihn in die Enge treiben können. Aber was hätte sie damit erreicht? Sie hätte damit seinen Widerstand nur verstärkt.

Dass sich auch Erwachsene oft noch wie Kinder verhalten, lässt sich anhand vieler Beispiele aus Gesellschaft und Politik beweisen. Gerade die Flüchtlingskrise in Europa führt zu einer Polarisierung der Gesellschaft. Ein Teil reagiert aus Angst heraus irrational aggressiv, der andere greift zur Moralkeule. Anstatt auf die tiefer liegenden Ängste der Menschen, so wie Danis Mutter, mit Verständnis zu reagieren, wird den erfundenen Behauptungen (z.B. alle Flüchtlinge erhielten von der Caritas neue iPhones) mit Fakten und Zahlen entgegnet, als ob Gefühle und Vorurteile mit rationalen Argumenten widerlegt werden könnten. Das Ergebnis solch sinnloser Konfrontationen ist, dass sich die Fronten nur weiter verhärteten und die Abgekanzelten leichte Beute für Aufhetzer werden.

Unbewusst reagieren diese Menschen auf den Zuzug von Flüchtlingen wie Kinder auf die Geburt eines Geschwisterkindes, gekränkt mit Eifersucht. »Wenn sie sagen, dass sie mich so liebhaben, warum brauchen sie dann noch ein Kind?«, fragt sich das ältere Geschwisterkind und fühlt sich vom Neuankömmling verdrängt. Aus seiner Sicht dreht sich alles nur mehr ums Baby. Die Gefühle, die es in einer solchen Situation empfindet, sind dieselben, wie sie viele, zumindest körperlich Erwachsene, Flüchtlingen gegenüber verspüren. »Die sollen wieder dorthin gehen, woher sie hergekommen sind.« Um die eigene Feindseligkeit zu legitimieren, werden die neidischen Unterstellungen zur Realität erhoben. »Die kriegen alles, ich kriege nichts.«

Auch erwachsene Kinder, denen ihre Feindseligkeit dem Neuankömmling gegenüber zum Vorwurf gemacht wird, reagieren häufig, mit einer »Jetzt erst recht« – Haltung. Um den befürchteten Liebesverlust durch die Eltern zu entgehen, verleugnet ein Kind oft auch seine Feindseligkeit und tut so, als würden es sich über das Neugeborene freuen. Hinter dem Philosemitismus verbirgt sich oft der Antisemitismus. Die Dynamik rund um die Flüchtlingskrise zeigt diese Polarisierung. Jeder Versuch einer rationalen Herangehensweise scheitert aus demselben Grund, wie bei Vorurteilen oder Verschwörungstheorien. Der realitätsgerechten Sichtweise stellt sich ein innerer Widerstand entgegen.

Wir stoßen hier auf ein Phänomen, das zu einem der wichtigsten Konzepte in der Psychoanalyse zählt und alle Menschen in gleicher Weise betrifft. In der psychoanalytischen Arbeit stellt sich der Widerstand der Aufdeckung unbewusster Wünsche und Sichtweisen entgegen, aus denen der Mensch Lust bezieht, ohne dass ihm der Lustgewinn bewusst zugänglich ist.

Zu Beginn des psychoanalytischen Prozesses sehen sich Menschen nie so, wie sie sind, oder von anderen gesehen werden, sondern immer nur so, wie sie zu sein glauben und gerne sein möchten. Das Gleiche gilt für die Sicht der Realität. Die Korrektur zugunsten eines realistischeren Selbst- und Weltbildes scheitert zunächst am Widerstand. Ohne die Auflösung des Widerstandes gäbe es in der psychoanalytischen Arbeit keinen Fortschritt. Doch wird in der Psychoanalyse wie unter einem Brennglas nur das sichtbar, was dem Menschen auch sonst innewohnt. Daher müssen die psychischen Kräfte, die sich der Bewusstmachung widersetzen, auch im Alltag dafür Sorge tragen, dass unser Bild von der Realität ein geschöntes bleibt. In dieser Funktion unterscheidet sich die Vorgehensweise des Gehirns im Wachzustand nicht von der im Traum. In beiden Fällen werden die unlustvollen, störenden Anteile der Realität durch Fantasiebildungen ganz im Sinne der Wunscherfüllung ersetzt.

Dem Journalisten, der in einem Zeitungskommentar zu Unrecht behauptete, dass Flüchtlinge in Zügen der österreichischen Bundesbahn Sitze aufschlitzten um darin ihre Notdurft zu verrichten, wäre nichts lieber gewesen, als dass sich zumindest ein paar von ihnen so verhalten hätten. Dadurch wäre seine Empörung gerechtfertigt gewesen und nichts hätte auf seine tieferliegende irrationale Feindseligkeit gedeutet. Was hätten Haiders Getreue nicht dafür gegeben, wäre der Mossad wirklich für Haiders Tod verantwortlich gewesen? Nichts Besseres hätte ihnen passieren können. Was liegt also näher, als dass sie sich einen solchen Hergang gewünscht haben? Der nächste Schritt, bei dem die illusionäre Wunscherfüllung zur Grundlage der psychischen Realität gemacht wird, ist nur mehr ein kleiner. Die Wahrscheinlichkeit, dass der Mossad den Unfall zu verantworten hat (die gegen Null geht) wird durch die Möglichkeit ersetzt (möglich wäre es ja). Und wenn etwas möglich ist, warum soll es dann nicht auch so gewesen sein? Schon steht die Verschwörungstheorie.

Wie selbstverständlich wir unsere Beweggründe schönen, zeigt das Beispiel eines Jugendlichen, der exzessiv einen Ego-Shooter spielte, bei dem es ausschließlich darum geht, möglichst viele Menschen umzubringen. Von seinen Eltern zur Rede gestellt, rechtfertigt er seine Mordlust in der virtuellen Welt. »Aber ich muss sie doch umbringen, das sind ja alles Nazis …« Die ehrliche Antwort, »weil es mir einfach Lust macht, die Kerle abzuknallen«, hätte seinem Selbstverständnis widersprochen. Niemand würde sich eingestehen, dass die Vorstellung, andere zu töten, Lust hervorruft. Weil es aber Nazis waren, ersparte sich der junge Mann die Gewissensbisse. In diesem Fall erfüllte das Morden sogar einen guten Zweck.

Vieles deutet darauf hin, dass wir uns zurzeit in einer Umbruchphase befinden. Das wissenschaftliche Weltbild ist in den Köpfen vieler Menschen noch nicht angekommen. Nach wie vor treibt der Irrationalismus seltsame Blüten. Die Optimierung durch die digitale Transformation sorgt für einen Wandel von der Arbeits- zu einer Freizeitgesellschaft.

Es werden zwar in den nächsten Jahrzehnten viele neue Jobs entstehen, aber noch mehr Arbeitsplätze werden sich erübrigen. Allein die wachsende Arbeitslosigkeit als Folge der wirtschaftlichen Veränderungen wirft viele Fragen auf. Wie soll der Wohlfahrtsstaat in Zukunft finanziert werden? Welcher Beschäftigung können die Menschen nachgehen, wenn die Arbeit nicht mehr der Lebensmittelpunkt ist? Was fangen sie mit der vielen Freizeit an? Wovon sollen sie leben? Wird das Geld als Tauschmittel beibehalten und wenn ja, wofür? Die Beantwortung all dieser Fragen verlangt einen kühlen Kopf und ein rationales Vorgehen. Aber gerade das Gegenteil ist zu beobachten. Die globale Verunsicherung hat zu einer Regression ungeahnten Ausmaßes geführt. Weltweit beobachten wir eine Renaissance des patriarchalisch faschistoiden Gedankengutes. Im islamischen Einflussbereich religiös verbrämt, im Westen in Gestalt des Rechtspopulismus.

Immer wieder gelingt es in aufgeklärten Demokratien pathologischen Persönlichkeiten, Menschen mühelos aufzuhetzen und zu instrumentalisieren. Sie präsentieren sich als die ersehnten Erlöser. Ihr Aufstieg ist ebenso rasant wie unaufhaltsam. Nichts und niemand scheint ihn bremsen zu können. Einmal an die Macht gekommen, machen sie von ihr totalitär Gebrauch. Hitler ist nicht vom Himmel gefallen, sondern er wurde gewählt. Als er am 30. 1. 1933 zum Reichskanzler ernannt wurde, hielt seine NSDAP bei 33,1 Prozent. Annähernd der derselbe Stimmenanteil, den rechtspopulistische Parteien heute erreichen können. Als der Nazispuk 1945 vorbei war, und die Verbrechen auch von Nazi-Sympathisanten nicht mehr geleugnet werden konnten, rechtfertigten sich viele damit, »dass sie das alles damals ja nicht wissen konnten.«

Obwohl es heute alle wissen können, hat sich nicht viel geändert. Solche Persönlichkeiten werden nicht aus Ahnungslosigkeit gewählt oder weil sie ihre Wähler so geschickt hinters Licht führen. Sie werden gewählt, weil sie das verkörpern, was die meisten von uns unter Verschluss halten, bis jemand die Büchse der Pandora öffnet und das Unheil seinen Lauf nimmt.

In vieler Hinsicht fragwürdige Persönlichkeiten schüren bei ihrer Wählerschaft gezielt infantile Rivalitäts- und Neidgefühle, indem sie sie darin bestärken, mehr Anrechte zu haben, würdiger, besser zu sein als andere und einer überlegenen Kultur anzugehören. Ohne Skrupel heizen sie Emotionen an und setzen Triebkräfte frei, deren Zerstörungspotential nicht unterschätzt werden sollte. Ist der Geist einmal aus der Flasche, ist er kaum wieder hineinzukriegen. Es ist viel leichter, eine Kultur zu zerstören, als sie aufzubauen.

Doch wer hört auf die Stimme der Vernunft, wenn die Gefühle hochkochen? Von Politikern, die die Klaviatur des Wunschdenkens bedienen, fühlen sich die Menschen verstanden. Die sprechen aus, was sie denken, denen laufen sie in Scharen zu. Die Realität wird dabei völlig ausgeblendet. Gewählt wird kein politisches Programm, sondern ein Gefühl. Wie weit die »Wutbürger« vom vernünftigen Denken entfernt sind, wie sehr ihre Vorurteile und Klischees den unbewussten Triebkräften lediglich als Vehikel dienen, zeigen alleine schon Straßeninterviews zu brisanten politischen Themen, die in Kabarettprogrammen für sichere Lacher sorgen. Rechtspopulisten haben ein gutes Gespür für die hässlichen Wünsche und Vorstellungen ihrer Wähler und verleihen ihnen mit ihrer Unterstützung Legitimität. Ohne die stillschweigende Akzeptanz der Bevölkerung hätte es Auschwitz-Birkenau und all die anderen KZs nicht geben können.

Die Masse braucht einen Führer, den sie idolisieren kann, und die Rechtspopulisten bieten sich als solche Führer an. Indem der Einzelne in der Masse aufgeht, die sich in der tatsächlichen oder vermeintlichen Größe des Führers spiegelt, strahlt dessen Glanz auf ihn ab.[69] Als Teil einer Massenbewegung empfindet das Individuum ein schier unbegrenztes Machtgefühl und damit die Freiheit, wie im Traum jene

Triebimpulse auszuleben, die es sonst aus Angst vor Sanktionen unterdrücken müsste. In der Anonymität der Masse werden, nicht anders als im Traum, die Kontrollinstanzen außer Kraft gesetzt und das Unbewusste übernimmt die Herrschaft. Wenn Sie sich darunter nichts Konkretes vorstellen können, denken Sie nur an die Shitstorms im Internet.

Der Preis für die schier unbegrenzte Macht und Sicherheit in der Anonymität der Masse ist der vorübergehende Ich-Verlust, der Verlust jeglicher Selbstkritik und Reflexionsfähigkeit. Das Individuum handelt dann nur mehr wie im Traum. Die Gemütslage in der Masse überträgt sich auf den Einzelnen vice versa befeuert der Einzelne mit seinen Affekten die Dynamik der anderen. Diese Wechselwirkung und die dadurch freigesetzten Kräfte bewirken, dass das Verhalten der Masse impulsiv und unberechenbar wird. Einmal in Gang gekommen, sind Massenbewegungen mit vernünftigen Argumenten nicht mehr zu stoppen.

Um das politische Klima aufzuheizen, eignen sich Themen mit hohem Emotionalisierungsgrad. Weltweit setzen Rechtspopulisten daher auf Migration, Law & Order, Drogen, Waffen, Auto, Emanzipation oder Homosexualität, um die Massen in emotionale Aufruhr zu versetzen. Je hysterischer die Stimmung in der Bevölkerung, umso wahrscheinlicher der Wahlerfolg. Dass die Wahrheit dabei auf der Strecke bleibt, wird in Kauf genommen.

Kaum jemand sieht die Welt so, wie sie ist. Die meisten Menschen betrachten die Welt einschließlich ihrer Rolle darin immer nur als Klon ihres Wunschbildes. Um es mit Christian Morgenstern auszudrücken, »weil nicht sein kann, was nicht sein darf.« Je größer die Diskrepanz zwischen Real- und Wunschbild, desto irrationaler das Denken und desto hartnäckiger der Widerstand gegenüber jeglicher Kritik an der subjektiv behaupteten Realität.

Der Mensch ist schon ein erstaunliches Wesen. In seinem Streben, die Geheimnisse des Universums zu entschlüsseln, weit vorangekommen. Er entwickelt immer anspruchsvollere mathematische Werkzeuge, baut Computer, Radioteleskope, Teilchenbeschleuniger, schickt Raumsonden ins All und hat sein Verständnis für Raum und Zeit, den Aufbau der Materie und die elementare Bedeutung der Evolution für den Mikro- wie für den Makrokosmos kontinuierlich vergrößert.

Doch sein ganzes Wissen hindert die Mehrzahl der Menschen nicht daran, in Kirchen, Tempeln, Moscheen Götter anzubeten, in Sekten, Seminaren und esoterischen Zirkeln Gurus zu huldigen, den Weisheiten von Schamanen, Wahrsagern, Kartenlegern, Sterndeutern zu folgen, teures Geld für Wundermittel auszugeben oder an Heilung durch Handauflegen zu glauben. Immer in der Hoffnung, irgendeine höhere Macht würde sie ihrer persönlichen Verantwortung entbinden, sie vor Leiden und Not beschützen und ihrem Leben Sinn geben.

Traditionelle religiöse oder esoterische Weltbilder verkünden buchstäblich immer das, wonach wir uns am stärksten sehnen: ewiges Leben und Glückseligkeit in einem paradiesischen Zustand, Gerechtigkeit, Vergebung der Sünden, immerwährende Verbundenheit mit den Menschen, die wir lieben, und Strafe für die, die wir hassen.

Seit Urzeiten offenbart sich dem Menschen im Traum eine geheime Welt, in der ihr Leben weitergeht, obwohl sie schlafen. Gibt es einen besseren Beweis für die Existenz eines Jenseits, als *unsere geheime Welt im Schlaf*? Warum sollte das, was beim normalen Schlaf möglich war, nicht auch für den ewigen gelten?

Das magische Denken eines Kindes erreicht zwischen dem zweiten und vierten Lebensjahr seinen Höhepunkt. Auf diesem Entwicklungsstand war der Mensch, als er den Jenseitsglauben ausbildete. In dieser Phase hängt die Bedeutung der Realität fast zur Gänze vom Wunschdenken des Kindes ab. Weil die neuronalen Muster aus der Kindheit im erwachsenen Gehirn fortbestehen, bleibt auch diese archaische Form des Denkens aufrecht. Hätte der Mensch im Laufe seiner Evolution diese frühe Denkungsart, die auch das Traumgeschehen beherrscht, bereits vollständig überwunden, gehörten Irrationalität, Religion und Esoterik schon längst der Vergangenheit an. Auch wenn es den meisten nicht bewusst ist, überlagert das rationale Denken im Alltag bloß die archaische Denkungsart. Sobald die Ratio nicht gefordert ist, kommt die ursprüngliche Form des Denkens zum Vorschein. Wir verlieren uns in unseren Vorstellungen und geben uns unseren Tagträumen hin. Besonders gut lässt sich dieses Phänomen bei langen Auto- oder Zugfahrten beobachten. Aber auch beim Lesen oder wenn man angestrengt über ein Problem nachdenkt, passiert es immer wieder, dass man plötzlich gedanklich abgleitet und in seinen Fantasien schwelgt.

Alle Reize, denen wir im Laufe eines Tages ausgesetzt sind, rufen bei uns gedankliche Verknüpfungen hervor, ohne dass wir uns dessen bewusst sind. Die sexuellen überwiegen dabei bei weitem. Diese Assoziationen werden von subtilen Emotionen begleitet, die unserer Interpretation der Realität und unseren Beweggründen zugrunde liegen. Auf dieser Ebene fallen die Entscheidungen. Unsere bewussten Motive sind dann lediglich eine Rechtfertigung der unbewussten. Ich kann am Abend als Folge eines Triebimpulses zum Kühlschrank gehen, weil mich der Hunger dazu drängt. Oder ich habe unbewusst die Werbung von einer Delikatesse aufgenommen, die mich zu diesem Gang motiviert. Werde ich in diesem Augenblick gefragt, warum ich zum Kühlschrank gehe, werde ich im ersten Fall antworten, »weil ich Hunger habe«. Im zweiten werde ich eine Rationalisierung vorschieben, weil mir der eigentliche Beweggrund nicht bewusst ist. Mir wird meine Rationalisierung aber durchaus als realitätsgerecht vorkommen, obwohl sie weit davon entfernt ist, das auch zu sein.

Auch wenn das Vernünftige die illusionäre Sichtweise

überlagert, ist sie dennoch mit im Spiel. Im Gegensatz zum logisch-abstrakten Denken erfolgt das archaische assoziativ, auf der Grundlage von Symbolen und Bildern. Die Bildersprache, derer es sich bedient, unterliegt denselben Gesetzmäßigkeiten wie das bildhafte Denken im Traum. Die Symbole stehen in keinem ursächlichen Zusammenhang, sondern sind durch Ähnlichkeit, Gleichzeitigkeit oder Gegensätzlichkeit verbunden. Die Welt der inneren Bilder befindet sich in einer ständigen Wechselwirkung mit der realen Außenwelt. Wie Vorgänge in der äußeren Welt gedeutet werden, hängt nicht zuletzt von den gedanklichen Verknüpfungen mit schon existierenden Bildern in der inneren Welt ab. Im Gegensatz zur »objektiven« Gewissheit, die überprüfbar ist, gründet die subjektive Gewissheit lediglich auf einem Gefühl. Die überwiegende Mehrzahl unserer Überzeugungen ist emotionaler Natur und würde einer kritischen Realitätsprüfung nicht standhalten. Im Gegenteil, dort wo Überzeugungen zu Vorurteilen werden, erfüllen sie sogar Kriterien, die sonst nur für den Wahn gelten: subjektive Gewissheit, Unkorrigierbarkeit und die Unmöglichkeit ihrer Inhalte.

Dieselben Kriterien treffen übrigens auch auf kollektive Überzeugungen zu, auf okkulte, religiöse oder politische Weltanschauungen zu. Kein noch so schlüssiges Argument, kein noch so stichhaltiger Einwand kann sie widerlegen. Nicht anders als Patienten mit einer Wahnstörung haben auch Esoterikjünger, religiöse Fundamentalisten oder politische Fanatiker nicht die geringste Bereitschaft, ihre »Glaubenssysteme« kritisch zu hinterfragen. Sie biegen sich die Realität so zurecht, dass sie sich immer mit ihren irrationalen Konstruktionen deckt.

Sie meinen, dieses Phänomen betrifft nur einen kleinen Teil der Menschen? Die überwiegende Mehrzahl handelt rational? Dann wenden wir uns einmal dem banalen Alltag zu. Die Wahrscheinlichkeit, im Lotto eine Million zu gewinnen, ist nur geringfügig höher als die, vom Blitz erschlagen zu werden. Dessen ungeachtet spielen Woche für Woche weltweit viele Millionen Menschen Lotto oder kaufen Lose. Immer in der Hoffnung auf das große Glück. Auch hier liegt offensichtlich ein gewaltiges Missverständnis zwischen Wunsch und Wirklichkeit vor. Das beweisen alleine schon die horrenden Gewinne der Glücksspielindustrie. Handelt jemand, der Lotto spielt, rational und realitätsgerecht? Sicher nicht. Was aber veranlasst Menschen dazu, in der Fantasie eine Wirklichkeit zu schaffen, an der sie festhalten, als wäre sie real? Die Antwort liegt auf der Hand. Es ist das Wunschdenken. Magische, religiöse, aber auch manche politischen Überzeugungen haben dieselben Wurzeln wie der Traum. Ihre Inhalte sind illusionäre, in die Außenwelt projizierte Wunscherfüllungen, die der Mensch braucht, um die beängstigenden Seiten der Realität zu entschärfen. Warum das so ist, hat mit der Besonderheit des menschlichen Bewusstseins zu tun.

Als die Evolution den Menschen vom Baum der Erkenntnis naschen ließ, wurde ihm mehr bewusst als bloß seine Nacktheit. Mit einem Schlag konnte er in seiner Vorstellung die eigene Zukunft bis zum bitteren Ende vorwegnehmen. Von nun an wusste er, was seine Bestimmung war. Das wäre an und für sich noch keine Katastrophe gewesen, hätte nicht gleichzeitig die Selbsterhaltungsfunktion dafür gesorgt, dass der Mensch im Leben nichts mehr fürchtete als den eigenen Tod. Wie alle anderen Lebewesen, verbrachte auch er sein Leben damit, ihm zu entkommen. Eben weil er über ein Bewusstsein verfügte, musste er früher oder später eingesehen haben, dass gegen den Tod kein Kräutlein gewachsen war.

Anders als das Tier, das nur auf unmittelbar gegebene Gefahren reagieren kann, verfügt der Mensch über ein Bewusstsein, das es ihm ermöglicht, auch zukünftige Bedrohungen gedanklich vorwegzunehmen. Evolutionär betrachtet ist das natürlich ein gewaltiger Selektionsvorteil. Auf Grund dieser Fähigkeit kann sich der Mensch schon viel früher auf Gefahren einstellen, sogar auf solche, die erst in ferner Zukunft auf ihn lauern. Angesichts der Unabwendbarkeit des eigenen Todes aber wird diese Fähigkeit zum Bumerang. Worin unterscheidet sich denn unser Schicksal von dem eines Häftlings in der Todeszelle? Gewiss, die Zellausmaße sind außerhalb der Gefängnismauern größer und auch das Leben draußen verläuft vielleicht abwechslungsreicher. Der Ausgang der Geschichte ist aber in beiden Fällen der gleiche. Von Geburt an ist der Mensch zum Tod verurteilt. Seit der frühen Kindheit ist er sich dieser Tatsache sogar bewusst. Obwohl er sich nach Unsterblichkeit sehnt, gibt es vor dem Tod kein Entrinnen.

Wenn wir aber ohnedies sterben müssen, warum bringen wir uns dann nicht gleich um, sondern nehmen die Last des Daseins auf uns? Noch dazu, wo die unlustvollen Augenblicke im Leben bei Weitem überwiegen. Warum nehmen wir all die Qualen auf uns, ertragen Hunger, Durst, Kälte, Schmerz, wenn der Lohn, der am Ende unserer Tage winkt, früher, bequemer und schmerzfreier zu haben ist? Dieser Umstand ist ohne Zweifel auf den Einfluss der Selbsterhaltungsfunktion zurückzuführen.

Die Paradoxie des Menschen ist nur schwer zu überbieten. Frei von Todesangst beginge er ab einer gewissen Schmerzintensität Selbstmord, mit ungeminderter Todesangst im Bewusstsein liefe er Gefahr, unter der Last seiner Angst zusammenzubrechen. Nie wäre das Bewusstsein zu einer solchen Erfolgsgeschichte geworden, hätte nicht die Evolution zur Ausbildung von Mechanismen geführt, die es dem Gehirn erlaubten, die Angst machenden Seiten der Realität vom Bewusstsein entweder gänzlich fernzuhalten oder zumindest so weit umzuformen, dass sie dort keine Bedrohung mehr hervorriefen. Es klingt zwar sonderbar, aber die Evolution hat dazu geführt, dass wir heute über ein Gehirn verfügen, das sich selbst hinters Licht führen kann, sobald reale Lösungsmöglichkeiten versagen.

Vergleichen wir zwei fiktive menschliche Bevölkerungen. Bei beiden ist der Bewusstwerdungsprozess so weit fortgeschritten, dass ihre Individuen um die eigene Sterblichkeit wissen. Das erste Volk lässt sich ausschließlich von seiner Vernunft leiten. Die Realität wird so genommen, wie sie ist. Nur das zählt, was überprüfbar ist. Über Dinge, die nicht erfahrbar sind, wird nicht spekuliert. Das andere Volk hingegen verfügt über eine hohe Fantasiebegabung. Bei ihm sind die Grenzen zwischen Realität und Fantasie fließend. Die Einbildungskraft dieser Menschen macht es möglich, unerklärliche Phänomene, wie auch die unlustvollen Seiten der Realität im Sinne ihrer Wünsche umzudeuten. Beim ersten Volk müssen die realistische Einschätzung des Todes und die daraus resultierende Angst den Kampf ums tägliche Dasein die Menschen nachhaltig beeinflussen. Menschen, die sich über den Tod keine Illusionen machen können, werden es sich sehr gut überlegen, ob sie sich auf eine kriegerische Auseinandersetzung einlassen oder nicht. Vor die Wahl gestellt, ihr Revier zu verteidigen und dabei den sofortigen Tod zu riskieren oder es aufzugeben – was unter Umständen zu einer Verschlechterung der Lebensumstände führt, dafür aber die unmittelbare Todesgefahr abwendet – werden sie sich mit höchster Wahrscheinlichkeit für die zweite Möglichkeit entscheiden. Im Vergleich zum zweiten Volk werden die Menschen ängstlicher agieren und allen Kämpfen aus dem Weg gehen. Die Angst würde sich auch auf das Paarungsverhalten auswirken. Anstatt um eine Frau zu kämpfen, würden sich die Männer unverrichteter Dinge zurückziehen. Ein solches Verhalten schmälerte den Fortpflanzungserfolg.

Betrachten wir nun die Bevölkerung des zweiten Volkes. Die Fähigkeit dieser Menschen, sich über die Realität hinwegzutäuschen, ermöglicht, die Angst vor dem Tod so weit zu entschärfen, dass sie zwar nicht gänzlich verschwindet, aber zumindest so weit gemildert wird, dass sie sich im Alltag nicht mehr störend bemerkbar macht: »Ich muss den Tod nicht fürchten, er ist ja nur das Tor zu einer anderen Welt.« Ein Volk, dessen Individuen fähig sind, den unvermeidlichen Schrecken des Todes im Sinne ihres Wunschdenkens umzudeuten, aber eben nur so weit, dass realitätsgerechtes Handeln trotzdem noch möglich ist, erwirbt sich aus meiner Sicht einen gewaltigen Selektionsvorteil.

Wie gut die Realitätsverleugnung funktioniert, zeigt allein der Umstand, dass die meisten Menschen so leben, als würde der Tod nur die anderen betreffen. Verräterische Redewendungen wie »Sollte ich einmal sterben …« unterstreichen dieses Phänomen. Die Unbestimmbarkeit des Todeszeitpunktes scheint es dem Gehirn zu ermöglichen, den eigenen Tod so zu behandeln, als würde er nie eintreten. »Natürlich werde ich einmal sterben, aber doch noch nicht jetzt …« Aufschlussreich sind auch die Reaktionen auf einen Todesfall im Bekanntenkreis. Selten wird der Tod als ein natürliches Ereignis akzeptiert. Fast immer suchen die Angehörigen nach Schuldigen, die für den Tod des Verstorbenen verantwortlich sind. Entweder ist der Betroffene selbst daran schuld, weil er einen fahrlässigen Lebenswandel geführt hat oder zu spät zum Arzt gegangen ist, oder die Ärzte haben seinen Tod auf dem Gewissen. Die Conclusio ist stets die gleiche: Unter anderen Umständen wäre der Betroffene noch am Leben.

Nachdem sich dieser Verdrängungs- und Verleugnungsmechanismus evolutionär bewährt hatte, wurde er auf alle psychischen Inhalte ausgedehnt, die im Organismus Spannungen hervorrufen, deren Beseitigung außerhalb seiner Bewältigungsmöglichkeiten liegt. Überall im menschlichen Zusammenleben finden sich heute Bereiche, wo unlustvolle Anteile der Realität verleugnet oder durch Fantasmen im Sinne des Wunschdenkens ersetzt werden. Menschen sehen die Welt nie nur so, wie sie ist, sondern stets auch so, wie sie sehen möchten.

Unserer Fähigkeit, eine Vermischung aus Realität und Illusion zu schaffen, brachte das Phänomen des Glaubens hervor. Der Glaube erfüllt in letzter Konsequenz nur ein Ziel: die Realität des Todes zu entschärfen, die Begrenztheit der menschlichen Existenz zu verleugnen und ihr Bedeutung zu verleihen. Er ist ein geradezu idealer Kompromiss zwischen der lebenserhaltenden Todesangst und der Tatsache, dass der Mensch dem Tod nicht entkommen kann. Nachdem die Realität die Erfüllung seiner Ewigkeitssehnsüchte im Diesseits verweigert, schuf er Kraft seines Vorstellungsvermögens ein Jenseits. In diesem Paradies soll nun all das erfüllt werden, wonach sich der Mensch auf Erden vergebens sehnt.

Obwohl diese Lösung des existentiellen Konfliktes nahezu perfekt ist, ahnt der Mensch, dass an seiner Art der Realitätsbewältigung etwas faul ist. Sein Gehirn spürt, dass es sich selbst betrügt. Bis heute noch ist es in manchen Ländern unter strenger Strafandrohung verboten, die Existenz Gottes infrage zu stellen oder an Glaubenswahrheiten zu zweifeln. Das ergibt doch nur dann einen Sinn, wenn man davon ausgeht, dass das Gehirn sehr wohl weiß, dass seine Konstruktionen einer kritischen Hinterfragung nicht standhalten würden und ihr deswegen einen Riegel vorschiebt. Diese Weigerung betrifft in der Folge nicht nur den Glauben, sondern auch alle anderen Bereiche unseres Selbst- und Weltbildes, die auf Realitätsverleugnung und Selbstbetrug aufbauen.

Eine Behauptung, die beweisbar ist, kann getrost hinterfragt werden. Anders verhält es sich mit den Konstrukten unseres Bewusstseins, die auf Wunschdenken zurückgehen. Werden die infrage gestellt, reagiert unser Gehirn mit heftigem Widerstand. Interessanterweise ist der Widerstand dort am größten, wo die Illusion am stärksten von der überprüfbaren Realität in der 3D-Welt abweicht.

Viki ist eine außergewöhnliche Frau. Sie ist eine hervorragende Wissenschaftlerin im Bereich der Molekularmedizin und Mitglied einer angesehenen Forschungsgruppe. Ihre praktische Ärztin empfahl ihr, professionelle Hilfe in Anspruch zu nehmen, weil sie aufgrund ihres beruflichen Stresses unter Schlaflosigkeit und Erschöpfungszuständen litt. Doch schon nach wenigen Sitzungen zeigte sich, dass Viki noch ganz andere Probleme hatte. Zuerst waren es nur vereinzelte Hinweise, die darauf schließen ließen, doch schon bald wurde klar, dass Viki an einer gut strukturierten, komplexen Wahnstörung litt, allerdings ohne Beeinträchtigung ihrer intellektuellen Fähigkeiten.

Über elektronischen Medien, Fernseher, Radio, Computer vermeinte sie, verschlüsselte Nachrichten zu erhalten. Sie beschuldigte ihre Vorgesetzten, sie abzuhören und Verschwörungen gegen sie anzuzetteln. Wobei sie aber gleichzeitig vermutete, dass die Ränkespiele in Wirklichkeit dazu dienten, sie zu beschützen und ihr im Berufsleben Vorteile zu verschaffen. Wie in den antiken Träumen die Dämonen, traten in Vikis Realität Personen aus ihrem persönlichen Umfeld in Gestalt anderer Menschen mit ihr in Beziehung. Viki war davon überzeugt, Auserwählte einer weltumspannenden Gruppierung zu sein, dazu ausersehen, die Erde vor dem Untergang zu bewahren.

Vorsichtige Versuche meinerseits, ihre Wahngedanken zu hinterfragen oder mit ihr die Ursache ihrer Verfolgungsängste zu erforschen, stießen auf unerwartet heftigen Widerstand. Zuerst begann sie fast verzweifelt zu weinen, um mich danach völlig außer Kontrolle anzuschreien. Die Infragestellung ihres Wahnkonstruktes schien sie als gewaltige Bedrohung zu erleben. Aufgrund ihres Intellekts wäre es für sie ein Leichtes gewesen, die Absurdität ihrer Behauptungen zu durchschauen. Aber wie im Traum waren die Kontrollinstanzen ihres Gehirns und damit auch die Fähigkeit zum selbstkritischen Denken in diesem Bereich außer Kraft gesetzt. Mit ihrer heftigen emotionalen Reaktion unterband sie jegliche Realitätskritik von außen. Es schien so, als müsste sie ihre innere Welt mit aller Kraft vor realen Einflüssen schützen. Die Parallele zum Traum ist nicht von der Hand zu weisen. Während der Traum Triebimpulse, innere und äußere Reize durch fiktive Wunscherfüllung so entschärft, dass der Schlaf durch sie nicht gestört wird, scheint der Wahn im Wachzustand dieselbe Funktion zu erfüllen, nämlich die Realität, dort wo sie unerträglich scheint, durch eine illusionäre Wunschwelt außer Kraft zu setzen. Verfolgungsängste im Wahn sind demnach das Äquivalent zu den Alpträumen im Schlaf.

Für mich stand außer Frage, dass Vikis Wahn eine wichtige Schutzfunktion erfüllte. Aber wovor schützte er sie? Was war an der Realität so unerträglich, dass Viki sie in manchen Bereichen völlig ausblenden musste? Der Umstand, dass Viki in ihrer Konstruktion der Mittelpunkt des Weltgeschehens war und sich alles um sie drehte, erinnerte an die Erlebnisweise eines Kindes. Für ein Kind existieren Zeit und Realität noch nicht so, wie für einen Erwachsenen. Das Zeitgefühl ist erst im Ansatz vorhanden und die psychische Realität dominiert sein Erleben, Alles, was in seinem Umfeld geschieht, steht in direktem Bezug zu ihm. Die Welt des Kindes ist noch durch und durch beseelt. Tiere, Pflanzen, Gegenstände fühlen, denken, handeln wie es selbst. Jedes Objekt in der äußeren Welt repräsentiert einen psychischen Anteil der inneren. Wie beim Traum wird das Denken ohne Einbeziehung der Kontrollinstanzen fast ausschließlich vom Lustprinzip bestimmt. Ohne Rücksicht auf die Realität zielt es auf unmittelbare Wunscherfüllung ab. Auf dieser frühen Stufe des Erlebens scheint die Welt noch dem eigenen Wollen zu gehorchen. Unvermeidliche Realitätseinbrüche werden umgedeutet, verleugnet oder durch Rituale ungeschehen gemacht.

Alles deutete darauf hin, dass Viki in ihrem Selbst- und Welterleben auf einer infantilen Stufe ihrer Persönlichkeitsentwicklung stehen geblieben oder auf diese zurückgekehrt war. Etwas in ihr wehrte sich gegen das Erwachsenwerden. Erwachsenwerden setzt ja immer die psychische Ablöse von den Eltern voraus. Mit der Trennung kommt stets die Endgültigkeit, also der Tod ins Spiel. Wer Mutter und Vater im übertragenen Sinn (psychisch) nicht sterben lassen kann, bleibt in seiner psychosexuellen Entwicklung auf der Stufe eines Kleinkindes.

Viki konnte ihre frühkindliche libidinöse Bindung an den Vater und die damit einhergehende Rivalität mit der Mutter bis ins Erwachsenenalter nicht auflösen. Wird das ödipale Dreieck über die Kindheit hinaus beibehalten, ist nach Freud der Weg in die seelische Erkrankung vorgezeichnet. »Von dieser Zeit an (der Pubertät) muss sich das menschliche Individuum der großen Aufgabe der Ablösung von den Eltern widmen, nach deren Lösung es erst aufhören kann Kind zu sein, um ein Mitglied der sozialen Gemeinschaft zu werden. Die Aufgabe besteht für den Sohn darin, seine libidinösen Wünsche von der Mutter zu lösen, um sie für die Wahl eines realen fremden Liebesobjektes zu verwenden, und sich mit dem Vater zu versöhnen, wenn er in Gegnerschaft zu ihm verblieben ist, oder sich von seinem Druck zu befreien, wenn er in Reaktion auf die infantile Auflehnung in die Unterwürfigkeit gegen ihn geraten ist. Diese Aufgaben ergeben sich für jedermann; es ist beachtenswert, wie selten ihre Erledigung in idealer Weise, d. h. psychologisch wie sozial korrekt, gelingt. Den Neurotikern aber gelingt diese Lösung überhaupt nicht, der Sohn bleibt sein lebelang unter die Autorität des Vaters gebeugt und ist nicht imstande, seine Libido auf ein fremdes Sexualobjekt zu übertragen. Dasselbe kann mit Veränderung der Beziehung das Los der Tochter werden. In diesem Sinne gilt der Ödipuskomplex mit Recht als der Kern der Neurosen.«[70]

Meiner Erfahrung nach sind es vor allem verschwommene Inzestgrenzen in der Familie, das Wechselbad von Verführung und Frustration und die daraus resultierende hochgradige Ambivalenz des Kindes einem oder beiden Elternteilen gegenüber, die die Ablösung von den Eltern erschweren.

Die auffällige Anhänglichkeit ist gewöhnlich eine Reaktion auf unterschwellige feindselige Impulse. Auch Viki rivalisierte noch mit ihrer Mutter wie ein kleines Mädchen um die Gunst des Vaters. Vikis Wunsch, beim Vater die Rolle ihrer Mutter einzunehmen, rief schon in der Kindheit starke Schuldgefühle und als Reaktionsbildung eine übertriebene Besorgtheit um das Wohlergehen ihrer Mutter hervor. Viki löste ihren ödipalen Konflikt, indem sie ihre erwachsene Sexualität hemmte und psychisch ein Kind blieb. So konnte sie ihren Vater als Liebesobjekt behalten, ohne ihrer Mutter dabei in die Quere zu kommen. Der Preis für die Hemmung ihrer libidinösen Wünsche war das Auseinanderbrechen der Realität in einen innerpsychischen Anteil, der nur für Viki Gültigkeit hatte und einen äußeren, für sie nunmehr bedeutungslosen. In Vikis kindlicher Parallelwelt war sie der Mittelpunkt, sie führte Regie und alles geschah nach ihren Wünschen. Die Gesetze der Logik waren außer Kraft gesetzt, zwischen Möglichkeit und Wahrscheinlichkeit wurde nicht unterschieden und die äußere Realität existierte nur mehr als Projektionsfläche der inneren. Davon war auch die psychische Instanz nicht ausgenommen, die normalerweise dafür sorgt, dass wir uns für kulturell geächtete Wünsche schuldig fühlen oder schämen. In Vikis Welt mutierten die inneren Verfolger in Form von Gedanken, Befürchtungen, Selbstvorwürfen zu realen Verfolgern in Menschengestalt. Äußerungen, die Viki zufällig aus dem Radio aufschnappte oder Gesprächsfetzen, die sie ihrem Umfeld entnahm, deutete sie als Mitteilungen, die ihr galten und von denen sie sich zeitweise extrem bedroht fühlte. In der äußeren Welt vereinsamte Viki zusehends. Auf der einen Seite zog sie sich selbst immer stärker in die innere Welt zurück, auf der anderen Seite werden viele wegen Vikis mitunter ziemlich seltsamen Verhaltens auf Distanz zu ihr gegangen sein.

Ohne Frage erfüllt Vikis Denkungsart alle Wahnkriterien. Obwohl für weltanschauliche, religiöse, esoterische Gedankengebäude dieselben Kriterien gelten müssten wie für individuelle Wahnvorstellungen – subjektive Gewissheit, Unkorrigierbarkeit, Widerspruch zur Realität und die fehlende Bereitschaft, die Glaubensinhalte einer Realitätsprüfung zu unterziehen –, haben sie in unserem Erleben einen anderen Stellenwert als individuelle. Ihre Inhalte erscheinen uns als so selbstverständlich vertraut, dass wir sie nicht weiter hinterfragen. Wir erlernen die ideologischen Meme genauso wie die sprachlichen und akzeptieren sie dann als Teil unserer soziokulturellen Identität, ohne uns über den Inhalt dieser Lehren Gedanken zu machen. In einer freien laizistischen Welt wie der unseren, in der Weltanschauung Privatsache ist, glaubt ohnedies jeder, was er will.

Zum Problem wird es erst, wenn Ideologien die Macht haben, anderen ihre Sichtweise aufzuzwingen. In unserem Kulturkreis konnte die Aufklärung den Menschen weitgehend vom Joch der religiösen Heilslehren befreien. Freilich soll nicht verschwiegen werden, dass sich das von der Aufklärung vertretene Menschenbild bald selbst als illusionär herausstellen sollte. Die Annahme, dass der Mensch von Geburt aus gut sei, sowie die Überschätzung seiner Vernunft, kann angesichts der Grausamkeiten, die allein im zwanzigsten Jahrhundert von Menschen an Menschen begangen wurden, so nicht aufrecht gehalten werden. Gerade die Tragödien des vorigen Jahrhunderts – zwei verheerende Weltkriege, Faschismus, Nationalsozialismus, Stalinismus, Menschen verachtender Holocaust, Genozid – bringen die andere, die irrationale, triebhafte Seite der menschlichen Natur zum Vorschein. Würden wir Menschenaffen Handfeuerwaffen in die Hand geben, wäre der Unterschied zum Menschen vermutlich sehr gering.

Die Wahrheit ist, dass wir uns mit dem Glauben an die uneingeschränkte Macht der Vernunft genauso auf dünnem Eis bewegen, wie mit dem Glauben an religiöse oder politische Heilslehren. In den Tiefen unserer Seele herrscht nach wie vor die Irrationalität. Religion und Aufklärung stehen in gleicher Weise im Widerspruch zur Realität. Beide Sichtweisen leugnen sie auf unterschiedliche Weise und ersetzen sie durch eine ihnen gefällige Illusion. Wie sonst sollte man eine solche Haltung bezeichnen, wenn nicht illusionär? Wie viele Menschen sich einer Illusion verschrieben haben – ob einer oder viele Millionen – spielt dabei keine Rolle. Wichtig ist doch nur, ob diese Idee die Wahnkriterien erfüllt oder nicht.

Ohne Frage tritt die selektive Realitätsverleugnung beim Glauben an religiöse oder weltliche Ideologien am deutlichsten hervor. Aber das heißt noch lange nicht, dass sie auf diese Bereiche beschränkt ist. Die menschliche Fähigkeit, Realität durch Illusion zu ersetzen, zeigt sich überall im Alltag. In unserem Kulturkreis wird die religiöse Seelsorge immer stärker von zeitgemäßen Ideologien aus dem Bereich Energetik und Esoterik abgelöst. Trotz ihres Anspruchs auf Wissenschaftlichkeit weisen auch psychotherapeutische Schulen Ähnlichkeit mit ideologischen Gruppierungen auf, weit davon entfernt, wissenschaftlichen Ansprüchen zu genügen. Schon ihre Grundannahmen, dass der Mensch von Natur aus gut sei, bis hin zu der Vorstellung, der Individuationsprozess sei auf ein höheres Ziel gerichtet, sind erwiesenermaßen falsch oder nicht überprüfbar. Analog zum religiösen Denken stellen sie das Gute als Absolutheit dar, ohne dabei die Quelle ihres Wissens anzugeben. Sie bleiben auch die Antwort schuldig, wer letztlich bestimmt, was gut ist und was nicht. Aus der Natur des Menschen lässt sich das Gute jedenfalls nicht ableiten, denn die menschlichen Werte sind nicht unumstößlich wahr und schon gar nicht von Gott gegeben. Sie unterliegen der Evolution, die nicht zielgerichtet verläuft. Wurde etwa die Pädophilie vom größten Philosophen der Antike (siehe Platos Gastmahl) noch zur höchsten Form der Liebe stilisiert, gilt sie heute als Krankheit oder Verbrechen. Psychologische Konzepte, die ein Selbst mit der Tendenz zur Selbstverwirklichung bis hin zur Erleuchtung behaupten, unterscheiden sich nur unwesentlich von religiösen Konzepten. Das scheint aber niemandem zu stören. Im Gegenteil, gerade deswegen eignet sich ein Teil der neuen Psychotherapien ja so gut als Nachfolger der alten Religionen. Die ungeheure Naivität, mit der von dieser Seite das dynamische Unbewusste im Menschen aus Unkenntnis nicht berücksichtigt oder geleugnet wird und mit welcher Selbstverständlichkeit sie vom freien Willen ausgehen, haben allerdings auch etwas Beklemmendes.

Doch genauso wenig, wie ideologische Konzepte einer kritischen Realitätsprüfung standhalten, können das unsere persönlichen Überzeugungen im Alltag. Ich möchte sie an dieser Stelle gerne wieder zu einem Gedankenexperiment einladen. Überprüfen Sie das Bild, das Sie von sich selbst und der Welt haben. Wer sind Sie, wie sind Sie und was ist für Sie real? Wie sehen Sie Ihre Mitmenschen, wie die Welt und wovon sind Sie überzeugt? Welche Ihrer Überzeugungen hielten einer wissenschaftlichen Realitätskritik stand und welche entsprechen eher den Wahnkriterien? Wie oft verabschieden Sie sich aus einer Unterhaltung mit dem Gefühl Recht zu haben, den richtigen Standpunkt zu vertreten, im Besitz der Wahrheit zu sein? Dabei geht es selten um die großen Dinge des Lebens, meist um irgendwelche Banalitäten. Wer hätte wen anrufen sollen, dies oder das erledigen müssen, oder etwas richtig in Erinnerung behalten?

Wenn Sie dieses Gedankenexperiment ehrlich durchgeführt haben, werden Sie überrascht feststellen, dass Sie sich in den meisten Fällen im Recht wähnen. Aber Sie werden auch bemerken, dass die meisten Inhalte Ihres Selbst- und Weltbildes auf Glauben beruhen und einer wissenschaftlichen Realitätsprüfung nicht standhielten. Sie bedienen das Wunschdenken, weil Sie den Schrecken der Realität genauso wenig wie die meisten anderen Menschen ertragen können.

Die Wissenschaft kann dem Menschen nur die angsteinflößende Realität anbieten. Wenn es um das existenzielle

Dilemma des Menschen geht, verstärkt eine realitätsgerechte Sicht seine Angst nur, während sie die Realitätsverleugnung durch Religionen, Ideologien oder subjektive Überzeugungen zumindest oberflächlich betäubt. Doch nur solange diese nicht einer Realitätsprüfung unterzogen werden. Es ist gewiss mutiger, der Realität so ins Auge zu sehen, wie sie ist. Aber ob es auch bequemer und lustvoller ist?

Unser Gehirn ist ein bemerkenswertes Organ. Vom Traum wissen wir, dass er störende Impulse im Sinne der Wunscherfüllung umdeutet, so dass der lebenswichtige Schlaf nicht gestört wird. Das Gehirn schafft es auch, die oft unzusammenhängenden, der Logik widersprechenden Puzzleteile im Traum zu einer vermeintlich zusammenhängenden, sinnvollen Geschichte zusammenzusetzen, die uns nach dem Aufwachen in Erinnerung bleibt. Dieselben Gesetze, die in *unserer geheimen Welt im Schlaf* gelten, sind auch für unser Bild der Realität verantwortlich. Analysieren wir unsere alltäglichen Äußerungen, Behauptungen, Einstellungen, Handlungen wie einen Traum, werden wir schnell erkennen, wie irrational unser Verhalten in vielen Fällen ist und wie sehr es vom Wunschdenken geleitet wird. Wir sehen uns *nicht so, wie wir sind,* sondern so, wie wir *sein wollen.* Die Realität ist das, was wir zur Realität machen.

Die menschliche Fähigkeit, Realität durch Illusion zu ersetzen, zeigt sich überall im Alltag. Die Selbst- und Fremdwahrnehmung unterliegen ihr genauso wie unser Verständnis von Kultur und Natur. Sie ist die Voraussetzung für den Mythos von der Willensfreiheit des Menschen und seiner Überzeugung, die Krönung der Schöpfung, Ebenbild Gottes zu sein. »Rien ne vas plus« – immer dann, wenn im Leben nichts mehr geht, kommt die Hoffnung ins Spiel. Es kommt nicht von ungefähr, dass Glaube und Illusion in so enger Verbindung zur Hoffnung stehen und überall dort zur Entfaltung gelangen, wo die Realität unseren Wünschen und Sehnsüchten eine unerbittliche Grenze setzt. Hoffnung geben,

Hoffnung leben ist eine der zentralen Botschaften zumindest der christlichen Religion. Ist es da bloß ein Zufall, dass sich der Begriff Wahn etymologisch aus dem mittelhochdeutschen »wen« ableitet – was so viel wie Hoffnung bedeutet? Eine spätere Verbindung mit dem mittelhochdeutschen »wan« (leer) führt zur heutigen Bedeutung »leerer Wahn.« Sind Glaube und Hoffnung daher nichts anderes als ein leerer Wahn, Traumbilder der Seele, die helfen sollen, die Realität dort zu verschleiern, wo ihre Versagung für den Menschen unerträglich wird? Es lässt sich zumindest nicht leugnen, dass religiöse aber auch politische Weltbilder überall dort ansetzen, wo dem Menschen schmerzhaft die Grenzen seiner Wünsche bewusst werden. Sie verkünden buchstäblich immer das, wonach Menschen sich am stärksten sehnen: das ewige Leben im Paradies, Gerechtigkeit, Glückseligkeit, Vergebung, immerwährende Verbundenheit mit Menschen, die sie lieben, und Bestrafung für die, die sie hassen.

Aus psychoanalytischer Sicht besteht kein Zweifel: Wie Träume sind ideologische Weltbilder komplexe, illusionäre Wunscherfüllungen. Sie gründen nicht im logischen, sondern im magischen Denken des Kindes. Kinder können zwischen Wunsch und Wirklichkeit, Illusion und Realität noch nicht ausreichend unterscheiden. Anhand der Träume, Tagträume und verschiedener Phänomene, wie Fehlleistungen, psychischen Symptombildungen, individuellem und kollektivem Wahn, dem Glauben an religiöse oder weltliche Ideologien und persönlichen Überzeugungen, konnten wir sehen, dass die Vorgänge in *unserer geheimen Welt im Schlaf* auch unser Verhalten im Wachzustand beeinflussen. Das kindliche Wunschdenken besteht im Erwachsenen fort. Unser Bild von der Realität ist eine Konstruktion unseres Gehirns. Ein Puzzle, bei dem die Steine der psychischen Realität, unserer Wunschwelt, mit denen aus der beobachteten Außenwelt so optimal aufeinander abgestimmt sind, dass die Grenzen zwischen Wunsch und Wirklichkeit im Erleben weitgehend verschwimmen und so etwas wie subjektive Gewissheit entsteht. In Wechselwirkung mit der Außenwelt schaffen wir die Welt unter dem Einfluss unserer unbewussten Illusionen daher nicht so, wie sie tatsächlich ist, sondern immer auch so, wie wir sie haben wollen. Nicht Gott hat den Menschen, sondern wir haben Gott nach unserem Ebenbild erschaffen. Gott, der Jenseitsglaube, der Glaube an politische Ideologien, die UFO-Sichtungen, die vermeintliche Erinnerung an frühere Leben, magische Kräfte existieren – aber sie existieren nur in unserer nach außen projizierten Vorstellungswelt. Und sie existieren nur, weil wir es dringend so brauchen, um die unlustvollen Anteile der Realität in unserem Bewusstsein durch lustvollere zu ersetzen. Unsere Beziehung zur Realität ist daher weitgehend eine wahnhafte, eine Legierung von Tatsachen und Illusionen eben.

So lange wir träumen …

Auf unserem Streifzug durch die geheime Welt im Traum sind wir auf die eine oder andere Sehenswürdigkeit gestoßen. Wir haben gesehen, dass das menschliche Gehirn auch ohne Zutun der Sinnesorgane in der Lage ist, ein Wirklichkeitsbewusstsein zu schaffen. Solange wir träumen, ist das Traumgeschehen unsere Wirklichkeit. Im Traum leben wir in einer Art Matrix. Würden wir nie mehr wach werden, erschiene uns die Welt im Traum genauso real, wie die im Wachen. Dasselbe gilt für Halluzinationen oder Klarträume, die durch psychedelische Substanzen hervorgerufen werden. Eine lebenslange hohe DMT Konzentration im Gehirn hätte eine gänzlich andere Realitätswahrnehmung zur Folge. Funktionierten unsere Augen von Geburt an wie Elektronenmikroskope, würden wir unsere Mitmenschen auf der zellulären Ebene wahrnehmen. Was unsere Überlebenschancen in der 3D-Welt nicht gerade verbesserte. Genauso wenig wie wir in einem Traum, aus dem wir nicht mehr erwachen, wissen, dass wir träumen, können wir ausschließen, dass auch die »wirkliche« Realität eine Simulation ist.

Wie immer und was auch immer die Realität ist, die von uns wahrgenommene bringt das Gehirn hervor. Das führt zwangsläufig zu der Frage, ob es überhaupt eine vom Gehirn unabhängige Realität gibt? Innerhalb unseres 3D-Universums müsste das der Fall sein, sonst hätte die Evolution ja kein auf fünf Sinneskanälen beruhendes, informationsverarbeitendes Organ wie das Gehirn hervorbringen können.

Allerdings könnte die uns zugängliche Geschichte des Universums, einschließlich unserer eigenen, ebenfalls Teil dieser Simulation sein. Wir brauchen bloß an ein Computerspiel denken, das uns in eine virtuelle Realität versetzt. Würden wir wie im Traum beim Eintauchen in die virtuelle Realität vergessen, dass es sich dabei um eine Computersimulation handelt, wäre die simulierte Geschichte mit einem Mal unsere reale. Derselbe Effekt würde eintreten, wenn im Schlaf unsere Gedächtnisinhalte durch andere ersetzt würden. Ohne dass es uns auffiele, wären wir nach dem Erwachen mit einem Mal in einer anderen Geschichte.

Die wahrgenommene Realität beruht auf dem Gefühl, dass das, was wir wahrnehmen, »wirklich« ist. Dasselbe Gefühl stellt sich im Normalfall auch im Traum ein. Deswegen erschienen den Menschen in der Frühzeit ihre Erlebnisse im Traum genauso real wie das Geschehen im Wachen. Sie erinnern sich, dass in den ersten Hochkulturen die *geheime Welt im Schlaf* noch als realer Ort gedacht wurde, an dem sich die Götter dem Menschen mitteilten. Nur Auserwählte konnten die göttlichen Botschaften entziffern und auf der Grundlage ihrer Deutung Prophezeiungen tätigen. Im Laufe der Zeit sind umfangreiche Traumwörterbücher entstanden, die Traumbilder mit künftigen Ereignissen in Verbindung bringen.

Bis heute hat sich bei vielen die Überzeugung gehalten, dass Träume Vorboten für bevorstehendes Glück oder Unglück seien. Immer wieder ist im Boulevard von Menschen zu lesen, die angeblich Katastrophen im Traum vorhergesehen haben. Sicher kennen auch Sie jemanden, der von Zahlen träumte, die er dann im Lotto spielte. Viele Wahrsager betätigen sich gerne als Traumdeuter und geben vor, aus Träumen die Zukunft vorhersagen zu können. Unter ihrer Klientel finden sich hochrangige Politiker, Wirtschaftsbosse, Schauspieler, Sportler und andere angesehene Persönlichkeiten aus dem öffentlichen Leben. Das beweist einmal mehr, dass kognitive und emotionale Intelligenz unterschiedliche Dinge sind.

Mit fortschreitender Entwicklung änderte sich das Traumverständnis der Menschen. In der Hochblüte des Animismus wurde der Traum personifiziert. Träume waren nunmehr von Göttern gesandte Boten oder dämonische Kreaturen, die der Hölle entsprangen. Die Menschen konnten sich jedoch nie ganz sicher sein, mit wem sie es gerade zu tun hatten. Denn in Trugträumen konnten Dämonen auch die Gestalt vertrauter Personen annehmen.

Es blieb Freud vorbehalten, die dämonischen Kräfte als Ausdruck verdrängter Triebwünsche zu deuten. Er erkannte, dass Tag- und Nachtträume halluzinierte Wunscherfüllungen sind und bezeichnete den Traum als Hüter des Schlafes. Neueste Erkenntnisse aus der Gehirnforschung sind mit Freuds Traumtheorie gut vereinbar. Neurowissenschaftler haben herausgefunden, dass im Schlaf das Belohnungszentrum im Gehirn, das für die Entstehung von Wünschen verantwortlich ist, auf Hochtouren arbeitet, während die Kontrollinstanzen weitgehend außer Dienst sind. Das durch die Wünsche hervorgerufene Verlangen hätte häufiges Erwachen zur Folge und würden den Schlaf empfindlich stören. Mit fatalen Folgen, denn dem Schlaf kommt eine lebenswichtige Funktion zu. Während wir schlafen werden die Stoffwechselprodukte entsorgt, die sich als Folge der neuronalen Aktivität im Laufe des Tages im Gehirn angesammelt haben. Im Schlaf schrumpfen die Gliazellen und ermöglichen so den Abtransport dieser Giftstoffe. Indem der Traum die störenden Wünsche als erfüllt darstellt, unterbindet er das Aufwachen und gewährleistet weitgehend ungestörtes Durchschlafen.

Die Analyse von Tagträumen, Fehlleistungen, psychischen Symptomen hat gezeigt, dass die Mechanismen, die für die Traumbildung verantwortlich sind, auch unser Realitätserleben maßgeblich beeinflussen. Die geheime Welt, der wir im Schlaf begegnen, bestimmt nicht nur die Traumrealität, sondern über weite Strecken auch die Realität im Wachen. Wer von uns hat kein geschöntes Bild von sich? Wir sehen uns doch alle nicht wirklich so, wie wir sind, sondern in der Regel so, wie wir gerne sein möchten. Das gilt auch für unsere Sicht der Welt. Ohne dass wir uns dessen bewusst sind, beugen wir die Realität so lange, bis sie unserem Wunschbild gerecht wird. So gibt es nach einer politischen Wahlentscheidung ungeachtet des Ergebnisses meist nur Wahlsieger.

Auch die Vorstellung, dass Entscheidungen auf der Grundlage des freien Willens realitätsgerecht und rational erfolgen, müssen wir aufgrund unserer Erkenntnisse ins Reich der Illusion verbannen. Wünsche sind der Treibstoff für die Seele. Es wurde wiederholt darauf hingewiesen, dass keine zwischenmenschliche Interaktion frei von unbewussten Anteilen ist. Oft genug beruhen auch vordergründig sachliche Entscheidungen auf verborgenen irrationalen Wünschen.

Wir haben gesehen, dass sich das Bild der uns bewussten Realität wie ein Puzzle aus Teilen der äußeren und inneren Welt zusammensetzt. Unsere Wirklichkeit ist ein Kompromiss zwischen der geheimen Wunschwelt des Unbewussten, und den äußeren Anforderungen. Auf welche Seite die Würfel fallen, entscheidet der Lust-Unlust-Algorithmus, der darauf abzielt, Lust zu maximieren und Unlust zu vermeiden. Angesichts der menschlichen Fähigkeit, die Zukunft und damit auch den Tod im Bewusstsein vorwegzunehmen, hilft das Wunschdenken, den Schrecken der Realität zu mildern. So wie die geträumte Wunscherfüllung den Schlaf schützt, schirmen uns Wunschdenken und Realitätsverleugnung von der Unerbittlichkeit des Daseins ab.

Für Menschen, die trotzdem einen Blick hinter die Kulissen werfen wollen und bereit sind, die Welt so zu sehen, wie sie ist, die darüber hinaus die Bereitschaft haben, sich selbst infrage zu stellen, ist der Traum sicher der Königsweg zur Selbsterkenntnis. Um diesen Weg zu beschreiten, ist es notwendig, das vernünftige Denken und die Zensur vorübergehend außer Kraft zu setzen. Ich konnte hoffentlich verständlich machen, dass sich uns die verborgene Bedeutung von Träumen nur dann enthüllt, wenn wir sie in ihre Bestandteile zerlegen und zu den einzelnen Traumstücken, ohne darüber nachzudenken, unseren Gedanken möglichst freien Lauf lassen. Wir wissen, dass sich der Traum neben Verdichtungen und Verschiebungen einer archaischen Bildersprache bedient, die der Bilderschrift früher Kulturen nicht unähnlich ist. Bei der Übersetzung der Traumbilder in die Alltagssprache ist auf die Doppeldeutigkeit von Begriffen zu achten. Ein Schiff auf hoher See kann tatsächlich für »Schiff« aber auch für »schiffen« (umgangssprachlich für urinieren) stehen.

Wer sich bei der Traumdeutung der psychoanalytischen Technik bedient, kommt früher oder später mit der dunklen Seite seiner Persönlichkeit in Berührung. Mit Wünschen, die so inakzeptabel scheinen, dass sie nicht nur vor anderen, sondern sogar vor dem eigenen Bewusstsein verborgen werden. Dennoch ist es sinnvoll, diesen Wünschen nachzugehen und vor den eigenen seelischen Abgründen nicht die Augen zu verschließen.

Allerdings liegt dieser Weg nicht unbedingt im Trend der Zeit. Wer heute Erfolg haben will, muss auf das Wunschdenken setzen. »Fake News« schaffen auf dieser Grundlage mit atemberaubender Geschwindigkeit eine neue, fiktive Realität. Nicht ohne Grund heißt es in Verkaufsseminaren: »Verkaufe den Menschen niemals die Realität, wenn du Erfolg haben willst, sondern immer nur ihre Sehnsüchte.«

Ich habe in diesem Buch dennoch davon Abstand genommen, das Wunschdenken zu bedienen, mich dafür bemüht, Ihren Blick für eine realitätsgerechtere Sicht der Welt zu schärfen. Wer zu einer wirklichkeitsnahen Perspektive gelangen möchte, kommt um eine umfassende Desillusionierung nicht herum. Nicht anders als im Mythos vom griechischen König Ödipus, der auf dem Weg nach Daulis an einer Weggabelung unwissentlich seinen Vater Laios erschlug und danach seine Mutter Iokaste ehelichte. Sobald Ödipus bewusst wurde, dass er der Mörder seines Vaters war und seiner Mutter beischlief, nahm er zur Sühne die »Blendung«[71] auf sich. Erst als er bereit war, die Realität so zu sehen, wie sie ist, und die damit verbundene Kastration, seine »Blendung«, akzeptierte, wurde aus dem »Verblendeten« ein »Sehender«. Einer, der die Realität sah.

Aus meiner langjährigen psychoanalytischen Erfahrung weiß ich, dass erst die Realitätsanerkennung und die aus ihr hervorgehenden realen Veränderungen im Leben zu einer Linderung des psychischen Leidens führen. Freud hat einmal treffend festgestellt, dass das Einzige, was die Psychoanalyse vermag, die Umwandlung von neurotischem in reales Leid ist.

Die meisten hoffen auf eine Beseitigung ihrer Probleme, ohne sich selbst verändern zu müssen. »Irgendetwas muss es doch geben ...« Glauben Sie mir, es gibt nichts. Nichts, was Ihnen eine reale Änderung Ihrer Lebensumstände ersparen könnte, sobald Sie die Ursachen Ihres Leids erkannt haben. Die Journalistin, die über einen Traum herausfindet, dass ihre Panikattacken von einem unbewussten Trennungswunsch als Folge einer unerfüllten Partnerschaft hervorgerufen werden, muss sich entscheiden. Entweder verzichtet sie im künftigen Leben auf die Befriedigung, die ihr der gegenwärtige Partner nicht bieten kann, oder sie trennt sich. Diese Entscheidung wird ihr niemand abnehmen. Sie wird auch immer gleich schwierig sein.

Wenn es um die Traumdeutung geht, gibt es keinen besseren Experten als Sie. Keiner sonst kann wissen, welche Wünsche Ihren Träumen zugrunde liegen. Die Bedeutung eines Traumes erschließt sich nur über Ihre Einfälle. Vergessen Sie also alle Traumwörterbücher und vorgegebenen Auslegungen und lassen Sie sich zu den einzelnen Traumstücken in Ihren Gedanken treiben. Kommen Sie ruhig vom Hundertste ins Tausendste und unterscheiden Sie nicht zwischen »wichtigen« und »unwichtigen« Einfällen. Alle sind gleich wichtig, auch wenn sich ihre tiefere Bedeutung nicht gleich erschließt.

Lernen Sie auf dem Streifzug durch die geheime Welt nicht nur Ihre Träume, sondern auch sich selbst besser kennen. Stellen Sie sich den verborgenen Abgründen Ihrer Seelenlandschaft. Durch das Verständnis Ihrer Träume werden Sie entdecken, dass das Dämonische genauso ein Teil von Ihnen ist wie das Erhabene. Sie werden erkennen, wie sehr wir Menschen dazu neigen, uns selbst und andere zu täuschen, und wann immer es möglich ist, die unlustvollen Anteile der Realität durch Illusionen zu ersetzen. Wir können dem Schrecken der Realität zwar nicht entkommen, aber wir können uns mutig unserem Schicksal stellen. Wenigstens diese Freiheit haben wir. Und wenn uns das Verständnis der Träume dabei hilft, den Schleier der Illusion zu lüften, so soll uns das nur recht sein.

Anmerkungen

1 http://sciencev2.orf.at/stories/1755926/index.html
2 http://www.spektrum.de/news/ohne-sackgasse-kein-erfolg/618451
3 https://www.welt.de/wissenschaft/article1938328/Die-Seele-existiert-auch-nach-dem-Tod.html
4 http://www.spektrum.de/magazin/mein-koerper-und-ich/1011012
5 Strassmann, R.: DMT – Das Molekül des Bewusstseins. AT Verlag. 2014.
6 Clinical Research Professor am Bastyr University Research Institute und Medial Director vom Bastyr Integrative Oncology Research Center
7 https://www.cottonwoodresearch.org/wp-content/uploads/2013/11/Pineal-DMT.pdf
8 Schrödinger, E.: Das arithmetische Paradoxon. In: Physik und Transzendenz. Driediger. 2012. Seite 114 ff
9 Schrödinger, E.: Warum es ums Ganze geht. Fischer. 2016. Seite 104 ff
10 Dokumentation: DMT – The Spirit Molecule
11 Professor für Radiologie am Institut für Nuklearmedizin, Direktor des Institutes für Neuro-PET Forschung und Dozent für Religionswissenschaften an der Universität von Pennsylvania.
12 Berthold Brecht, »Die Dreigroschenoper«
13 Strassman, R. »DMT – Das Molekül des Bewusstseins«. AT Verlag. 2014
14 Rank, O. »Das Trauma der Geburt und seine Bedeutung für die Psychoanalyse«. Fischer, Frankfurt am Main 1988.
15 Freud, S. »Das Unheimliche«. Gesammelte Werke. Bd. XII.
16 Freud, S.: Gesammelte Werke, Band II, Seite 539
17 »Die Rolle, die späterhin das Über-Ich übernimmt, wird zuerst von einer äußeren Macht, von der elterlichen Autorität, gespielt. Der Elterneinfluss regiert das Kind durch die Gewährung von Liebesbeweisen und durch Androhung von Strafen, die dem Kind den Liebesverlust beweisen und an sich gefürchtet werden müssen. Diese Realangst ist der Vor-

läufer der späteren Gewissensangst; solange sie herrscht, braucht man von Über-Ich und Gewissen nicht zu reden. Erst in weiterer Folge bildet sich die sekundäre Situation aus, die wir allzu bereit willig als die normale halten, dass die äußere Abhaltung verinnerlicht wird, dass an die Stelle der Elterninstanz das Über-Ich tritt, welches nun das Ich genau so beobachtet, lenkt und bedroht wie früher die Eltern das Kind.« FREUD, S.: Gesammelte Werke, Bd I, Seite 500

18 Zimbardo

19 https://de.wikipedia.org/wiki/Libet-Experiment

20 http://www.nature.com/news/2011/110831/full/477023a.html

21 Gollwitzer, P. M., & Bargh, J. A. (Eds.). (1996). The psychology of action: Linking motivation and cognition to behavior. New York: Guilford Publications.

22 http://www.bild-der-wissenschaft.de/bdw/bdwlive/heftarchiv/index2.php?object_id=10095548

23 https://www.youtube.com/watch?v=wI8XgJ3JebE&list=RDwI8XgJ3JebE&index=1

24 Campell, J.: »Mythologie der Urvölker.« Sphinx, 1991. Seite 380.

25 https://www.youtube.com/watch?v=AaVR7ZsL9lU; https://www.youtube.com/watch?v=HC9BdSOUz88

26 Campell, J.: »Die Mythologie der Urvölker.« Sphinx. 1991. Seite 99.

27 Aus »Alltag unter Pharaonen« von Emma Brunner-Traut, ISBN 3-451-04684-9

28 wie zum Beispiel die Geburt eines missgestalteten Kindes, oder eines brennenden Busches

29 Bottéro, J. »Die Traumdeutung im antiken Mesopotamien«. Trivium. Deutsch-französische Zeitschrift für Geistes- und Sozialwissenschaften. Jahrgang 2012, Heft 10.

30 Bottéro, J. »Die Traumdeutung im antiken Mesopotamien«. Trivium. Deutsch-französische Zeitschrift für Geistes- und Sozialwissenschaften. Jahrgang 2012, Heft 10.

31 http://www.buddhaland.de/viewtopic.php?t=9530 ff

32 Stuhrmann, R. Die Wurzeln der Traumdeutung in Indien und Griechenland – Eine vergleichende Betrachtung. http://dx.doi.org/10.11588/ejvs.2009.2.324
33 https://de.wikipedia.org/wiki/Artemidor_von_Daldis
34 Apostelgeschichte 26:18
35 Epheser 6:12
36 Das Lebensrad als Symbol für das wiederkehrende Leben, die Wiedergeburt und der Palmwedel als Symbol für das ewige Leben. Der gekreuzte Palmwedel findet sich auf vielen Traueranzeigen.
37 http://www.kath.net/news/35969
38 http://www.kath.net/news/41464
39 Merton, R. K. The self-fulfilling prophecy. In: The Antioch Review. Band 8, 1948. S. 193–210.
40 https://www.tuwien.ac.at/de/aktuelles/news_detail/article/10113/
41 http://centerforsleepandconsciousness.med.wisc.edu/people/cirelli.html
42 http://www.pnas.org/content/104/3/1051.abstract
43 Im übrigen Körper erfolgt der Abtransport über die Lymphflüssigkeit.
44 http://www.spektrum.de/news/gehirn-reinigt-sich-im-schlaf/1210651
45 https://de.wikipedia.org/wiki/N%C3%A4chtliche_Erektion
46 Der Traum, der Freud veranlasste, Träume als Wunscherfüllung zu verstehen, und seine dazugehörige Deutung finden sich in Band II/III Traumdeutung.
47 Freud, S. Gesammelte Werke. Bd II/III, Seite 142
48 http://sciencev2.orf.at/stories/1767693/index.html
49 https://de.wikipedia.org/wiki/Keilschrift
50 Der Träumer gebrauchte folgenden Vergleich: »Ich ziehe mich hoch, so als wollte ich ein *Schwimmbecken* über den Beckenrand verlassen …«
51 Freud, 1900, 278

52 Von Bleuler eingeführter psychologischer Terminus, der die Existenz widersprüchlicher Gefühle in ein und derselben Beziehung – zum Beispiel Liebe und Hass – bezeichnet

53 Unter dem Über-Ich versteht man in der Psychoanalyse eine Persönlichkeitsinstanz, die gleichzeitig Träger des Gewissens, der Selbstbeobachtung und der Idealbildung ist. Es ist an der Entstehung von Schuld- und Schamgefühlen maßgeblich beteiligt. Die Ausbildung des Über-Ichs wird in der Hauptsache von den in den Eltern verkörperten Idealen geprägt.

54 https://www.vice.com/de_at/article/der-reale-horror-einer-schlafparalyse-125

55 Senger, G., Hoffmann, W. »Österreich Intim«. Amalthea. 1991

56 Damit ist nicht die biologische Mutter gemeint, sondern das Objekt, das in der frühsten Kindheit die Funktion der Mutter innehatte. Dabei kann es sich auch um eine andere Person als die leibliche Mutter gehandelt haben, aber auch um die MitarbeiterInnen einer Institution, z.B. eines Heims.

57 Wenn Träumern zu den Bausteinen ihres Traumes nichts einfällt, hat die Deutung zwangsläufig spekulativen Charakter. Selbst wenn die Auslegung aus psychoanalytischer Sicht naheliegt, ist Vorsicht geboten. Es handelt sich in diesem Fall lediglich um eine Rekonstruktionen von Möglichkeiten, die mit einer bestimmten Wahrscheinlichkeit behaftet sind. Was wirklich war, liegt in der geheimen Welt des Unbewussten unter Verschluss.

58 http://www.seilnacht.com/Lexikon/Gruen.htm

59 Hebb, D. O. The Organization of Behavior. Taylor & Francis Ltd. 2002 (1949)

60 http://blog.zeit.de/mathe/statistik/wunder-heiligsprechung-lourdes/

61 https://www.welt.de/wissenschaft/article1938328/Die-Seele-existiert-auch-nach-dem-Tod.html

62 Freud, 1916, 74

63 Freud, 1916, 96

64 https://www.redensarten-index.de/suche.php

65 Freud, S. (1905) 1982. Band V, S. 76.
66 Freud, S. »Gesammelte Werke.« Bd. XIII, S. 35
67 Freud, S. »Gesammelte Werke«. Bd X, S. 286
68 Seite 54
69 Freud, S. »Gesammelte Werke.« Bd XIII. Massenpsychologie und Ich-Analyse
70 Freud, S. Gesammelte Werke. Bd XI. Seite 349
71 Eine in der Antike übliche Methapher für die Kastration